医学生职业生涯发展与规划

主　编　赵鹏飞　翟成蹊　周　艳
编　者（按姓氏笔画排序）
任容华　师贞明　朱笔丹　扶长青
吴　敏　张　伟　张素芳　陈　旭
周　艳　赵鹏飞　徐　争　崔楠楠
廖婧羽　翟成蹊

科学出版社
北　京

内 容 简 介

本书是针对医学生特点而编写的适用于医药院校职业生涯辅导的参考教材，也是医学生进行职业生涯规划的指导用书。本书系统地介绍了大学生进行职业生涯规划的基本理论、普遍原则和方法，并详细描述了医学生的职业发展环境、未来发展趋势以及医学生就业能力的培养方法。本书在编写上按照“知识”、“能力”、“素质”并重的要求，将“课堂理论教学、实践体验教学”的教学体系落实在教材中，特别重视情景教学、体验教学等教学方式，引导学生从体验式实践过渡到全真式实践，让学生在学习中得益于“情景、体验、拓展、互动”的教学创新模式。

本书适合高等院校本科生使用。

图书在版编目（CIP）数据

医学生职业生涯发展与规划 / 赵鹏飞，翟成蹊，周艳主编. —北京：科学出版社，2016.8

ISBN 978-7-03-049667-6

Ⅰ. ①医… Ⅱ. ①赵… ②翟… ③周… Ⅲ. ①大学生-职业选择-医学院校-教材 Ⅳ. ①G647.38

中国版本图书馆 CIP 数据核字（2016）第 196890 号

责任编辑：胡治国 / 责任校对：钟 洋

责任印制：李 彤 / 封面设计：陈 敬

科 学 出 版 社 出版

北京东黄城根北街 16 号

邮政编码：100717

http://www.sciencep.com

北京捷迅佳彩印刷有限公司 印刷

科学出版社发行 各地新华书店经销

*

2016 年 8 月第 一 版 开本：787×1092 1/16

2023 年 7 月第十一次印刷 印张：13

字数：307 000

定价：49.80 元

(如有印装质量问题，我社负责调换)

前　言

经过艰苦的拼搏，伴着辛勤的汗水，带着多彩的梦想，九月，同学们终于跨进了大学的校门，开始了全新的大学生活。大学虽然是人生中不长的几年，但因自然生命上汇聚了人们青春最炽热的年华而影响深远，在精神成长上继往开来，在学业与事业上面对的是社会的无限风光。大学生活，包含了青春的骄傲与沮丧，也充满青春的美好与苦恼，大学风景线，永远是人生中最动人的篇章。

那么，大学阶段该怎么度过？大学阶段的主要任务是什么？或许在跨进大学校门之时，同学们尚未进行认真的思考。其实，大学阶段有许多的任务要完成，同学们的专业不同，具体任务有所差异，但结合社会对人才的需求，首先要树立职业生涯规划和发展的意识，具体讲就是要培养一种精神，树立两种意识，学会三种本领。

培养一种精神：即职业精神。职业精神是人们在从事工作时所表现出来的一种态度或精神风貌。职业精神对一个人的职业发展非常重要。一个人在大学里养成的行为习惯，是非常容易带到今后的工作场所中去的。因此，同学们要在大学阶段，培养自己的职业精神。职业精神的内涵非常丰富，作为新时代的大学生，要培养职业精神就应当具备较强的责任心、积极主动的精神和诚信的品质。

树立两种意识：一是生涯规划意识，如今我们生活在一个瞬息万变的世界中，世界充满了不确定性。在我们的一生中有许多事情需要我们去完成，而每个人的时间又是如此的有限，面对多变的外在环境，无限多的事情，要充分发挥人的潜力，实现人生观价值，就必须能够未雨绸缪，事先做好规划，机会往往给予有准备的人：二是自立意识，学会自立是我们实现人格独立、开创事业的前提条件。在大学里应该树立自立意识，培养自立能力。一个人只有学会了自立，才可能赢得职业生涯的发展和成功。

学会三种本领：首先学会做人，这是一个既现实又深刻的话题。做人是人们在人际交往中所表现出来的对人对己的原则和态度。如何学会做人，是我们应该长期用心思考的问题。在日常的学习生活中，记着做一个有心的人，从老师同学的言行中去分析和体会，在面对同一件事情时，别人为什么处理得比我好，我从中应该借鉴什么，吸取什么。学会做人是一个逐渐积累的过程，远不仅是大学阶段的主要任务，也是贯穿于整个职业生涯发展过程中的重要方面：其次是学会学习，大学不是职业培训场，而是一个让学生学会适应社会，适应不同工作岗位的平台。在大学期间，学习专业知识固然重要，但更重要的还是要学习独立思考和解决问题的方法，掌握自修之道。只有这样，大学毕业生才能跟上瞬息万变的未来世界：最后是学会做事。大学阶段，还有一个非常重要的任务就是要充分利用大学里的优质教育资源来培养我们的职业胜任能力。当今社会物质财富极大丰富，从一定意义上讲，人最重要的不是生存而是发展，唯有发展才能实现自己人生的更大价值。大学生的核心问题是今后怎么发展的问题。运用发展的理论来研究大学生，其发展包括三个层次，第一是生存性发展，第二是职业性发展，第三是事业性发展。进入大学，我们要把“为了生活而学习的工作职业观”转化为“为了学习工作而生活的事业观”。作为一个大学生要着眼于今后的长远的发展，学会规划自己。

健康所系，性命相托。这是人类赋予医护人员的神圣职责，也是同学们步入医学殿堂的庄严承诺。现在，让我们一起去了解同学们未来工作的世界和环境，去审视你们独特的个性和愿望，去挖掘自己深邃的思想和潜力……良好的开端是成功的一半！良好的职业生涯规划设计，可以打造成就辉煌人生的职业技能，可以获得职场成功的心理能量和正确手段，可以从此在生活、学习、工作中如鱼得水。同学们，准备好了，让我们一起去探索！

编　者

2016年4月

目　　录

第一章　大学生职业生涯规划概述

本章导读

经过寒窗苦读和奋力拼搏，走进期待已久的大学校园，无疑是一次很兴奋的体验。然而，在高中生成长为大学生的过程中，会有许多问题需要重新加以思索。大学新生面对全新的环境氛围，可能会感到迷茫和困惑。职业生涯规划课程的意义，在于帮助学生认识自我，了解大学，研究学业，探索职业，明确定位，把握趋势，最终拟定符合自身实际情况的生涯规划。

第一节　职业生涯规划的基本概念

在这一节，我们旨在了解职业生涯规划的基本概念。这有利于我们掌握科学的生涯规划理念，提高对生涯规划意义的认识，也有助于我们确立个人发展目标，鞭策自己努力工作、学习和生活。

一、职业、职业生涯规划的概念

（一）什么是职业

谈起“职业”，我们并不会感到陌生，我们周围的许多人都在从事着工人、农民、教师、商人、医生等特定职业，我们毕业后走出校门，也要开始自己的职业生涯。以一般人一生的人生轨迹为例，0～5岁为懵懂阶段，6～24岁为求学阶段，25～60岁为工作阶段，60岁之后退休享受人生直至80岁离开人世。那么，这个人一生当中有35个年头是在工作，也就是说，我们把一生中最宝贵的时光、最珍贵的年华都献给了职业。所以，了解职业、认识职业是伴随人一生的重要课题。

那么，什么是职业？从社会学的角度来说“职业”（occupation）是一个有劳动能力的人为了取得经济收入，而从事具有社会价值的持续性活动，是个人在社会中所从事的作为生活稳定来源的专门工作。根据我们对职业概念的理解，职业具有以下几个特性：

（1）社会性：职业是为社会所需要的，是劳动者所进行的社会生产劳动。

（2）分工性：职业是社会分工体系中劳动者所获得的一种劳动角色。

（3）连续性和稳定性：职业是劳动者连续从事的某种社会工作，而且该工作相对稳定，不是随时随地变动的。

（4）经济性：劳动者从事某种职业必定要从中取得合法的经济收入报酬。

职业对社会和个体都具有十分重要的意义。从国家的角度来看，每一种职业都是一种社会分工；从社会的角度来看，职业是劳动者获得的社会角色，如医生、教师、律师、公务员等；从个人的角度来看，职业则是劳动者“扮演”的社会角色，并为社会承担一定的义务和责任，同时获得相应的收入。

职业通常由以下五个要素构成：

（1）职业名称：一般是由社会通用称谓来命名的，是职业的符号特征。

（2）职业主体：从事一定社会分工活动的劳动者，必须具有承担该职业活动所需要的资格和能力。

（3）职业客体：职业活动的工作对象、内容、劳动方式和场所等。

（4）职业报酬：通过职业活动所取得的各种报酬。

（5）职业技术：劳动者在从事职业活动中所运用的自然技术、社会技术与思维技术的总和。它体现在人们从事职业活动时使用工具、材料、工艺方法的发展和应用，也包括尚未形成系统的经验。

职业的要素体现了职业是社会与个人、整体与个体的联结点，社会整体依靠每一个个体的职业活动来推动和实现发展目标；个体则通过职业活动对整体做出贡献，并索取一定的回报以维持生活。整个社会因众多的职业分工和从业者的工作而构成人类共同生活的基本结构。

（二）职业、行业、职位与工作

与职业相关的还有行业、职位、工作等概念。面临职业生涯规划问题的人常常混淆这几个词。

简而言之，行业是指从事相同性质活动的所有单位集合，如各级各类学校构成教育行业，各级各类医院构成医疗行业，各种软件公司、网络公司构成了 IT 行业等。关于行业的更多介绍请翻看本书第五章的相关内容。

职业是指不同行业和组织中存在的一组类似的职位。不论是一门手艺还是某种专业，职业都独立于个人而存在于某个行业或机构中。例如，会计是一种职业，它在医药行业或政府部门里都存在。

“职位”（position）是指组织中个人所从事的一组任务；它是由重复发生或持续进行的任务构成的一个工作单元。职位形成于一个组织划分出某个知识领域或一套技术任务之时，这种划分将使整个组织运转得更好。例如，某医院需要有个人来改善医生、护士和病人之间的信息沟通过程，专门设置了一个叫“信息沟通员”的新职位，继而设法雇佣人来做这项工作。

虽然人们在找工作的时候通常都会申请一个空缺的职位，但无论该职位空缺与否，这个职位都是存在的。一个人可能一生中会在许多不同的职位上工作，即使是在同一个机构或同一个职业里。例如，在一个职业足球队里，一个队员刚开始进来的时候可能是踢前锋，后来年龄大了，位置逐渐后移，开始踢中后卫。

“工作”（job），是有一系列相似的职位所组成的一个特定的专业领域。一份工作可能包含了一个或一组相似的带薪职位，工作由人来完成，以任务、结果和组织为中心。例如，一个医院成立一个下乡服务队，这个服务队中包括医生、护士、后勤服务人员等不同职位的人，他们的工作是去给乡村百姓看病一个月。一个月之后，这个工作就结束了，服务人员将各自回到原来的工作岗位完成自己相应的工作。

（三）生涯的概念

人生有涯，学海无涯。生涯本意是一段经历或历程。生涯的英文为 career，源自罗马文（Via Carraria）及拉丁文（Carrus），二者均指的是古代的战车。在西方人的概念中，生涯这个词隐含有未知、冒险、奋进和向上的意义。

未知，是指生涯是未知的，未知有两个方面：首先，人们对自我的了解是无穷的，也就是说人类对自身的认识充满未知。其次，我们所处的外部世界，也永远充满变化和未知。

因为一切都是未知的，所以生涯的本质就是朝向未知去冒险。既然是朝向未知的冒险，就要求我们一定要奋进、向上，去积极地应对它。每个人都是朝向未知去积极向上地冒险。

国内外学者对生涯的定义各有不同，目前学术界大多接受美国国家生涯发展协会（National Career Development Association）的定义：生涯（career）是指个人通过从事工作所创造出的一种有目的的、延续不断的生活模式。

“延续一定时间（time extended）”是指生涯不是作为一个事件或选择的结果而发生的事情，也不局限或束缚于某一特定的工作或职业。更确切地说，生涯在本质上是持续一生的过程。它受到个人内在和外在力量的影响。

“创造出（working out）”在这里是指生涯是一个人的愿望与可能性之间、理想与现实之间妥协和权衡的产物。生涯发展是一系列接连不断的选择的结果。

“有目的的（purposeful）”是指生涯对个人来说是有意义和有价值的。生涯不是偶然发生或应运而生的，它是规划、慎重考虑、制定和执行的结果。生涯因个人的动机、抱负和目标而形成、发展，它反映了个人的价值观和信念。

“生活模式（life pattern）”在这里意味着生涯不仅是一个人的职业或工作，还包括生活中的各种角色担当：父母、配偶、持家者、学生，以及人们整合与安排这些角色的方式。

“工作（work）”可能是生涯领域最易被误解的词语之一。我们每个人对它的含义都有一定的认识。但对生涯专家而言，工作是一种为自己和他人创造价值的活动。因此，工作不仅限于有偿的活动，如果活动能产生对我们和他人有价值的结果，那么无偿的、志愿的活动也包含在其中，比如训练少年棒球队、领导教堂唱诗班、绘制风景画或掌握一种电脑程序。此外，闲暇活动也是生涯的一部分，有时还是很重要的一部分。工作，而非就业，是对生涯进行操作化定义的方式。

最后，“个人所从事的（undertaken by the person）”强调生涯对个人而言是独一无二的。在现实生活中，没有任何两个人拥有完全相同的生涯，因为生涯建立于个人特定的历史和情境之上。即使人们可能拥有相似的兴趣和技能，从事相同的职业，甚至为同样一个机构工作，他们的生涯仍然不同。

生涯不是一个静止的点，它是一个动态的过程，不只发生在人生的某个阶段，而是如影随形，相伴人的一生。同时，因为遗传、家庭、经历、所处社会环境等的不同，每个人的生涯也会不同。所以，生涯的发展是个性化的发展，即使处于同一时代或同一文化背景下的人们，因为生涯发展中其他因素的影响，每个人也会有属于自己的生涯。

（四）职业生涯的概念

“生涯”一词本身就含有职业的意思，在西方国家的语境里，生涯与职业生涯是同一个单词，即 career。由于翻译的原因，career 在中国更多的时候被翻译成“职业生涯”，在这种情境下，职业生涯（career）是指一个人终生经历的所有职位的整个历程，是一个人在工作生活中所经历的所有职业或职位的总称，限定的是从职业学习培训开始到退休这段历程。与“生涯”的概念相比，“职业生涯”的概念范围更窄。

我们认为职业生涯是指一个人在围绕其生命阶段目标而进行的有目的的学习与工作中，所创造出来的一种相对稳定的生活方式。人的一生中，大部分时间是与职业有关的，或者是处于职业选择阶段，或者是处于就业阶段；或者已经结束了就业阶段，但仍然在社会上继续从事一定的职业劳动。这样，一个人从职业学习开始到职业劳动最后结束的人生旅程就是职业生涯。因此可以说，人的生涯发展主要就是职业生涯的发展。

职业生涯和其他事物一样，有它自身的规律和特点。从其定义来看，职业生涯具有终身性、独特性、发展性、综合性、内在性与外在性以及不边界性等特征。

1. 终身性 职业生涯作为一种动态发展的历程，是一生当中连续不断的过程，概括了一个人一生中所拥有的各种职位、角色。随着社会职业内涵的不断更新、人们从事职业方式的不断调整，每个人的职业生涯根据个人在不同阶段的企求而不断蜕变与成长，并持续连贯性衔接，直至终身。因此，职业生涯不是个人在某一阶段所特有的，而是终身发展的过程。

2. 独特性 职业生涯是个人依据自己的人生理想，为了自我实现而逐渐展开的一种独特的生命历程。每个人都有自己的职业条件，有自己的职业理想，有自己的职业选择，有为实现自己的职业理想所做的种种不同努力，因此不同的个体有不同的生涯。也许某些人在生涯的形态上有相似的地方，但其实质却可能是完全不同的。因此每个人的生涯发展是独一无二的。

3. 发展性 职业生涯是以人的心理开发、生理开发、智力开发、技能开发、伦理开发等人的潜能开发为基础，以工作内容、工作业绩的评价，工资待遇、职称、职务的变动为标志，以满足需求为目标的工作经历和内心体验的经历。它是一个动态的发展历程，它和个人的职业发展过程相联系，是个人接受教育、培训以及职业发展所形成的结果。人是职业生涯的主动塑造者，个人在不同的生命阶段中会有不同的企求，这些企求会不断地变化与发展，个体也就不断地成长。每个人的职业生涯，都是一种发展、演进的动态过程。

4. 综合性 职业生涯是以个人事业角色的发展为主轴，也包括了其他与工作有关的角色，以及相关的态度、价值观、愿望等的连续性经历的过程。它并不是个人在某一时刻所拥有的职位、角色，而是个人在他一生中所拥有的所有职位、角色的总和，这个总和不只局限于个人的职业角色，也包括学生、子女、父母、公民等涵盖人生主体发展的各个层面的各种角色。同时，一个人的职业生涯受各方面的影响，如本人对终身职业生涯的设想与计划、家庭中父母的意见与配偶的理解与支持、组织的需要与人事计划、社会环境的变化等。职业生涯在一定程度上可以说是多方面因素相互作用的结果。

5. 内在性与外在性 职业生涯的内在性，是指职业生涯发展表现在观念更新、心理素质提高、技能提升、经验丰富等内在因素上。职业生涯的外在性，是指职业生涯发展表现在职位提升，待遇提高，工作环境改善，工作权限增加等外在因素上。这两者并不是孤立的，而是相互联动的。内职业生涯的发展是外职业生涯发展的基础，而外职业生涯的发展又会促进内职业生涯的提升。

6. 无边界性 在现代社会，个人的职业生涯发展越来越表现出了跨组织、跨地域和跨职业的特点，这就是无边界职业生涯（Boundaryless Career）。在传统社会，一个人固定在一个单位、一个地方、一个职业是可能的。但是，伴随着经济的全球化、信息化，组织发展的不确定性剧增，越来越多的人自愿或非自愿地进行着职业转换。

（五）职业生涯发展型态

在人的一生中，每个人都要扮演多种角色。个人的职业转换与工作投入状况，我们称之为职业生涯发展型态。每个人都有独特的职业生涯发展型态，型态的不同，对人的发展影响也很大。常有的职业生涯发展型态有以下七种：

1. 步步高升型　这类人在职业生涯发展中，即使更换工作地点或变换工作内容，工作表现始终能够受到主管领导的肯定，晋升速度很快（图 1-1）。

案例：李强在一家颇有名气的三甲医院工作多年，他开始进来的时候因为是本科生没有编制，但是因为他勤学好问，坚持学习，先后获得了知名大学的硕士和博士学位，并且多次得到医院送出到知名医院的进修机会。李强对病人的服务也很周到，很擅长处理医患关系，与同事的关系也非常融洽。在拿到博士之后没几年就被提拔为科室副主任。又过了几年，李强因为业务能力被一线城市一家更好的三甲医院挖走，成为那里的主任医师。

2. 少年得志型　由于良好的家族背景或遗传资质，这类人很早就直接确定了方向，并得到大力栽培与锻炼，很早就达到了职业生涯的巅峰。有些少年天才尚能够持续发展，不断在职业生涯中创造新的成绩，只是增长的速度已经不及年少成名时；有些天才则渐渐泯然众人矣，再也没能突破少年时的成绩（图 1-2）。

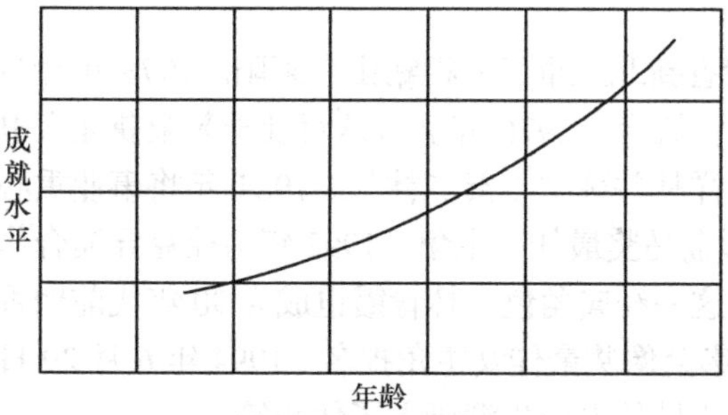

图 1-1　步步高升型职业生涯

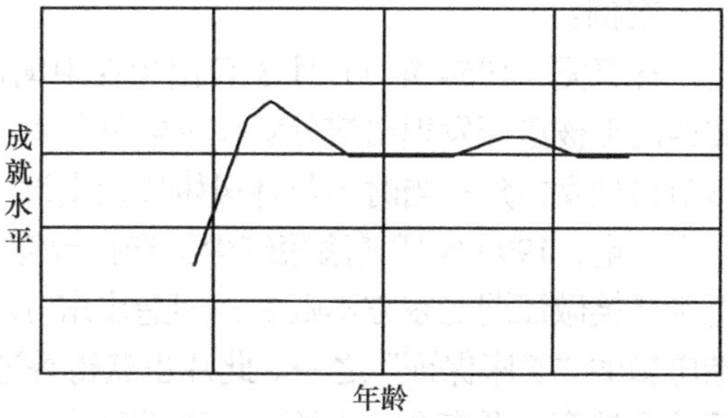

图 1-2　少年得志型职业生涯

案例：郭涛应该属于“少年得志”的演员，1994 年从中央戏剧学院毕业，就在张艺谋的《活着》中出演重要角色，接下来主演冯小刚首部电影《永失我爱》，有着话剧表演功底的他被誉为电影界的明日之星，但在 1997 年《爱情麻辣烫》之后，郭涛几乎在大银幕上消失，似乎印证了“少年得志大不幸”。2006 年宁浩的《疯狂的石头》来得不算晚，让他焕发了第二春。

3. 大器晚成型　这类人在职业生涯发展的很长一段时间里往往都默默无闻，但是在不断积累行业经验和专业技能，等到机会来临的那天，往往能一鸣惊人（图 1-3）。

案例：吴秀波，1968 年出生于北京，先后出演过多部影视剧，也当过歌手发过专辑，而且还经过商，最终还是回归演戏，但一直都是混熟脸演配角的阶段，直到 2010 年，因为主演一部《黎明之前》中的男一号“刘新杰”一炮而红，42 岁的高龄才开始走红无疑是大器晚成。2013 年主演的电影《北京遇上西雅图》成为票房黑马，更是让吴秀波的人气再登高峰。

4. 大起大落型　这类人的职业生涯发展跌宕起伏，在一段时间内达到巅峰，又迅速滑落，有些人可能过一段时间又重回巅峰，有些人则就此一蹶不振（图 1-4）。

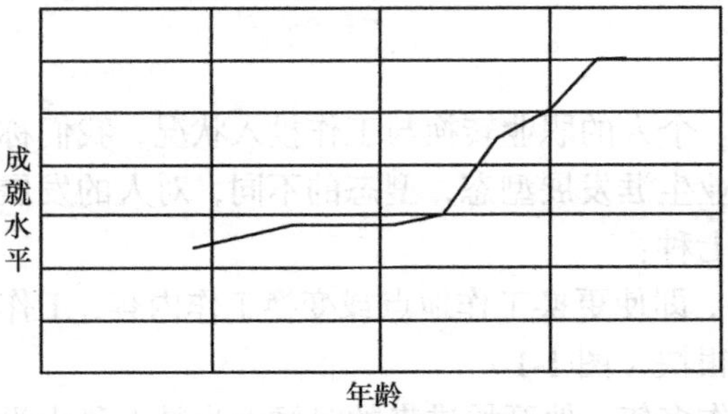

图 1-3　大器晚成型职业生涯

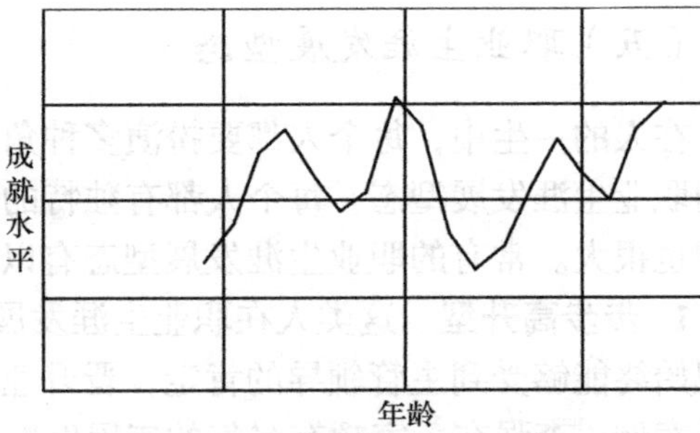

图 1-4　大起大落型职业生涯

案例：褚时健，1928 年生，中国著名企业家。早年他历经波折，51 岁成为玉溪卷烟厂厂长，历经 18 年打造出千亿“烟国”。正当他登上令众人仰望的巅峰时，却骤然折戟身陷囹圄。1995 年，唯一女儿在狱中自杀身亡，1999 年因“贪污 174 万美元”被判处无期徒刑，后又减为有期徒刑 17 年。75 岁保外就医后，他不甘寂寞承包下 2400 亩荒山，经过一番打拼，由烟王华丽转身成橙王，翻开了财富人生的新篇章。

5. 因故中断型职业生涯　这类人的职业发展因为某些因素如读书、照顾幼儿等而突然停顿或进入衰退阶段。

案例：

林青霞，1954 年 11 月 3 日出生在中国台湾省新北三重区，祖籍山东莱阳。1973 年在台北西门町被星探发现出演处女作《窗外》女主角江雁容。1976 年凭《八百壮士》荣获亚太电影节最佳女主角；当时她与林凤娇以及秦汉、秦祥林并称“二秦二林”。1984 年将事业重心移入香港，1990 年凭《滚滚红尘》夺得台湾电影金马奖最佳女主角。1992 年与徐克导演合作电影《笑傲江湖之东方不败》，塑造出东方不败这一经典角色。林青霞也成为 90 年代前期香港电影的“卖座保证”之一。此片也获得香港电影金像奖最佳女主角提名。1994 年 6 月 29 日嫁给香港商人邢李源（火原），随即淡出影坛，为她的电影生涯画上了休止符。

6. 稳扎稳打型　这类人往往选择在较为稳定的事业单位工作，比如学校、行政机关、研究所等，这类单位的升迁与发展虽然缓慢，但是只要认真工作，一步一个脚印的发展，非常稳定（图 1-5）。

案例：刘星大学毕业后进入一家药物研究所工作，从研究助理开始干起，认真工作，慢慢积累，20 年后已经成为这家研究所的资深专家。

7. 多次转型型　这类人在一个行业沉浸几年，达到一定的成就之后，就会选择到另外一个行业再谋发展，职业生涯中经历多次转型（图 1-6）。

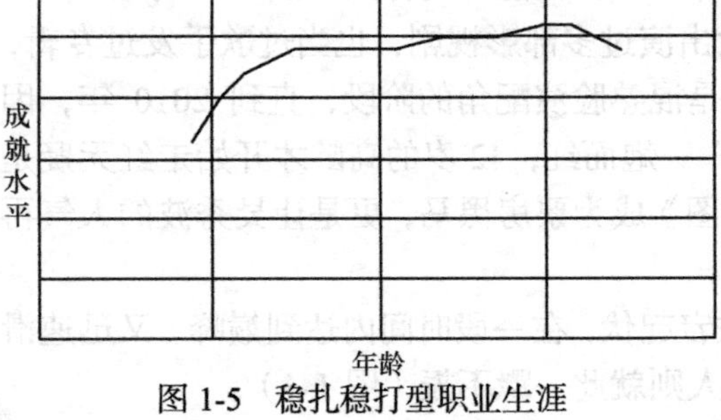

图 1-5　稳扎稳打型职业生涯

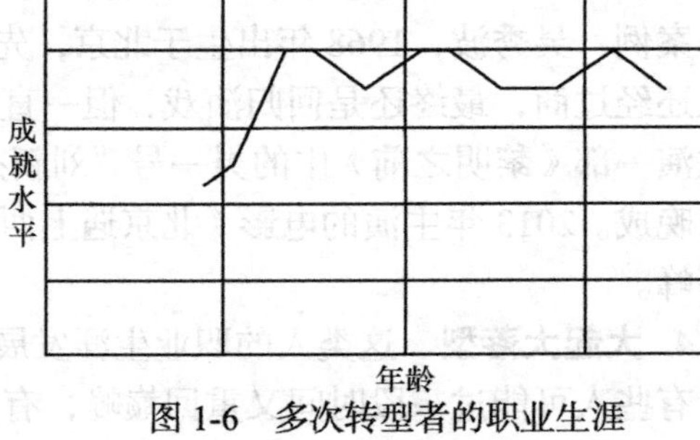

图 1-6　多次转型者的职业生涯

案例：罗永浩，1972 年出生，朝鲜族，吉林延边人。1989 年，高二辍学。罗辍学后曾做过诸如传销培训、卖二手书、倒卖走私车之类的生意，也曾出国打过工。后因经济压力，决定去英语培训机构当讲师。2001 年至 2006 年在北京新东方学校任教。2006 年 7 月 31 日，发起创办的牛博网正式开张。2008 年 4 月创办老罗和他的朋友们教育科技有限公司，同时担任北京市海淀区至圣嘉德学校的执行校长。2012 年 8 月，罗永浩在微博称已经结束教师生涯，全身心投入智能手机的创业中，2013 年 3 月 27 日罗永浩创办的锤子科技发布基于安卓（Android）的深度定制操作系统，2014 年 5 月 20 日，罗永浩正式发布了首款智能手机产品 Smartisan T1。2015 年 8 月 25 日，罗永浩发布了锤子科技继 Smartisan 之后的全新子品牌坚果手机。

（六）职业生涯规划的概念

职业生涯规划（career planning），有时也称为职业生涯设计（career design），是指个人根据对自身的主观和客观环境的分析，确立自己的职业生涯发展目标，以及制定相应的工作、培训和教育计划，并按照一定的时间安排，采取必要的行动实现职业生涯目标的过程。

通俗的说，职业生涯规划是一门探讨人们如何在现实中生存、生活和成长的学问。职业是人们实现自己生涯目标的手段之一，成功也只是幸福的副产品，生涯的真正目的是帮助人们发展自己的人生。通过生涯规划，我们可以找到奋斗的理由，了解奋斗的出路，并最终走出适合自己的奋斗路径。

从职业生涯规划的概念可以看出，职业生涯规划具有个人主导性的特点，即个人依据自身素质对自己未来发展做出主动的、自觉的设计和规划，并根据变化而做出相应的调整，达到最大限度地实现自我价值。

需要说明的是，职业生涯规划不是一蹴而就的，而是一个动态的发展过程，即“分析→目标→计划→行动→评估→再分析→目标→计划→行动→再评估”。在职业生涯规划的过程中，需要对影响我们生涯发展的经济、社会、心理、教育、生理等各种因素进行选择和创造。它通常建立在个体对自我全面、深刻的认识的基础之上，需要结合自身发展的一般性特点。

与职业生涯规划相关的概念还有生涯发展、职业生涯开发与管理、职业生涯教育、职业指导、职业生涯咨询等，刚接触的人可能也容易混淆。

简而言之，生涯发展（career development）：指那些共同塑造我们生涯的经济、社会、心理、教育、生理以及机遇等因素之总和。生涯发展的概念首先被金斯博格（Ginzberg）等人使用（1951）。他们提出，生涯选择是在一段时间内发生的发展过程。后将其修改为生涯选择是终身作决定的过程。普瑞欧（Pryor，1985）认为，生涯发展是一系列连续的关于职业选择的决定。希尔思（Sears，1982）认为，生涯发展是所有心理的、社会的、教育的、生理的、经济的和机遇等因素结合对个体在整个生命全程的塑造。实际上，生涯发展是一个“全人”的发展，是一个不断变化、选择、完善、前进的过程，而这一过程会受许多内、外因素的影响。生涯发展是一个人终其一生的过程，在这样一个终身过程中，各种各样的因素都可能在其中起作用。不同的理论家从不同的视角研究和解释了人们的生涯发展过程，我们将在生涯发展理论部分详尽介绍。

职业生涯开发与管理（career development and management）：指在企业组织环境下所

设计的一系列员工职业发展方面的活动或措施，其目的是改善员工的工作习惯，提高员工对工作的胜任度，从而提高组织的生产力和经济效益。

职业生涯教育（career education）：指在教育情境中设计的一系列职业发展方面的活动或措施，其目的是增进学生的职业生涯意识，能主动地为自己将来的职业生涯做良好的准备。

职业指导（career guidance）：指有有经验的人通过谈话的形式对个人有关职业方面的困惑进行指导。在指导关系中，指导者与被指导者的地位是不对等的，指导者居于主导地位。

职业生涯咨询/辅导（career counseling）：指咨询师与来访者通过应用不同的咨询技巧建立一种平等合作的沟通关系，来协助来访者自己解决职业发展方面的问题。

（七）对职业生涯规划认识的几个误区

由于职业生涯规划是西方的舶来品，在引入到中国的过程中因为各种原因，导致人们对职业生涯规划的认识存在很多偏差和误区。这里集中澄清一下。

1. 世界变化无常，谁能规划未来 这种观点认为，现在世界变化这么快，没有人能够预测未来，我们根本不可能规划出未来，也就没有必要做职业生涯规划。

诚然，无常是人生的重要特性，如果凡事早已确定，人生也不复有意义与乐趣。但完全被无常所控制，看不到内在的常，那又是人生的无趣，好比风中的落叶，不知道自己从哪里来，到哪里去。正所谓“变化是无常，应变之道则是常”。生涯规划的目的不在于你很快地找到自己的人生目标，很快做个决定，而在于对自我和环境的不断探索。通过生涯探索，更多地了解自己和环境，那就可能做更充分的准备，也更可能有意识地发挥出自己的潜能。以积极准备的态度面对人生，随时知时知势知己，自己才不会被淘汰。正是由于时代变化太快，生涯规划才有必要，计划时代和铁饭碗时代是不用生涯规划的。

2. 现在好好规划，以后就不用了 这种观点认为，只要花时间做好一次规划，以后就不用再管规划了。

由于环境在变，自我也在变，所以职业生涯规划是不可能一劳永逸的。我们需要在实践中不断调整自己的规划，所以职业生涯规划是一个动态的循环过程，正确的做法是盯紧近期目标，远望长期目标，在必要时及时调整中长期目标。生涯规划的最终目的不在于你找到了多么完美的人生目标，而在于你了解自己和环境多少，实现了多少近期目标，积累了多少人生资源。因而生涯规划不是一劳永逸的。

3. 现在没时间规划，等有时间了再说 这类观点认为职业生涯规划要花很多时间，而且要静下心来，在学习工作忙的时候没有时间做，等到闲下来的时候再做。

磨刀不误砍柴工，花点时间在职业生涯规划上是值得的。拖延不是一个好习惯，该做的决定早晚都要做，越拖到后面自己越被动。凡事预则立不预则废，职业生涯规划是自己的一种主动选择，这种积极的应对方式比消极的被动等待要有效率的多。

4. 我的道路已定不需要规划 这类观点认为，我的人生已经有清晰的设定和计划，不需要再做那么复杂的规划。比如，有些人的家庭已经为他们今后的人生早早做了各项安排，有些人则是自己已经确定了某个发展方向。这种情况似乎确实没有规划的空间。但这同样是把职业生涯规划看成是一锤子买卖的错误认识。之前的安排，不论是自己有意为之还是他人安排，都是一次既成的规划，然而，世事无常，谁又能保证这样的安排不会改变，学习职业生涯规划，正是为了让自己在每一次变化来临之前都做到心中有数，有底气说自己早有计划，而不会仓促应对，手忙脚乱。

5. 目标一旦确定，就一定要实现　这类观点认为，职业生涯规划是经过严密的思考程序做出来的，一旦决定就不能更改，必须要实现。

制定目标之后就需要按照既定的安排有步骤的进行，这的确没错，但不代表执行规划的过程就不能有调整和妥协。这至少有两个方面的原因，一方面，你可能发现自己有变化，或者认识到自己之前不知道的地方，这对于年轻人来说很正常；另一方面，我们也知道当前的职业世界变化非常快，例如，四年前人人网还是业界炙手可热的互联网公司，现在已经日薄西山了。如果一个大学生入学的时候以进入人人网为工作目标，四年之后这个大学生还必须按照之前的规划进这个江河日下的公司吗？因此，根据内外的变化做出调整，适当修正原有的计划，也是生涯规划的应有之义。

6. 我一定要马上做出自己的人生选择　这类观点认为迟迟无法决定是懦弱、不成熟的表现。别人都知道自己要做什么，只有我太差劲，我应该立即作决定。

职业生涯规划不是要马上做出人生的选择，而是做出一个又一个阶段性的安排，然后根据实际情况不断调整，经过长时间的实践之后逐渐认识到自己的人生目标和发展路径。所谓人生的选择根本就不是生涯规划追求的目标。即便是阶段性的目标暂时拟定不出来也是可以接受的，与个人是否懦弱无关。只要我们能不断了解自己，充实和储备人生资源，时机成熟时早晚会做出适合自己的选择。

二、职业生涯规划的意义

（一）职业生涯规划帮助我们明确人生的奋斗目标

我国明代哲学家家王守仁说过："志不立，如无舵之舟，无衔之马，漂荡奔逸，终亦何所底乎。"志高则言浩，志大则辞宏，志远则旨永。志向是事业成功的基本前提，没有志向，事业的成功也就无从谈起。立志是人生的起跑点，反映着一个人的理想、胸怀、情趣和价值观，影响着一个人的奋斗目标及成就的大小。所以，设立目标，是制定职业生涯规划的关键，目标可以帮助我们汇集能量，让我们的生活感觉更充实，更高效。职业生涯是人生旅途的重要部分，一个人从事工作实现人生价值的时间大概是 30 年，一份科学合理而又完善的职业生涯规划，将会帮助你在这漫长而又短暂的职业生涯中"定心"，把人生的美好希望变成行动的目标、奋斗的方向、激发进取的动力。

【生涯练习】

今天谁穿了红衣服

请你现在闭上眼睛，猜猜身边有没有人今天穿的是红色的衣服，有多少人穿了红色的衣服？红色衣服在人群中是很常见的，可是绝大多数人并不容易想起来谁穿了红色衣服。为什么大家都没有注意到呢？研究发现，人们在同时存在的两种或两种以上的刺激中，往往只选择一种进行注意，而忽略其他的刺激信息，所以，当没有人提示要注意红色信息时，它被忽略了，因为它不是一个目标。当有了要寻找身边的红色事物这个目标时，我们再一次闭上眼睛，便能一一罗列。

目标决定心智活动的效率，我们没有关注目标时，效率就会很低。如果我们把注意力看成是一种能量的话，那么很明显，目标帮助我们集中能量，有了目标，学习、工作的效率会大幅度提高，因为感官会过滤掉与此无关的信息。生涯目标聚焦时，身边的所有资源会源源不断地涌向你，为你所用，成功的可能性会更大。

我们往往会羡慕社会上成功的人，希望自己也能够像他们一样，度过不平凡的一生。如果去看看很多成功人士的个人简历，你会发现，这些看来非常成功的人并不是因为他们有多么好的机会和家庭背景，最主要的原因就在于他们懂得如何为自己设定职业生涯的目标，他们通过不懈的努力找到了那颗属于自己的北极星。

（二）职业生涯规划帮助我们突破障碍、开发潜能

在生涯发展过程中，很多人都会产生这样或那样的困惑，遇到这样或那样的障碍，如果一个人没有生活的目标，就很容易迷失方向，随波逐流，或者困于障碍，一蹶不振。职业生涯规划本身是一个动态的不断发展的变化过程，它提供了一些有效的方法或工具，帮助你养成一种能力，能帮助你集中精力，全神贯注于自己的优势，在不同发展阶段都能对自己的过去、现在和未来有一个重新审视、评估的机会，这样就有助于你发挥最大的潜力，克服生涯发展困阻，避免人生陷阱，不断修正前进的方向，为自己的每一个人生阶段创造最大的成就感和满足感。一份行之有效的职业生涯规划能使我们更深入、更全面地认识自己，包括性格、兴趣、气质、职业能力、职业价值观等，帮助你重新对自己的价值进行定位并使其持续增值；引导你对自己的综合优势与劣势进行对比分析，准确评价个人特点和强项，评估个人目标和现状的差距，突破并塑造清新充实的自我；树立明确的职业发展目标与职业理想，准确地进行职业定位，确定人生的方向，提供奋斗的策略，搜索或发现新的或有潜力的职业机会，找到适合自己的工作；学会如何运用科学的方法采取可行的步骤与措施，不断增强你的职业竞争力，使你的潜在的资源优势得到有效积累与发挥，让人生的列车沿着既定的轨道顺利地驶向自己的目的地。

（三）职业生涯规划促进个性发展和自我实现

英国教育家洛克说过：“每一个人的心灵都像他们的脸一样各不相同，正是他们每时每刻地表现自己的个性，才使得今天这个世界如此精彩。”职业生涯规划的目的就在于发掘自己的个性，选择与自己的兴趣、能力、性格和价值观相适应的发展道路，进而促进个性的全面发展。

有效的职业生涯规划就是在充分正确认识自身条件与相关环境的基础上进行的。它是通过专业的职业测评，来确定自己的核心价值观念、个性特点、天赋能力、缺陷、气质、兴趣等影响职业选择和职业发展的重要内在因素，设计个性化的发展道路和发展规划，选择与自己的兴趣、爱好、特长和能力相适应的职业，进而促进个性的全面发展。

美国 19 世纪哲学家、诗人爱默生说：“一心向着自己目标前进的人，整个世界都会给他让路！”对许多人来说，制定和实现规划就像参加一场比赛，目标给了你一个看得见的射击靶。随着时间推移，你一步一步地实现阶段性目标，这时你的思维方式和工作方式也会渐渐改变，从而有目的地锻造自身的职业能力，养成积极的职业态度，全面提升自己的综合素质，顺利适应职业发展的需要，最终实现自己的职业目标与理想。

第二节　大学生职业生涯规划

一、大学学习与职业发展

大学是人生的关键阶段。从高中进入大学，很多人是第一次卸下了考试的重担，开始追寻自己的梦想，很多人是第一次离开家庭，开始有自由来支配自己的生活，人生的选择也具有了更多的可能性。

选择是一种福利。比如有人请你吃饭，给你点上一满桌的菜，尽管你只吃了自己最爱吃的几道菜，但是能够选择本身就是一件很幸福的事情。

与此同时，选择也是一件很纠结的事情。选择就意味着放弃。人生好比一次旅行，选择了一条道路，就意味着有一部分风景看不到了。然而，人生又不同于普通的旅行。人生的道路一旦选错，一般很难回到原点。因此选择意味着责任。每个人都希望自己在回忆往事的时候，不会因为虚度年华而悔恨；也不会因为碌碌无为而羞愧。

大学时期，就是人生这个坐标的一个原点。先别着急赶路，让我们先好好盘点一下自己，究竟想往哪里去，要走哪条道路。

（一）你为什么上大学

很多大学生都有这样的感受，没有上大学之前，对上大学充满了期待，想象着大学有美丽的校园，有来自五湖四海不同个性的同学，有学时渊博的教授，有丰富多彩的课余生活，有美好甜蜜的爱情故事。然而，真正进入大学之后，很多同学才发现大学没有想象的那么美好，他们陷入到了失落迷茫的情绪中。这当中的一部分学生会任由自己的惰性滋长，在大学生活中堕落沉沦，等到毕业时，才追悔莫及，叹息自己没有好好珍惜大学生活。当然也有一部分学生在茫然一段时间后，重新找到了自己合理的定位，并拟定了适合自己发展的大学规划。他们的大学生活忙碌而又充实，等到毕业时，便有了充足的底气和自信。

那么我们为什么上大学呢？

这个问题没有标准答案，每个人的情况可能都不一样。有些人上大学是为了满足家长的面子；有些人是为了自己的理想；也有些人是形势所逼，希望通过上大学改变命运；还有些人根本不知道自己为什么上大学，只是依据升学惯性来到了大学。尽管每个人上大学的原因不同，但是大学能提供给我们的，却对各个同学都有借鉴意义。

那么，大学能给我们什么呢？

首先，大学为我们追求人生理想提供了一个广阔的大平台。这个平台汇聚了各个领域的专家名师，来自五湖四海的青年才子，包罗万象的信息资源，形形色色的社团组织以及各式各样的实践机会。

1. 大学的灵魂——老师　清华前校长梅贻琦先生说：“大学之大，非大楼之大，乃大师之大。”可见，大师是一所大学的灵魂。各类学识渊博、不同学科的知识分子聚集在大学里，通过授课、讲座、报告、日常指导等多种方式给予学生不同风格、不同视角的知识体验和人格感染，这是大学最宝贵的财富之一。在这个价值多元的时代，为所有人都公认的大师可能不多了，但是每个大学里都还是有很多优秀的老师值得学生们去学习，大学生们都应该尽可能地利用好这些优质的师资力量。

2. 成长中的最佳学习对象——同学 很多研究发现，青年人受同辈的影响要多于老师和家长，同学之间的相互学习对个人成长产生着非常重要的作用。大学里汇聚了来自五湖四海的同学，每个同学的价值理念、兴趣爱好、为人处世、能力特长不尽相同，他们都可以成为我们学习的对象，这种学习不仅仅是学习同学的优点和长处，他们的不足和缺点，同样值得我们反思总结，有则改之无则加勉。

3. 大学的精华——以图书馆为核心的海量信息资源 图书馆是各个高校重点建设的公共服务场所。现在的图书馆不仅仅是各类纸质出版物的藏书地，还会提供大量的网络信息服务。很多学校不惜巨资引进各类科技文献数据库或电子图书系统，学会利用这种宝贵的信息资源是每一个现代大学生必备的基本技能。

4. 自我修炼的最佳舞台——学生社团 学生社团是大学生根据共同的兴趣爱好而自愿组成、自主开展活动的群众性组织，是大学生自我教育、自我管理、自我服务的重要阵地。各个学校都拥有一批有特色、受欢迎的社团组织。同学们根据自己的实际情况有选择的加入这些社团组织，不仅可以从社团活动中认识自己，提升自己，还能够结交到更多的朋友。

5. 融入社会的练兵场——社会实践与实习 社会实践基地和实习基地，是各个高校都在每年加强建设的就业服务平台，这个平台已经成为大学生在正式进入社会之前最好的练兵场。通过形式各样的社会实践，各种不同类型企业单位的实习历练，同学们能以很小的代价体验到真实社会的运营法则。同学们应该充分利用课余时间和各个假期，有针对性地选择适合自己地实践机会，以提升自己的综合素质和专业能力。

除了提供个人成长的大平台，大学还能够给我们带来一种精神的力量——大学精神。每个学校的精神传统不一样，没有一定之规，但基本上都体现了一种独立、自治、开放、追求真理、秉持理想的价值观。我们可以看到每一个接受过大学教育熏陶的毕业生，往往比其他人更具有积极向上的理想信念、有自己内在的价值追求，并比常人更多几分宽容之心，在精神和学术上追求更大的自由，能够客观理性的分析问题，运用科学和系统的方法来解决问题。这些都是大学精神给人带来的改变。

总之，大学不能直接赋予我们职业、态度、思想、信念和幸福，但大学为我们的成长提供了良好的环境，为我们获取这些人生的幸福要素提供了机遇，大学是我们获得更高的职业发展的起点，也满足了我们更高层次的人生需求，关键就看我们如何去把握。

（二）大学学习与中学的区别

澄清了我们上大学的目的，我们还需要了解大学学习的特点，才能做好大学学习、生活的合理安排。

大学学习较中学的学习发生了深刻的变化，虽然大学学习也是掌握知识，完善自我，提升能力的认识活动，也需要感知、记忆、思维和想象的参与以及非智力因素的促进，但是大学学习目标更高，学习内容更深，学习方式更多样，大学教学管理更灵活，对大学生实践要求更高。

1. 学习目标的变化 大学要求学生在德智体全面发展的前提下，精通专业知识，培养和形成良好的科研素养，成为高层次人才。大学生必须努力提高自身的思想道德素质，用先进的政治理论思想武装自己；了解和掌握本专业的理论知识，形成扎实的专业素养；形成具有从事本专业科学研究的较高水平。相对来说，中小学的学习是打基础的过程，学习的是一些符合青少年身心发展水平和特点的知识，初步获得一些基本的社会和实践经验，习得相对简单的文化知识。因此，大学教育更为强调的是素质教育，是更深层次和广泛的由启蒙到全面发展的过程。

2. 学习内容的变化 大学生的学习带有一定的专业性，需要学生掌握一定的专业基础知识，了解本学科的前沿领域的动态，自身在知识掌握的过程中由学习逐步向研究深入，使自身逐步的提高。也就是说，大学的学习内容将更加丰富，在学科细分的基础之上，强调精深和广博，在掌握专业知识的基础之上寻求拓展和创新。围绕某一门专业知识学习，可以有多种参考书；对一个问题的解释，可以有多种不同的理论和观点。

3. 学习方式的变化 大学学习期间，大量的时间允许学生自己支配，大学生需要自己制定课外学习计划，安排自己学习时间，选择适合自己的学习方法，这些对大学生的独立性和对新知识的接受能力都有较高的要求，需要在学习上花费更大的精力来完成学业。在大学阶段，学生需要树立起四种现代学习观。

（1）自主学习观：自主学习是与传统的接受学习相对应的一种现代化学习方式。顾名思义，自主学习是以学生作为学习的主体，通过学生独立的分析、探索、实践、质疑、创造等方法来实现学习目标。目前，随着新课程改革的深入进行，我们体会到课程改革为培养学生的自主学习能力提供了条件和操作平台，同时培养学生的自主学习能力也成为课程改革对教学提出的要求。现在有很多部分是要求学生去自主探究，去收集整理分析资料，自主地去获取新知识，去分析解决问题等，这些都要求学生有较高的自主学习能力。自主学习是个体终身学习和毕生发展的基础。

（2）终身学习观：终身学习是指社会每个成员为适应社会发展和实现个体发展的需要，贯穿于人的一生的，持续的学习过程。大学里传授的知识相对于一个人一生的职业生涯发展是非常有限的，只是我们发展的起点。以前人们常说“活到老，学到老”，现在的客观现实是“学到老，才能活到老”。终身学习是现代社会的产物，它表明了未来社会学习的关键特征。

（3）合作学习观：大学生的学习有更明确的学习目标、知识经验更丰富、自觉能力更强，更加注重教学参与性。而合作精神是当今社会发展的需要，随着科技发展、经济全球化、竞争日益激烈，社会分工越来越细，越来越需要人们具有合作精神。培养大学生的合作精神是社会发展的要求、时代的呼唤。

合作学习是一种极富创意与实效的教学理论与策略体系。它的特点包括：以现代社会心理学、教育社会学、认知心理学、现代教育技术学等理论为基础；以研究与利用课堂教学中的人际关系为基点；以目标设计为先导；以师生、生生、师师合作为基本动力；以小组活动为基本教学形式；以团体成绩为评价标准；以标准参照评价为基本手段；以大面积提高学生的学业成绩，改善班级内的社会心理气氛，形成学生良好的心理品质和社会技能为根本目标。

在合作学习的过程中，每个参与者能充分体会到集体的力量和他人的作用，这有利于培养个人的集体荣誉感和社会责任感。通过在合作中的学习，学生应学会接纳别人，欣赏别人，掌握合作技能，学会与人沟通。合作学习可以把交流、沟通技能的学习与专业知识学习融为一体。在合作学习中，参与者需要主动提出问题，展开讨论和交流，学会倾听和反思，这种方式要求全员参与，互帮互学，可有效提高大学终身学习的能力。在宽松的合作学习过程中，可以激发大学生的创新意识，提高创新能力。

（4）创新学习观：创新学习要求学生在学习过程中，不拘泥课本，不迷信权威，不墨守成规。以现有的知识为基础，结合实践和联想，大胆探索，寻找到新方法、新思路、新途径。通过创新学习，培养创新心理素质。所谓创新心理素质，包括创新意识、创新能力以及创新人格三大要素。创新意识能激发和维持个体创新活动，使活动朝一定目标前进。创新能力是指运用掌握的综合知识，用创新的方法，进行创新实践活动的能力。创新人格有利于创新活动的稳定个性和行为特征的综合。

4. 教学管理的变化 在大学里，学生在学习上需要高度的自觉性和计划性。大学生可以按照专业培养目标的要求，结合自身的兴趣爱好，发挥自己的创造性。各种规章制度在给大学生提供一种约束和引导的基础上，更重要的是提高学习效率。因此，大学的教学管理主要是围绕如何提高教学质量，培养具有创新性和创造力的高素质人才来展开的。当然，强调创新性和创造力，并不意味着大学生可以不受管束而为所欲为，最基本的教学秩序还是要保障的。

5. 社会实践的变化 在大学里，大学生的非课堂活动的时间大大增加。一般来说，非课堂活动可以分为教学计划内的活动和教学计划外的活动。前者主要是围绕着教学内容而进行的各种专业见习、参观和实习等；后者主要是以自己的兴趣爱好为主，重在对自学能力和创造能力的培养。属于大学生的自主空间比较大，在大学中各种讲座、论坛、社团活动丰富多彩，有更多的途径让大学生接触社会，提升素质，也可以使大学生了解自己的知识结构不足，及时进行弥补。

（三）专业与职业的关系

进入大学之后，每个同学都会分配有一个专业，那么大学里学习的专业和自己未来从事的职业到底是什么关系呢？

1. 专业的含义 《辞海》将专业定义为："高等学校或中等专业学校根据社会专业分工需要所分成的学业门类"，并指出"各专业都有独立的教学计划，以体现本专业的培养目标和规格"。根据这一观点，从大学的角度来看，专业是为学科承担人才培养的职能而设置的；从社会的角度来看，专业是为满足从事某类或某种社会职业所必须接受的训练需要而设置的。该性质决定了专业的若干基本特征：专业的教学计划是三类课程的组合，即思想道德、科学与人文知识课程、学科基础知识课程、专业性（专门化、职业化）知识和技能训练课程的组合。第一类课程是对学生进行全面素质教育所必需的基础，第二类和第三类课程是某一专业培养高级专门人才的目标所规定的。它体现的原则是："以育人为目标，以学科为依托，以社会需求为导向。"这一组合模式至今未变。

2. 专业的门类 我国目前普通高校的研究生教育和本科教育的学科划分均为 13 大门类（哲学、经济学、法学、教育学、文学、历史学、理学、工学、农学、医学、军事学、管理学、艺术学）。按教育部 2011 年颁布的《学位授予和人才培养学科目录》，我国高校一级学科由原来的 89 个增加到 110 个。根据 2012 年国家教育部颁布的《普通高等学校本科专业目录》，高校本科教育学科专业包括哲学、经济学、法学、教育学、文学、历史学、理学、工学、农学、医学、管理学、艺术学等 12 大学科门类，专业类由修订前的 73 个增加到 92 个；专业由修订前的 635 种调减到 506 种。

3. 专业选择与职业选择 不知道从何时起，许多人开始对大学里各种各样的专业予以诸如冷门、热门之类的划分，而人们划分冷热的直接标准就是每个专业的就业前景。“学校要上名牌，专业要挑热门”，这是当年考大学的坚定“信条”。很多家长为了让孩子能上一个好专业，将来好就业而付出了巨大的努力，这种心态和孩子上小学时给他争取一个好座位非常类似。就是因为这一信条，却让不少应届大学毕业生在找工作时奔波于职场，吃足了苦头。没有人能够准确预测未来，企图用一次选择锁定成功的人，不过是想用固定的坐标寻求安全感。愿望是良好的，但现实将会是残酷的。

一般所说的热门专业，是一些在前几年热过一阵子，由于许多学校一窝蜂而上造成供大于求的专业，如法学、计算机、金融、行政管理、工商管理、财政学、经济学、新闻、会计、旅游、专业等。值得注意的是，“热门专业”并不一定是需求量大的专业。一些急需的人才，如石油工程、边防管理学等专业，由于其专业性强，就业面相对较窄，其招生并不多，可因为它是社会急需人才，就业率高，因此仍不失为“热门”专业。

一般所说的冷门专业，是指在人们传统观念上认为的，社会上的需求相对较小，就业比较困难的专业，如哲学、历史、地质、海洋、气象、农业、林业、勘探等专业。

然而，热冷门专业常常是三十年河东三十年河西，经常会相互转换。一些昔日的热门专业，经过一段时间在就业市场上成了少有人问津的“大冷门”，而那些报考时进入冷门专业的毕业生在找工作反倒有可能成为到处抢着要的香饽饽。

所谓“热门专业和冷门专业”，本质上乃是由产业结构和包括毕业生在内的人才市场供给的交织变化而形成和产生的。在计划经济时代，这种变化非常缓慢，所以常常给人以静止和凝固的印象与感觉；而在市场经济时代，这种变化之急速和纷繁复杂，常常给人以眼花缭乱的感觉。

不过专业也并非不重要。虽然说条条道路通罗马，成功的道路很多，但是最优路径可能只有一条，我们做职业生涯规划就是要尽可能找到这样的路径，以较小的代价实现自己的人生理想。因此，在现有的大学制度里，选择一个更加适合自己的专业学习，无疑能提升大学生的学习效率，增加自己未来职业选择的筹码。“热门专业和冷门专业”随着时间的推移和市场供求关系之变化，有时亦显现出一定的相对特性。所以，对大学生来说，不仅需要远见和智慧，更需要具有“打铁还需自身硬”的才干与素质。

从经济和效率的角度来看，我们所选择的专业当然应该是职业目标所需要的知识和技能。然而从专业与职业的相关性来讲，它们并不都是一一对应的关系，而是呈现出一对一、一对多、多对多等非常复杂的相关关系。

一对一，即一般意义上的专业对口。这种情况一般为技术性较强、专业分工明确的应用型或专科高校专业，比如临床专业它所对应的职业最适合的就是在医院中担任临床医生，最后发展成为主任医师。麻醉专业在毕业后最合适的就是成为一名麻醉师，护理专业最适合的就是成为一名护士。然而，随着时代的发展，即使是这类专业性特别强的专业，也有相当一批毕业生选择了改行，只不过是这类专业的不可替代性较高，即其他专业的人很难跨行转过来就业。

一对多就是指一个专业对应多个职业方向，这些专业一般是学习内容比较广博，发展方向可以分散的专业，比如哲学、历史、中文、经济学等专业。

多对一就是不同的专业可以发展成为同一个职业方向，这种职业一般技术含量不高，但要求个人在实践中自己领悟和学习，比如业务开拓人员、新闻记者、企业管理人员等。

在现在这样一个知识爆炸，科技飞速发展的市场经济社会，各个行业、职业、专业的变化非常快，大学专业对于一个人的整个职业生涯，只是起到一个初步的定位作用，并不能完全决定你未来的就业选择。

专业不等于爱好，也不等于毕业证。所谓专业，就是不管你是否喜欢它，都必须经过大量艰苦的专业训练，才能成为“专”才，才能靠它就业。专业是将来走到社会上能够让自己生存的一技之长。一个人只要有了一技之长，就能立足于社会，将来找到适合自己个性发挥的空间机会就会很多。在走向通才的路上，得首先在某个方向成为专才。

（四）大学阶段的主要任务

每年新生入学的时候，都会收到各个机构发放的各类大学必读，上面罗列了大学生必做的很多事情，例如通过英语四六级考试、获得几项职业技能证书，培养自己的表达能力和沟通能力、社会实践、兼职、实习等。看上去大学里有做不完的事情，可是这么多任务中，有哪些是我们必须要完成的呢？

大学阶段属于职业生涯发展的探索期或准备期，最重要的事情就是进行两个方面的探索，一个方面是内部的探索，即探索自我，了解自己的兴趣、能力、价值观、性格等，看看自己到底对什么领域感兴趣，有什么特长，看重的核心价值是什么，自己性格的优缺点，然后选择适合自己个人发展的方向；另一个方面是外部的探索，包括专业探索、大学探索、职业探索、行业探索和企业探索五个方面，即认识自己的专业、大学，探索未来可能从事的行业、职业和企业。大学里最富足的是时间，最宝贵的也是时间，要充分利用社会给予大学生的这个间隔期，好好去探索和适应社会。这两个方面也是本书的第四章和第五章将详细探讨的内容。

在本章末尾【过来人说】中引用了著名职业经理人李开复的一篇文章《给中国大学生的一封信：大学四年应该这样度过》，同学们可以作为大学四年学习生活的参考借鉴。

二、职业生涯教育对于大学生个人发展的作用

（一）职业生涯教育的发展现状

职业生涯教育起源于美国，是伴随着市场经济的迅速发展应运而生的。经历了百余年的发展，尤其是20世纪50年代后期，职业生涯教育走上了国际化的舞台，不同国家的职业指导实践都取得了长足的进步。

1. 美国　美国是最早在学校中进行职业生涯教育的国家。在美国教育史上，曾两次专门以政府法案的形式推进职业生涯教育改革对美国教育产生了重大影响，它们分别是20世纪70年代的《生计教育法案》以及20世纪90年代的《学校工作机会法案》。

《生计教育法案》把一至十二年级的学生都纳入进来，引导他们从“升学主义”转向个人的生计与未来发展。《学校工作机会法案》则使所有的高中学生都能确定一项走向职业道路的计划，能顺利实现从学校到工作的过渡。这两个法案把学习和工作结合起来，把学术学习和职业学习结合起来，在中等教育和中等之后的教育之间建立起有效的联系，使学生清楚了解他们将要从事的职业。

同时，美国教育部和劳动部共同发起了“从学校到就业”项目，其课程设置也重点围绕学生的职业意识、职业技能和自我决断能力等基本素质的培养。如今，职业生涯教育已

贯穿美国基础教育到高等教育。

美国高校的职业生涯教育有一套完整的体系，贯穿于学生整个的大学生涯。服务对象不仅包括所有的在校学生，也包括已经毕业的学生。例如密西根州立大学，在学生入校第一年就对他们进行职业生涯基础教育，所有学生必须将个人信息在专门网站上注册，有利于职业顾问提前对学生的性格、兴趣、能力、价值观等进行评估，提供一对一的个性化辅导服务；在学生入学的第二年，根据学生的自身特点，引导学生自己进行评价，帮助学生选择专业；第三年帮助学生了解求职的外部环境，参加社会实践和一些招聘会，让学生直接感受就业市场，帮助确定就业意向和进行职业潜能开发，最后形成完整的职业生涯规划；第四年辅导学生撰写求职信和个人简历、传授求职要领和面试技巧、如何签约等专门技能，以及为毕业生提供进入工作前的准备。

2. 德国　20 世纪 90 年代以来，德国许多高校专门成立了学生职业生涯服务机构，成为连接学校与社会的桥梁，为学生提供更多更实际的职业准备方面的服务，如应聘辅导、举办就业招聘会、生涯规划等。所有的在校大学生都有机会得到职业规划的咨询服务。开学之始，学校就辅导学生根据自身条件及目标进行专业的选择。开学后，会帮助学生进行职业生涯的设计和辅导。在具体指导中注重引导学生把个人的发展前景、发展空间和企业的发展前景、潜力、环境和培训体系等协调一致，并作为大学生择业的原则。职业生涯服务机构会主动对学生进行职业测评，了解学生实际情况，建立学生档案。

除了高校设有职业生涯服务机构以外，德国政府、企业和私人咨询介绍所等社会多方力量也共同参与进来，共同组成完善的职业生涯服务系统。政府在各地专门设大学协调组，负责开设职业咨询课，介绍用人单位性质、要求和受聘人员的条件，指导学生撰写简历和自荐材料，根据个人特点充分利用信息获取工作机会，以及如何与用人单位面谈等。私人咨询介绍所则为毕业生开展测评服务，测试大学生的兴趣、价值观、能力和气质等，并解释测评结果，帮助毕业生提高就业技巧并进行有效的就业决策等。企业界常年为大学毕业生提供实习基地，承担大学毕业生的实习和培训，选派有经验的职业专家指导学生，以提高职业适应能力为目标，重视培养大学生的动手能力、创造能力和分析设计能力，并把这种指导与选聘相结合。

3. 英国　20 世纪 80 年代以后，英国政府也陆续颁布了一系列的文件，要求普通中学开展职业教育和职业指导，并把这种教育和指导纳入学校课程当中。普通中学的职业教育和职业指导主要由学校的指导教师和校外的职业官员协作进行。指导教师的任务主要是实施职业教育计划，帮助职业官员安排学生咨询，并提供最新的职业信息。职业官员的主要职责是对学生进行个别和集体咨询，帮助制订职业教育计划，提供最新的职业信息，参加家长会议，举办咨询日、职业参观、职业演讲等活动。

英国大学的就业辅导老师一般具有心理学等专业的博士学位，除了对毕业生进行择业辅导外，还包括个性分析、职业生涯设计等个性化辅导。英国在一些相关法令中规定，相关社会各部门要为学生熟悉各种职业提供便利条件。各企业、事业单位及工厂要和学校建立广泛的合作关系，给学生提供参观和就地实习的机会，以熟悉各专业、职业和工种，以利于学生做出正确的选择。

4. 日本　在日本，每个人都要做好职业变动的思想准备和职业技能不断提高的知识储备，这些内容贯穿于所有学校教育的全过程，并把学校教育与成人教育有机衔接起来。2004 年 1 月，日本文部省“有关推进生涯教育的综合性调查研究协会”发表了

《报告书：为了培养每个孩子的勤劳观、职业观》，其中将“生涯教育”定义为培养每个孩子勤劳观、职业观的教育，将以前的职业教育（旨在令其习得从业所必须的知识技能及态度的教育）和“进路指导”（为了培养学生思考自己未来生活道路，通过对将来生活明确目的意识和责任，选择并决定未来的能力而进行的指导和援助）作为生涯教育的核心。可以看出：日本职业生涯教育是培养学生劳动观、职业观的教育，是高度重视每个人与生俱来的创造性，发展人个性的教育，旨在使学生具有相应的职业知识和技能的同时，培养学生了解自己，积极主动地选择人生道路的能力，它要求在从幼儿至成人的整个教育过程中，都要将传授知识与学生将来的工作和生存方式相结合。

日本职业生涯教育最显著的特点是贯穿于人一生。日本的小学教学大纲，强调通过学校的整体教育活动对小学生进行生活方式的指导，培养他们的劳动观和职业观，形成充满希望和目标的生活态度、基本的生活习惯、身心健康安全的生活意识。初中教学大纲强调指导学生适应集体生活，提高学生的判断、选择能力，理解和尊重自己与他人的个性，建立良好的人际关系，以积极态度选择未来。高中阶段要求让学生从被动的学习状态转变到自我选择、自我管理、自我负责的自主学习，培养学生在社会上自立的精神，形成自己的人生观、职业观，培养他们具有职业人的基本素质和能力。大学由于和人才市场的联系紧密，对职业生涯教育更为重视，以培养具有专业、创造力、外语能力、教养和良好沟通能力的全能型人才为目标。在研究生阶段，近几年开设了专门职业学位课程，以大学毕业生和社会人为对象，培养特定的高层次专门职业人才。其课程内容和研究方法与专业团体、行业协会进行沟通，联合进行理论和实际相结合的教育。日本的职业生涯教育是自上而下由政府主导推行的，政府相关部门担负组织、指导、协调的责任，并制定了一系列相关的政策、法规，推动学校与企业等社会组织共同配合实施。比如，从 2005 年开始，对于积极进行人才培养的企业的教育训练费用，按一定比例从法人税额中扣除。

5. 中国 中国的职业生涯教育发展并不晚，只是中间停滞的时间较长。1916 年，清华大学校长周寄梅先生就开始利用心理测验指导学生进行择业。20 世纪 30 年代，当时的国民政府还制定和颁布了在中小学开展职业辅导的规定。这些活动都表明，职业生涯教育在中国已经开始萌芽。新中国成立之后，由于实行计划经济和就业的统包统配等原因，职业生涯教育工作没有得到足够的重视。直到 20 世纪 80 年代，中国的经济结构发生变化后，职业生涯教育才真正得到发展，中华职业教育社编印的《职业教育》史料文集成为中国恢复职业生涯教育的标志。20 世纪 90 年代，随着我国改革开放深入，尤其是教育体制的改革，职业生涯教育受到了政府有关部门的重视和支持。1993 年，《职业指导纲要》和《职业指导办法》联合出台。1995 年，国家教委办公厅下达了《关于在高等学校开设就业指导选修课的通知》，全国就业指导中心在同年组织编写了《大学生就业指导》教材。1997 年，国家教委颁发了《普通高等学校毕业生就业工作暂行规定》，对高校就业指导工作提出明确要求，各高校先后建立起就业指导机构。2007 年 12 月，教育部办公厅印发了《大学生职业发展与就业指导课程教学要求》的通知（教高厅［2007］7 号），提出了切实加强领导、明确列入教学计划、加强师资队伍建设、改进教学内容和方法以及实施经费保障等五项要求。要求从 2008 年起提倡所有普通高校开设职业发展与就业指导课程，并作为公共课纳入教学计划。至此，我国的高校就业指导和职业生涯规划课程迅速发展。

然而，我们也应该注意到，在中国，高中以前基本上是没有职业生涯教育的。中国基础教育的习惯是把什么事情都安排好，学生只管学习就好了，其他的事情都不用操心，学校和家长也不希望学生分心。这种做法的后果就是，很多同学到了大学之后，一下子面临无人监管的情况，变得茫然不知所措，不知道该怎么学习和生活了。这些同学对自我，对外部世界都不了解，不知道大把的时间该如何利用，不少人选择了浑浑噩噩，随波逐流，更不要提对未来生活的规划了。

因此，中国高校对大学生进行职业发展教育，就显得迫在眉睫。

【生涯练习】

大学生涯小调查

请你对照自己的实际情况，思考一下下面几个问题：

（1）入校以来，你对自己的大学生活满意吗？

（2）你对大学生活是否适应？

（3）在大学里，你对自己有期待吗？如果有，期待是什么？现在实现的怎么样了呢？

（4）入校以来，你对自己的专业了解了吗？本专业的培养目标和具体方案是怎样的？

（5）你对哪个方面感兴趣？你在哪些方面的能力比较突出？你最看重的价值观是什么？你对自己的性格特点了解吗？

（6）毕业后你有哪些出路？哪条更适合你？

（7）知道有哪些渠道可以了解吗？如何选择？

以上七个问题，你都能给出完整的回答吗？

（二）大学生职业生涯教育的意义

大学阶段是职业生涯的准备期，在中国，大部分的学生已经错过了中学时代的准备期，在大学阶段对自己未来职业生涯准备得如何，对其未来的职业发展有着非常重要的影响。职业生涯教育对于大学生的个人发展作用主要有以下几点：

1. 促进大学生形成积极上进的人生观　成功的职业生涯需要人不断地为之去奋斗，而积极上进的人生观则为个人努力实现职业发展目标提供了原动力。一个人的职业生涯是一个长期的发展过程，这条道路不可能一帆风顺，前进中的挫折和一时的失败在所难免，缺乏积极上进人生观的人，意志比较容易消沉，丧失重新站起来的勇气和力量。而积极向上的人生观则能够促进人们更快地战胜挫折，不断超越自我，去实现更大的成功。

很多大学生在高中时把考上大学当作自己人生的奋斗目标，经历过基础教育阶段的十二年寒窗苦读终于迈入大学的校园，面对新的环境，很多同学茫然不知所措。因为这些同学不知道人生的目的是什么，不知道人生的价值如何体现，也不知道应该以什么样的人生态度来面对大学生活。学习职业生涯规划的方法和技术，能够帮助我们全面认识自我，了解社会，找出自己在知识、能力等方面与社会要求的差距，进而帮助我们明确人生目的，形成高品质的人生价值追求，并以积极进取的人生态度面对生活。

2. 帮助大学生理性选择职业发展的道路　现实生活中有不少人都存在从众的就业观念，就是自己没有考虑过将来要做什么，别人找什么样的工作，自己也找什么样的工作，什么工作热门就找什么工作，公务员热就去考公务员，创业热就赶去创业，考研热就都去考研，丝毫不考虑自己的兴趣爱好和擅长的专业，更没有对自己今后可长远发展的职业领域进行甄选和规划，结果造成了很大程度上的资源浪费。还有一些人拿着简历与求职书到处乱跑，总想会撞到好运气找到好工作，结果浪费了大量的时间、精力与资金，到头来感叹招聘单位有眼无珠，没有“慧眼识英雄”，叹息自己英雄无用武之地。或者草草签约之后进入工作阶段才发现并不是自己想干的工作，只能换职业。个人频繁跳槽，累积不了有价值的工作经验，而企业则持续缺少经验丰富的优秀人才，由此便加剧了职场的恶性循环。

人人都渴望成功，可是成功的经验却不能复制，只有我们选择了真正适合自己的职业发展路径，才有可能把个人的能力优势充分发挥出来，对社会的贡献才会大，将来成功的概率和速度才会快。学习职业生涯规划，能够引导我们遵循自己的性格、兴趣、能力及价值观等多方因素，结合社会的需要，最终找到一条适合自己的职业发展道路。

3. 督促大学生做好大学期间的发展规划　大学生涯是人生发展中非常重要的阶段。大学的学习、生活、社会工作情况直接或间接决定了大学毕业生未来的职业发展的方向和高度。2014年五四青年节，习近平总书记在北京大学师生座谈会上的讲话中指出，“这就像穿衣服扣扣子一样，如果第一粒扣子扣错了，剩余的扣子都会扣错。人生的扣子从一开始就要扣好。”

因此，人生需要规划，大学阶段的生活同样需要规划。大学里最不缺的就是时间，最稀缺的也是时间。如果没有一个清晰的规划，大学四年转瞬即逝，等到毕业的时候再后悔已经来不及了。为了让自己的大学生活更为充实，我们需要根据自己的兴趣、能力和社会需求等因素制定适合自己的大学发展目标和有效的实施步骤。有了这个规划，整个大学阶段的学习和生活就会由被动划为主动，变得井井有条。例如，假如你毕业之后想去更好的学校读研，那么大学期间就要特别注重英语和专业课程的学习，提高自己的科研能力；如果你想毕业后跨专业就业，就必须在保证本专业基本学习的同时提前熟悉目标领域的相关知识和技能。

具体来说，进行大学生活的规划，至少有以下几个方面的作用：

（1）有利于自己妥善地安排第一和第二课堂的学习与活动。

（2）有利于自己更为科学的选课，上课。

（3）有利于指导自己进行全面素质培养。

（4）有利于自己学会抓住学习的重点，充分地利用时间。

（5）有利于自己正确地看待得失，认识事情，保持情绪的稳定、学习生活的愉快。

4. 增强大学生就业的核心竞争力　影响大学生求职就业的既有学校、社会需求因素，也有学生自身因素。其中，决定大学生能否找到适合自身发展工作的因素还是大学毕业生自身是否具有核心竞争力。然而，现实情况却是包括大学毕业生在内的大量求职群体跟不上经济发展和产业发展的要求，专业知识和技能根本不能满足岗位所需，始终处于被市场淘汰的边缘，就像马云所说：他们学的和我们用的不一样。这就必然导致很多求职者无法胜任当前岗位，还没挨到试用期就已被企业辞退。

如果我们明确了自己的职业生涯规划和选择，就很自然的知晓了自己需要提升和锻炼什么，自己的核心竞争能力在哪里等一系列问题。这样，在工作中我们就可以轻松地获得更好的发展，我们的人生价值和社会价值也都可以顺利地体现出来，这时哪怕自己想跳槽，也无需向人求助，因为当我们在某个领域有足够资质时，好工作自然会主动来找你。

大学的外在资源对每个同学都是一样的，能否将大学优质的学习资源转变为自身就业和职业发展的核心竞争力，还是取决于大学生自身。做好自身的职业发展规划，将促使我们在大学期间主动学习，增强核心竞争力。

5. 帮助大学生树立正确的职业观念　传统的职业观念是终身从事一项稳定的职业，不断精于这一行，直到退休。然而，这种职业观念已经不适应知识经济发展的需要。没有职业的稳定，只有技能的稳定和更新。从终身职业到终身就业，职业活动的转换已成为人们生活中的必然。在新的就业模式中，不会再有终身职业，取而代之的应该是人人拥有终身就业机会，而且没有职业的稳定，只有技能的稳定与更新。职业生涯规划能帮助一个人认清就业形势，转变就业观念，永远保持对职业与未来的活跃思考。

6. 有利于提高大学生的就业效益　当我们拥有明确的求职目标，就会有更多的理由去说服用人单位，告诉企业负责人，自己就是他最合适的人选，求职的速度就会加快。同时，因为目标明确，就不必漫天撒网，在各个可能的工作机会前都去投简历，这样求职的成本也会降低。另外，核心竞争力突出，有利于迅速适应岗位，缩短适应期；工作表现和业绩优异，及早得到提升等都可以获得更高的回报。这些都是职业生涯规划带给大学生的就业效益的提高。

思　考　题

1. 什么是职业？什么是职业生涯规划？

2. 你所学的专业是什么？你认为你的专业将来适合哪些职业？你认为专业和职业具有怎样的关系？

3. 大学生为什么要进行职业生涯规划？

案 例 分 析

上完大学去复读的大学生

大学本科毕业拿到毕业证和学位证，为了心仪的专业参加高考，你有这样从头再来的勇气吗？2013 年 7 月毕业于某汽车学院的小杨（化名），因为对所学专业不感兴趣，本科毕业后进入高考补习学校复习一年，今年再次参加高考，并以 506 分的成绩考取某医学院临床专业。

今年 24 岁的小杨，出生在一个医学世家，父母以及多数亲属，都是学医的。2009 年，刚刚高中毕业的小杨，还是一个懵懂的叛逆青年。在填报志愿时，他没有征求家人意见，填报了某校汽车专业。

大学上了两年后，小杨发现，自己对所学的专业并不感兴趣，反而在家人耳濡目染下，逐渐喜欢上医学专业。当时他想弃学重新高考，但经过深思熟虑，认为这样不值得，如果中途退学，前两年等于白学了。如果上完大学，再参加高考的话，岂不是可以拿到两个学位？于是，他决定读完大学四年。其间，小杨不仅修完所有学分，顺利通过四六级考试，并且还通过硕士研究生笔试。

2013 年 7 月，小杨顺利毕业。之后他报名参加高考补习学校，重新学习语数外和理科综合。经过一年紧张复习，今年 6 月，小杨参加高考。他高考考了 506 分，比 5 年前还多了 2 分，对于这个成绩，他很满意。

填报志愿时，跟家人商量后，小杨报了某医学院临床专业。8 月中旬，小杨收到该校录取通知书。

已经成为某医学院一名大一新生的小杨，昨日在接受记者采访时称，对于即将到来的 5 年大学生活，他已有清晰的规划。他正在向学校申请部分学科免修，把更多的精力投入到专业上来，将重点学习外科和中医养生学。

讨论分析：针对小杨的经历，谈一谈你对职业生涯规划的认识。

实践项目

探索你的大学

进校已经一段时间啦，你现在了解自己的学校了吗？问问自己下面几个问题能否回答：

1. 学校发展的历史？学校发展过程中的关键人物？这些经历给你的启示是？

2. 学校的重点学科是？学术带头人是？跟你的专业有没有联系？你的专业领域的带头人是谁？他/她的研究方向你有兴趣吗？

3. 大学里有哪些好玩的社团？如果你了解或者加入了，能说说里面的人和事吗？

4.学生里有哪些大牛？都是些什么领域的？说说这些人和他们的事迹吧。

5.网络上有哪些关于学校的精华帖子，能推荐几篇吗？说说他们讲了什么。

……

如果以上问题，你都是靠谱的答案，恭喜你，你对学校的了解程度及格啦！如果还没有靠谱的答案，那么也许你需要进一步加深对自己大学的了解哦。

如何了解自己的大学呢？你有什么好方法？各个同学可以相互交流一下。

【扫一扫●过来人说】李开复致信中国大学生，大学四年应是这样度过

扫描上方二维码，查看文章

【扫一扫●生涯故事】哈佛最年轻的华人正教授尹希

扫一扫上方二维码，查看文章

第二章　职业生涯规划的基本理论

本章导读

对职业生涯基本理论的正确理解和把握可以帮助我们提高职业决策能力，引导我们全面认识自己、适应环境、合理择业，在职业活动不断提升自己，充分发挥自我潜能。职业生涯理论有多种分类方法，本章采用的是比较有代表性的三分法：即把职业生涯理论分为职业选择理论、职业生涯发展理论和职业决策理论。通过本章的学习，我们可以综合运用这三类理论来指导我们的职业选择、发展和决策。

第一节　职业选择理论

一、帕森斯（Parsons）的“特质-因素”理论

（一）理论发展历史

“特质-因素”理论是美国波士顿大学教授、职业指导专家弗兰克·帕森斯（Frank Parsons）在其 1909 年出版的《选择职业》中首次提出，是最早提出的职业辅导理论，也是用于职业选择与职业指导的经典理论之一。

所谓“特质”，即指个人的人格特征，包括能力倾向、兴趣、价值观和人格等，这些都可以通过心理测量工具来加以评量。所谓“因素”，则是指在工作上要取得成功所必须具备的条件或资格，可以通过对工作的分析而了解。“特质-因素”理论以个性心理学和差异心理学为基础，承认人的个性结构存在客观差异，强调心理因素在职业选择中的匹配作用，重视心理测量技术的运用和问题的诊断，认为职业选择就是使职业兴趣、职业能力与职业所需要的素质相匹配。

1908 年，帕森斯在美国波士顿设立职业局，在职业指导过程中，他提出了职业设计的三要素模式：首先，清楚的了解自己，包括性格、能力、兴趣、自身局限和其他特质等资料；其次，了解各种职业必备的条件及所需知识，在不同工作岗位上所占有的优势、不足和补偿、机会、前途等；最后，综合上述两类资料并探询和个人特质相匹配的职业。

特质与因素匹配理论产生近百年来经久不衰，其三要素模式被认为是职业设计的至理名言，并得到不断发展和完善，形成职业选择和职业指导过程的三个步骤：

（二）核心理论

第一步评价求职者的生理和心理特点（特性）。通过心理测量及其他测评手段，获得有关求职者的身体状况、能力倾向、兴趣爱好、气质与性格等方面的个人资料，并通过会谈、调查等方法获得有关求职者的家庭背景、学业成绩、工作经历等情况，并对这些资料进行评价。

第二步分析各种职业对人的要求，并向求职者提供相关职业信息。包括：

（1）职业的性质、工资待遇、工作条件及晋升的可能性；

（2）求职的最低条件，诸如学历、所需的专业训练、身体素质、年龄、性格能力及其他心理特点的要求；

（3）准备就业而设置的教育课程计划、提供这种训练的教育机构、学习年限、入学资格和费用等；

（4）就业机会。

第三步指导人-职匹配。指导人员在了解求职者的特性和职业的各项指标基础上，帮助求职者进行比较分析，以便选择一种适合其个人特点又有可能得到并能在职业上取得成功的职业。帕森斯又将职业与人的匹配分为两种类型：

条件匹配。即所需专门技术和专业知识的职业与掌握该种特殊技能和专业知识的择业者相匹配，如脏、累、险等劳动条件很差的职业，需要吃苦耐劳、体格健壮的劳动者与之匹配。

特长匹配。即某些职业需要具有一定的特长，如具有敏感、易动感情、不守常规、有独创性、个性强、理想主义等人格特性的人，宜于从事审美性、自我感情表达的艺术创作类型的职业。

“特质-因素”理论的核心是人与职业的匹配，强调个人所具有的特质与职业所需的素质与技能（因素）之间的协调和匹配。其理论前提是：每个人都有一系列独特的特性，并且可以客观而有效地进行测量；为了取得成功，不同职业需要配备不同特性的人员；选择一种职业是一个相当易行的过程，而且人职匹配是可能的；个人特性与工作要求之间配合的越紧密，职业成功的可能性就越大。

为了对个体的特性进行深入详细的了解与掌握，“特质-因素”理论十分重视人才测评的作用，对人的特质进行测评是以“特质-因素”理论进行职业指导的基本前提。它首先提出了在职业决策中进行人-职匹配的思想，我们在职业选择过程中，要充分分析自己的特质情况，并充分了解相关职业的各种要求，在全面了解自我、了解职业的情况下努力做到人-职匹配，同时不能过于机械。因而该理论为人才测评理论奠定了理论基础，推动了人才测评在职业选拔与指导中的运用和发展。

二、霍兰德（Holland）的人格类型理论

（一）理论发展历史

约翰·亨利·霍兰德（John Henry Holland）是美国约翰·霍普金斯大学心理学教授，也是美国著名的职业指导专家。他于20世纪60年代在“特质-因素”理论的基础上发展并创立了“人格类型论”，这一理论源于人格心理学概念，一方面认为职业选择为个人人格的反映和延伸，另一方面则源自霍兰德本人的职业咨询经验，并在此基础上进行积极深入的探索和总结。他认为，职业选择是人格的表现。同一职业团体内的人有相似的人格，因此对很多问题会有相似的反应，从而产生类似的人际环境。他强调：个人的人格与工作环境之间的适配和对应是职业满意度、职业稳定性与职业成就的基础。基于此，霍华德提出了四项核心假设和三项辅助假设。

（二）四项核心假设

四项核心假设：其一，由于职业选择是人格的一种表现，某一类型的职业通常会吸引具有相同人格特质的人，这种人格特质反应在职业上，就是职业兴趣，所以大多数人的职业兴趣或称职业人格可以归纳为六种类型：社会型（Social Type，简称 S）、企业型（Enterprising Type，简称 E）、现实型（Realistic Type，简称 R）、常规型（Conventional Type，简称 C）、研究型（Investigative Type，简称 I）、艺术型（Artistic Type，简称 A）。他认为，绝大多数人都可以被归纳于六种类型中的一种；

其二，人们一般都倾向于寻找与其个性类型相一致的职业类型，追求充分施展其能力与价值观，承担令人愉快的工作和角色，职业也充分寻求与其类型相一致的人。由于个人的职业兴趣往往是多方面的，因此通常用 3 个字母代表最强的 3 种兴趣类型，来表示一个人的职业兴趣，这个代码即称为“霍兰德代码（Holland Code）”。三个字母之间的顺序表示了不同类型兴趣强弱程度的不同；

其三，个人的行为取决于其个性与所处的职业类型，可以根据有关知识对人的行为进行预测，包括职业选择、工作转换、工作绩效以及教育和社会行为等；

其四，所有职业或工作环境也可划分为相应的六大基本类型，其名称及性质与人格类型的分类一致：社会型、企业型、现实型、常规型、研究型、艺术型。任何一种职业大体都可以归属于六种类型中的一种或几种类型的组合。

在这四个前提的基础上，霍兰德提出了六边形模型。在我们的文化里，大多数人可以分为六种人格类型，这六种类型可以按照固定顺序排成一个六角形，具体的职业类型也通常采用上述3个字母代码的方式来描述其工作性质和职业氛围（图 2-1）。

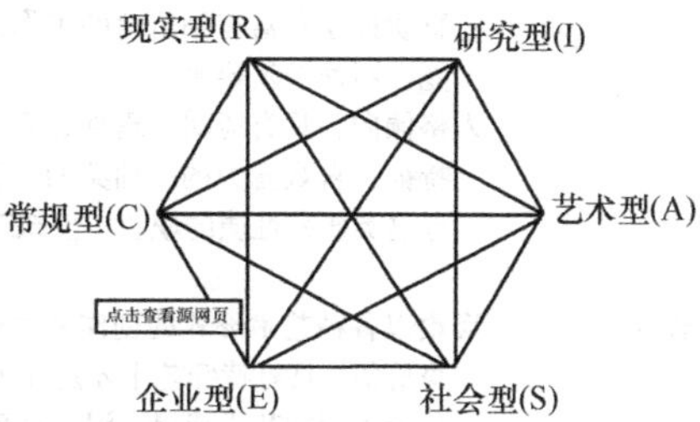

图 2-1　霍兰德人格六角形模型（Holland，1997）

（三）三项辅助性假设

霍兰德的六角形模型可以解释六种类型之间的关系，具体可表述为三项辅助假设为：

1. 一致性　指类型之间在心理上的一致程度。在六角形模型上，任何两种类型之间的距离越近，其职业环境及人格特质的相似程度就越高，或者说他们的一致性就越高。如，现实型和研究型存在某些有共通的地方，表现为不善交际、喜欢做事而不善于与人接触等，我们称这两种类型的一致性高；企业型和社会型在六角形模型上是相邻的类型，它们的相似性也最高，可能是因为这两种类型的人都比其他类型的人更喜欢与人打交道，只是他们打交道的方式不同而已。反之，常规型与艺术型处于对角线的位置上，它们的一致性偏低而具有相反的特质，因为两者所具有的特点完全不同，如前者顺从性强，喜欢循规蹈矩，后者独创性强，追求自由与个性化。各类型的一致性程度可以用他们在六边形上的距离表示：一致性高的，它们在六边形模型上的位置是相邻的，如 R-I、R-C 等；一致性中等的，它们在六边形模型上的位置是相间的，如 R-E、R-A 等；一致性低的，它们在六边形模型上的位置是相对的，如 R-S 等。

2. 区分性　某些人或某些职业环境的界定较为清晰，较为接近某一类型，而与其他类型相似甚少，这种情况表示区分性良好；若某些人与多种类型相近，则表示他们区分性较低。

3. 适配性（congruence） 指人格类型与职业类型的匹配程度。如果个人人格类型和职业环境之间适配，将增加个人的工作满意度、职业稳定性和职业成就感。六角形模型可以帮助我们对人格特质类型与职业环境类型之间的适配性进行评估。例如，一个以研究型、艺术型和社会型为主导地位的个人在研究型、艺术型和社会型为主导的职业环境中工作会感到舒适自在，反之如果让他在一个现实型、常规型占主导的环境中工作可能会使其感到格格不入、极不满意。

（四）霍兰德人格类型与职业环境的适配

适配性是霍兰德三个辅助假设理论中最为重要的一个假设。适配性的高低，可以预测个人的职业满意程度、职业稳定性及职业成就。因此，霍兰德将六种人格类型和职业环境的匹配进行了如下划分（表 2-1），主张个人人格特质中占主导地位的类型可以为个人在选择职业和工作环境时提供方向。

表 2-1 霍兰德人格类型与职业环境的适配

人格类型	人格特征	职业类型
现实型	愿意使用工具从事操作性强的工作；动手能力强，做事手脚灵活，动作协调；偏好于具体任务，不善言辞，不善交际。 人格倾向：喜欢有规则的具体劳动和需要基本操作技能的工作，缺乏社交能力，不适应社会性质的职业	主要指各类工程技术工作、农业工作；通常需要一定体力，需要运用工具或操作机械。 主要职业：工程师、技术员；机械操作、维修安装工人、木工、电工、鞋匠等；司机；测绘员、描图员；农民、牧民、渔民等
研究型	抽象能力强，求知欲强，肯动脑筋，善思考，不愿动手；喜欢独立和富有创造性的工作；知识渊博，有学识才能，不善于领导他人。 人格倾向：具有聪明、理性、好奇、精确、批评等人格特征，喜欢智力的、抽象的、分析的、独立的定向任务这类研究性质的职业，但缺乏领导才能	主要指科学研究和科学实验工作。 主要职业：生物学家、化学家、数学家、地理学家、物理学家、生理学家、心理学家等自然科学和社会科学方面的研究人员、专家；化学、冶金、电子、无线电、电视、飞机等方面的工程师、技术人员；飞行驾驶员、计算机操作人员等
艺术型	喜欢以各种艺术形式的创作来表现自己的才能，实现自身价值；具有特殊艺术才能和个性；乐于创造新颖的、与众不同的艺术成果、渴望表现自己的个性。 人格倾向：具有想象、冲动、直觉、无秩序、情绪化、理想化、有创意、不重实际等人格特征。喜欢艺术性质的职业和环境，不善于事务工作	主要指各种艺术创造工作。 主要职业：音乐、舞蹈、戏剧等方面的演员、艺术家编导、教师；文学、艺术方面的评论员；广播节目的主持人、编辑、作者；绘图、书法、摄影家；艺术、家具、珠宝、房屋装饰等行业的设计师等
社会型	喜欢从事为他人服务和教育他人的工作；喜欢参与解决人们共同关心的社会问题，渴望发挥自己的社会作用；比较看重社会义务和社会道德。 人格倾向：具有合作、友善、助人、负责、圆滑、善社交、善言谈、洞察力强等人格特征。喜欢社会交往、关心社会问题、有教导别人的能力	主要指各种直接为他人服务的工作，如医疗服务、教育服务、生活服务等。 主要职业：教师，保育员、行政人员；医护人员；衣食住行服务行业的经理、管理人员和服务人员；福利人员等
企业型	精力充沛、自信、善交际，具有领导才能；喜欢竞争，敢冒风险；喜欢权力、地位和物质财富。 人格倾向：具有冒险、野心人格特征。喜欢从事领导及企业性质的职业、独断、自信、精力充沛、善社交等	主要指那些组织与影响他人共同完成组织目标的工作。 主要职业：经理企业家、政府官员、商人、行政部门和单位的领导者、管理者
常规型	喜欢按计划办事，习惯接受他人的智慧和领导，自己不谋求领导职位；不喜欢冒险和竞争；工作踏实、忠诚可靠，遵守纪律。 人格倾向：具有顺从、谨慎、保守、实际、稳重、有效率等人格特征。喜欢有系统有条理的工作	主要指各类文件档案、图书资料、统计报表之类相关的各类科室工作。 主要职业：会计、出纳、统计人员；打字员；办公室人员；秘书和文书。图书管理员；旅游、外贸职员，保管员，邮递员，审计人员，人事职员等

第二节　职业生涯发展理论

一、萨珀（Super）的"终生发展"理论

职业生涯"终生发展"理论是由该领域最具权威性的人物之一、全球最具影响力的生涯发展研究者、美国最具代表性的职业管理学家萨珀（Donald E Super）通过长期系统研究提出的观点，他把职业生涯的发展看成是一个持续渐进的过程，由童年时代开始一直伴随个人的一生。

（一）生涯发展阶段理论

"自我概念"（self-concept）是萨珀理论中的核心概念。所谓"自我概念"，就是指个人对自己的兴趣、能力、价值观及人格特征等方面的认识和主观评价。一个人的自我概念在青春期以前就开始形成，至青春期较为明朗，并于成人期由自我概念转化为职业生涯概念。工作与生活满意与否，就在于个人能否在工作和生活中找到展现自我的机会。用萨珀的话说，"职业生涯就是对自我的实现"。 而这个自我实现亦即职业生涯发展的过程，又可以划分为成长、探索、建立、维持和衰退共五个阶段，又称为职业生涯发展的大循环。在每个阶段都有其独特的职责和角色以及不同的发展任务。个人面对完成发展任务的准确程度则体现了个人的生涯成熟度（Career Maturity）。

第一阶段，成长阶段（0～14 岁），属于认知阶段。在这个阶段，孩童开始认知并发展自我概念，学会以各种不同的方式来表达自己的需要，对职业的好奇占主导地位，并逐步有意识地培养职业能力，且经过对现实世界不断地尝试，修饰他自己的角色。这个阶段发展的任务是：发展自我形象，发展对工作世界的正确态度，并了解工作的意义。这个阶段共包括三个时期：

一是幻想期（4～10 岁），它以"需要"为主要考虑因素，在这个时期幻想中的角色扮演很重要；儿童从外界感知到许多职业，对于自己觉得好玩和喜爱的职业充满幻想和进行模仿；

二是兴趣期（11～12 岁），它以"兴趣"为主要考虑因素，喜好是个体抱负与活动的主要决定因素；理解并评价职业，开始作职业选择；

三是能力期（13～14 岁），它以"能力"为主要考虑因素，开始考虑自身条件与喜爱的职业是否相符，并有意识地进行能力培养，能力逐渐具有重要作用。

第二阶段，探索阶段（15～24 岁），属于学习打基础的阶段。该阶段的青少年，主要通过学校的活动、社团休闲活动、打零工等机会，对自我能力及角色、职业进行鉴定和探索，并完成择业和初步就业，选择职业时有较大弹性。这个阶段发展的任务是：使职业偏好逐渐具体化、特定化并实现职业偏好。该阶段也包括三个时期：

一是试探期（15～17 岁），综合认识和考虑自己的需要、兴趣、能力及职业社会价值、就业机会，作暂时的决定，并在幻想、讨论、课业及工作中加以尝试；

二是过渡期（18～21 岁），进入就业市场或专门的职业培训，更重视现实，并力图实现自我观念，将一般性的选择转为特定的选择；

三是试验承诺期（22～24 岁），生涯初步确定并试验其成为长期职业生活的可能性，此阶段所选择的工作范围小，只选择可能提供重要机会的工作；选定工作领域，开始从事某种职业，对职业发展目标的可行性进行实验；若不适合则可能再经历上述各时期以确定方向。

第三阶段，建立阶段（25～44 岁），属于选择、安置阶段。由于经过上一阶段的尝试，不合适者会谋求变迁或作其他探索，因此该阶段较能确定在整个事业生涯中属于自己的职位，并在 31 岁至 40 岁，开始考虑如何保住该职位并固定下来。这个阶段发展的任务是统整、稳固并求上进。这个阶段细分又可包括两个时期：

一是尝试期（25～30 岁），个体寻求安定，也可能因生活或工作上若干变动而尚未感到满意；

二是稳定期（31～44 岁），个体致力于工作上的稳固，大部分人处于最具创造性时期，由于资质较深，往往业绩优良。

第四阶段，维持阶段（45～65 岁），属于升迁和专精阶段。个体仍希望继续维持属于他的工作职位及社会地位，同时会面对新的人员的挑战，因而也会不断开发新的技能，同时注重维持家庭和工作两者之间的和谐关系。这一阶段的发展任务是维持既有成就与地位。

第五阶段，衰退阶段（65 岁以上），属于退休阶段。由于生理及心理机能日渐衰退，个体不得不面对现实从积极参与到隐退。这一阶段往往注重发展新的角色，寻求不同方式以替代和满足需求。

（二）循环式发展任务

在萨珀的五阶段中，每个时期至下个时期之间，称为转换期（transition），又称为职业生涯发展小循环，他认为，在人生中的不同时期，都可以经历由这五个阶段构成的一个“小循环”，包括新的成长、再探索以及再建立等三个历程。他认为不同的阶段，面临的发展任务不同，个人必须达成其每一阶段的生涯发展任务，并为下一阶段的发展做好预先规划与准备。个人一旦进入一个新的生涯发展阶段，可能进入一个新的发展循环，需重新经历成长、探索、建立、维持、衰退等一系列历程。例如，一个失业下岗人员必须重新对自我的能力、兴趣和价值进行评估，培养和发展新的技能，“探索”和寻找新的工作，然后再新的工作岗位上努力适应新的角色和工作环境，“建立”自己的职业地位，随后可能再次经历“维持”与“退出”阶段（表 2-2）。这种大循环套小循环的螺旋循环式发展模式丰富和深化了生涯发展阶段的理论内涵。

表 2-2　循环式发展任务

生涯阶段	年龄			
	青年期 14～15 岁	成年初期 25～45 岁	成年中期 45～65 岁	成年晚期 65 岁以上
成长期	发展适合的自我概念	学习与他人建立关系	接受自身的限制	发展非职业性的角色
探索期	从许多机会中学习	寻找心仪的工作机会	确认待处理的新问题	选个良好的养老地点
建立期	在选定的职业领域中起步	确定投入某一工作，并寻求职位上的升迁	发展新的技能	完成未完成的梦想

续表

生涯阶段	年龄			
	青年期 14～15 岁	成年初期 25～45 岁	成年中期 45～65 岁	成年晚期 65 岁以上
维持期	验证目前的职业选择	致力于维持职位的稳固	巩固自我以对抗竞争	维持生活的兴趣
退出期	从事休闲活动的时间减少	减少体能活动的时间	集中精力于主要的活动	减少工作时间

萨珀的循环式发展任务

（三）生活-生涯彩虹图

1976~1979 年，萨珀在英国进行了为期四年的跨文化研究，随后提出了一个更为广阔的新观念——生活广度（Life Span）、生活空间（Life Space）的生涯发展观。该理论在原有的发展阶段理论基础上，较为特殊地引入了角色理论，并将生涯发展阶段与角色彼此间交互影响的状况，描绘为一个多重角色生涯发展的综合图形。这就是著名的“生涯彩虹图”。（图 2-2）

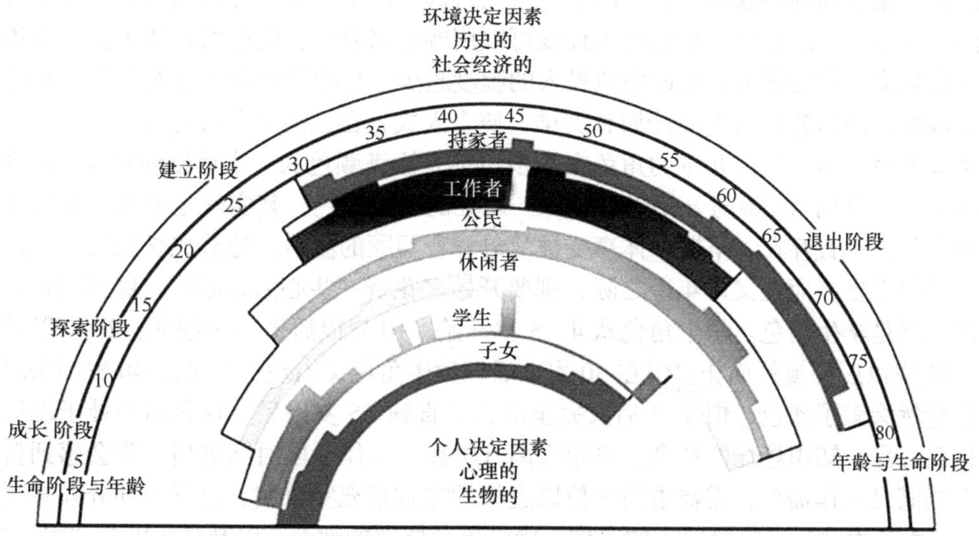

图 2-2　萨珀的生涯彩虹图

萨珀认为，生涯发展是一个在众多个人因素和社会因素之间不断交融相互影响的动力性历程，起调节作用的是个人的自我概念，这个动力性历程的发展结果，决定了个人在不同生涯阶段中所要扮演的重要生涯角色。这些角色包括儿童、学生、家庭照顾者等，个人在各类工作或生活角色间的选择，影响其一生发展。这些生活角色的自发性组合，形成了个人的“生活风格”，而序列性的组合缔造了“生活空间”和“生活循环”，其整体的结果就是“生活组型”。

横贯一生的彩虹——“生活广度”在一生生涯的彩虹图中，横向层面代表的是横跨一生的生活广度。彩虹的外层显示人生主要的发展阶段和大致估算的年龄：成长期（约相当于儿童期）、探索期（约相当于青春期）、建立期（约相当于成人前期）、维持期（约相当于中年期）以及衰退期（约相当于老年期）。在这五个主要的人生发展阶段内，各个阶段还有小的阶段，萨珀特别强调各个时期的年龄划分有相当大的弹性，应依据个体的不同情况而定。

纵贯上下的彩虹——“生活空间”在一生生涯的彩虹图中，纵向层面代表的是纵贯上下的生活空间，由一组职位和角色所组成。所谓“角色”，就是一种功能性的行为标准，被个人暂时接受和采纳。每个人都有一系列的角色，个人在不同时期扮演着不同的角色并对其有不同程度的认同与投入。萨珀认为个人所扮演的角色实际上是对自我概念的具体体现，人在一生当中必须扮演九种主要的角色，依次是：儿童、学生、休闲者、公民、工作者、夫妻、家长、父母和退休者。各种角色之间相互作用、相互影响，一个角色的成功，特别是早期的角色如果发展得比较好，将会为其他角色提供良好的关系基础。但是，在一个角色上投入过多的精力或为其成功付出太大的代价，而没有平衡协调各角色的关系，则会导致其他角色的失败。由此又可以引出“显著角色”的概念。例如，建立阶段和维持阶段中的显著角色通常是工作者，如果个人仅仅注重这一角色的发展而忽视了对家庭、社会角色的投入，那么到退出阶段的时候，由于工作角色的中断，个人又缺乏其他角色可以替代它满足个人的心理需求，往往会产生巨大的失落感乃至出现严重的适应不良状况。角色和显著角色的概念帮助我们在评估一个人工作、学习、家庭、休闲和社会活动等方面的投入程度及其相互间的关联影响，从而帮助个人协调平衡生活各部分的内容，丰富个人的生活空间。在每一阶段对每一角色投入程度可以用颜色来表示，颜色面积越多表示该角色投入的程度越多，空白越多表示该角色投入的程度越少。它的作用主要是对自身未来的各阶段进行调配，做出各种角色的计划和安排，使个人成为自己的生涯设计师。

半圆形最中间一层，儿童的角色在 5 岁以前是涂满颜色的，之后逐渐减少，8 岁时大幅度减少，一直到 45 岁时开始迅速增加。此处的儿童角色，其实就是为人子女的角色，因而这个角色一直存在。早期个体享受被父母养育照顾的温暖，随着成长成熟，慢慢开始同父母平起平坐，而在父母年迈之际，则要开始多花费一些心力来陪伴、赡养父母。

第二层是学生角色。学生角色从 4、5 岁开始，10 岁以后进一步增强，20 岁以后大幅减少，25 岁以后便戛然而止。但在 30 岁以后，学生角色又出现，特别是 40 岁出头时，学生角色竟然涂满了颜色，但 2 年后又完全消失，直到 65 岁以后。这是由于处于现代科技发展日新月异、知识爆炸的社会，青年在离开学校、工作一段时间之后，常会感到自身学习已不能满足工作需要，需要重回学校以进修的方式来充实自我。也有一部分人甚至等到中年，儿女长大之后，暂离原有的工作，接受更高层次的教育，以开创生涯的“第二春”。学生角色在 35 岁、40 岁、45 岁左右凸现，正是这种现象的反映。

第三层是休闲者角色。这一角色在前期较平衡地发展，直到 60 岁以后迅速增加，也许有人会惊讶萨珀把休闲者角色列入生涯规划的考虑之中。其实，平衡工作和休闲是一项非常重要的任务，特别是在如此快节奏、高效率的社会中，正如图中的空白也构成画面一样，休闲是我们维持身心健康的一种重要手段。

第四层是公民。从 20 岁开始，35 岁以后得到加强，65～70 岁达到顶峰，之后慢慢减退。公民的角色，就是承担社会责任、关心国家事务的一种责任和义务。

第五层是工作者的角色。该工作角色从 26 岁左右开始，颜色阴影几乎填满了整个层面，可见当事人对这一角色相当认同。但在 40 多岁时，工作者的角色完全消失，对比其他角色，不难发现，这一阶段，学生角色和家长角色都有不同程度的增强。两三年后，学生角色小时，家长角色的投入程度恢复到平均水平，而工作者的角色又被颜色涂满，直至 60 岁以后开始减少，65 岁终止工作者角色。

第六层是持家者角色，这一角色可以拆分夫妻、父母、（外）祖父母等角色，然后分别作图。此处家长的角色从 30 岁开始，前几年精力投入较多，之后维持在一个适当水平，一直到退休以后才加强了这一角色。76～80 岁几乎没有了持家者的角色。虽然个体的生涯过程中还可能承担其他角色，但对于大多数人来说，上述这些是最基本的角色。在使用“生涯彩虹图”时，个体可根据自身情况，在此图的基础上进行适当调整。

（四）拱门模型理论

萨珀生涯发展理论的一个核心是发展性的自我概念。自我概念的发展是指个人如何看待自己及其所处的情境，是个人与社会间动力互动历程的反映：个人在发展的历程中，由于接触了周围他人和环境事物，与个人的想法产生互动，而逐渐衍生出对自己的看法。个人即依据其对自我的概念与其在社会中所扮演的角色，组织内、外在的所有个人与社会势力，来发展其生涯。自我概念理论可以分为两个部分：①个人或心理的，专注于个人如何选择及如何调适其选择；②社会的，重点在个人对其社会经济情况及当前社会结构的个别性评价。这个自我概念理论后来又衍生为“拱门模型理论”。

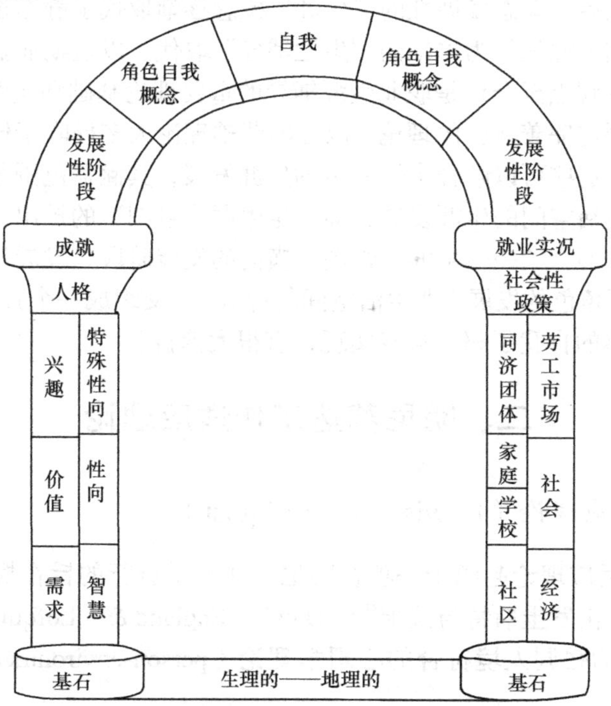

图 2-3　拱门模型理论

拱门的左右两大基石分别为生理基石和地理基石。生理基石支持了个人的心理特质，涵括了个人的需求、知识、价值、能力性向及兴趣，这些因素会影响个人的成就表现。拱门的地理基石，支持了如经济、社会、学校、家庭、劳工市场等社会环境范畴，这些因素影响了社会政策及就业标准。连接左右两大基石的拱形，则是由生涯发展阶段与自我概念所串联而成，主导个人的生涯选择与发展。

萨珀晚期的生活-生涯发展理论，主张个人主动的建构与理解其经验，而形成其内在现实——能力、兴趣、需求、价值及人格特质，并根据这些预测其在外在现实中的出路——

与生活方式的选择[4]。这个观点的生涯发展理论已经被广泛称为“建构取向的生涯理论”，以彰显个人主动掌握生涯决定是个人对自身特质、潜在生涯选项及工作世界的统整与全面性的建构历程。从建构取向生涯发展理论的立场来看，生涯选择与决定是一个不断演进的历程，个人所追寻的生涯，不仅反映个人对当前自己及工作世界的建构，也反映其对未来成就与自我发展的预期。

（五）萨珀的生涯理论的评价

萨珀的生涯发展理论是随着时代的发展不断前进和丰富的。他的生涯发展理论在职业辅导理论史上是个分水岭。生涯发展理论的提出标志着生涯辅导正式取代了职业辅导，生涯的概念正式取代职业概念。根据生涯发展理论的观点，生涯辅导工作首先需要了解个体的发展状况，通过生涯评估的方式，就个人的潜能和问题，进行综合积极的分析。

萨珀的理论对于职业生涯辅导具有重大的贡献。他整合了发展心理学、差异心理学、人格心理学及职业社会学的长期研究结果，将其汇聚成为一个完整而系统的理论体系。他的理论对于职业生涯规划师来说是一个非常大的进步，其理论原则也被学校心理咨询教师们广泛应用。自他以后，动态发展性的“生涯”概念逐渐取代了静态稳定性的“职业”概念，以规划人生长期生涯发展为主轴的“生涯辅导”取代了以短期职业选择为重心的“就业指导”。这一理论观点至今仍是职业生涯辅导的重要理论基础和实践指导。

萨珀不断地发展与完善自己的理论。以往的萨珀理论大多局限于他的发展阶段和对职业的自我观念论上，这些可以解释个体一生的生涯发展，其涵盖范围很广，但深度略嫌不够。“生活广度与生活空间的生涯发展，即一生生涯彩虹图”的提出，正好弥补了原有的不足。在实际应用方面，“一生生涯彩虹图”横向的发展阶段、发展任务（即生活广度的部分）和纵向的生涯角色的发展（即生活空间的部分），交织成一个具体的生涯发展结构，这对辅导时促进个体的自我了解、自我实现，有很大裨益。

二、明尼苏达工作适应理论

（一）工作适应理论（Dawis & Lofquist）

明尼苏达工作适应理论起源于一项在明尼苏达大学进行的旨在探索如何帮助残障人士适应工作的研究，由罗圭斯特与戴维斯（Dawis，England & Lofquist）在 1964 年提出，经过数十年发展成为强调人境符合的心理学理论（person-environment correspondence，PEC）。

工作适应论仍属于特质论的范畴，但比特质因素理论更多地关注发展问题，其重点在于就业后的适应问题。工作适应理论关注个体适应工作环境的影响因素（也提出有效的职业选择是指个体令人满意，且个体感到满意的选择）。

戴维斯等人认为，每个人都会努力寻求个人与环境之间的一致性（correspondence）。当工作于环境协调时，即当工作满足了个体需要或个体达到工作环境的要求时，就表现一致。由于个体的需要和工作要求的变化性，一致性是一个动态的过程。而“工作适应”（work adjustment）就是指个人为了能维持此一致性所做出的努力，以在同一职位上的工作持久程度为衡量指标。当工作环境能满足个人的需求（即给予个人“内在满意”，satisfaction），而个人亦能够满足工作的技能要求（即达到“外在满意”，satisfactoriness）时，个人与环境的一致性就较高。但由于个人与环境都是动态发展的，相互之间会产生影响，因此，人境之间是否一致是一个互动过程的产物，而不是一成不变的。随着时间的推移，个人的需求会改变，工作的要求也会变化调整。如果个人或雇主能努力创造并维持这种人境之间的协调关系，则个人的工作满意度和雇主对其员工的满意程度就会越高，个人在该工作领域也越能持久发展（图 2-4）。

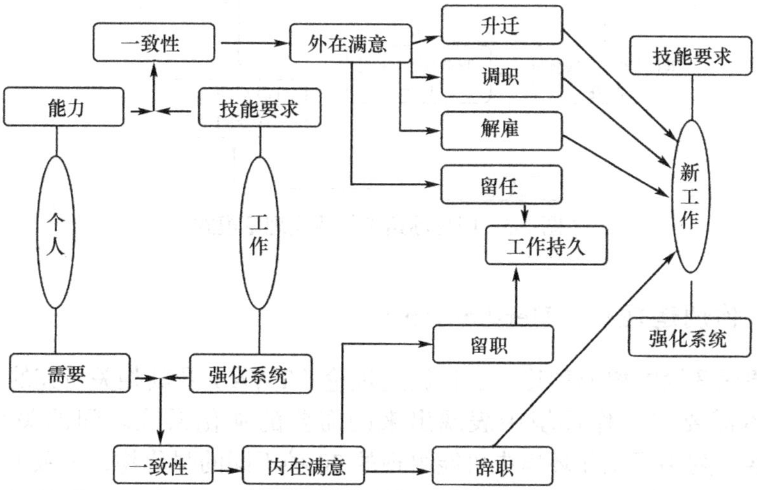

图 2-4　明尼苏达工作适应理论模式

罗圭斯特与戴维斯编制了一系列的量表来对个人的人格特质和工作环境进行评量。他们认为个人的心理需求主要反映在其价值观上，因此编制了明尼苏达重要性问卷（minnesota importance questionnaire）来加以评量，并用明尼苏达能力测试（minnesota ability test battery）和明尼苏达满意感受问卷（minnesota satisfaction questionnaire）对个人的技能及其内在满意程度进行评估。至于工作环境所提供的强化系统（是否能够强化个人的心理需求）及职业的技能要求，则分别使用职业强化模式量表（occupational reinforcer patterns）、职业能力倾向模式量表（occupational aptitude patterns）来进行分析，并通过明尼苏达满意指标量表（minnesota satisfactorness questionnaire）对机构对于员工的外在满意程度进行评估。将这两组测量工具的结果一一对应，就可以对人境之间的一致性和个人的工作适应程度进行评估和分析（图 2-5）。

在生涯辅导上，工作适应理论对于各类就业问题及不同的来询人群均有其应用价值。它不仅适应于就业适应问题，也为未来职业选择的标准提供了参考。无论来询者是在职人员、即将就业的大学生、下岗人员还是正在考虑跳槽的人士，都可以运用该理论对其就业/转变过程中的问题进行探讨，帮助其做到更“满意”和更“令人满意”。

罗圭斯特和戴维斯的工作适应理论为研究个人的工作满意度及工作适应问题提供了一个比较完整而系统的理论框架。传统上对这方面的探讨仅限于个人内心需求的满足，而工作适应理论提出来外在满意的概念，对于就业适应问题具有重要的指导意义。此外，它从不同的角度（价值观与能力）讨论适配的指标，是对于特质因素论和霍兰德类型论的补充。它还为生涯辅导提供了具体的测量工具与探讨的具体结构，对于各类人群的生涯辅导及相关培训都有相当价值。

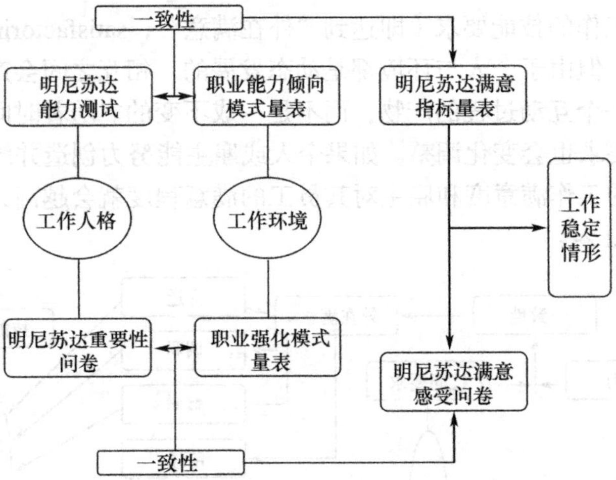

图 2-5 明尼苏达工作适应理论模式

（二）工作调适理论（Hershenson）

1. 工作调适理论的核心理论 工作调适理论（TWA）及其相关研究的一个重要的内容是探讨个体需要与工作环境中表现出来的需要的强化系统之间的关系。Dawis 和 Lofquist（1989）列举了工作环境中可能出现的 20 种不同的强化物，大致可以分为六类：安全、安慰、地位、利他、成就、自主。不同的个体对与之相一致的环境的需要不同。需要和强化物之间的匹配程度可能预测工作满意度以及在此种环境中个体工作的时间长度，即需要与强化物之间的匹配程度会影响工作满意度和任期。

工作调适理论包含 18 个命题和推论（Dawis & Lofquist，1984），可以总结为 4 个主要的内容：

（1）工作者的人格与工作环境必须保持一致。

（2）个体需要主要是关注其怎样融入工作环境中。

（3）为了工作稳定和更长任期，个体需要必须与工作环境的强化系统相一致。

（4）当工作者的特质与工作环境的要求相匹配时，工作安置最有效。

有两个基本概念预测工作调适：满意和令人满意。满意与工作者及其对工作环境的调适有关。令人满意针对雇主，指工作者是否满足了工作环境的需要。TWA 用：①离职、缺勤、怠工；②工作规范；③工作承诺；④生产率作为工作调适的指标。

Hershenson（1996）的工作调适模型包括三个个体内部相互作用的亚系统，这些亚系统协调工作环境以促进工作调适（图 2-6）。

三个互动的个人亚系统分别是工作人格、工作能力和工作目标。工作人格指的是与工作有关的自我概念、动机、需要以及价值观，并假设它在学前期就已经开始发展；工作能力指的是与工作有关的个人习惯以及体能的、心理的和人际的技能，这些在入学后得到发展。工作目标是指个人离开学校进入工作世界中发展的。对个人造成的形成性影响包括文化、家庭、学校以及同伴和参照群体。干涉性影响（比如生活、学习、社会化、文化和经济因素）作用到工作情境中，行动期望、技能要求以及奖赏和给予在工作环境中起重要作用。所有这些都影响到工作角色行为、任务绩效、工作者满意感和工作调适。

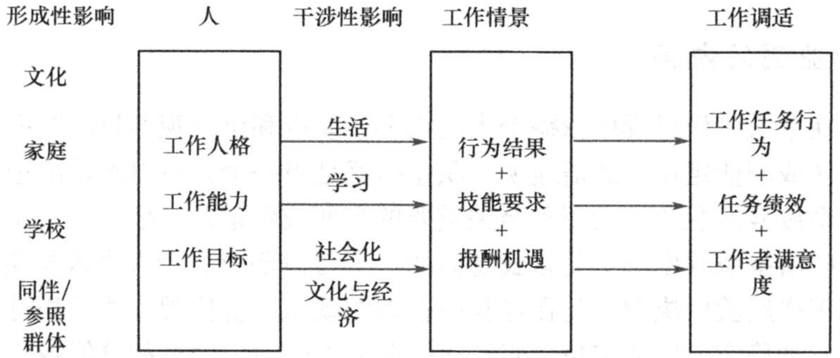

图 2-6　Hershenson 的工作调适模型

Hershenson 的理论模型是基于情境的，需要考虑很多外在的结构因素。比如，同伴和参照群体在高中生是非常重要的，通过这个群体来进行自我判断：是否有资格上大学、能否申请奖学金等。虽然家庭的影响对于成年人的影响相对小一些，但是年轻人都会模仿身边有成就的成年人的行为及工作态度。

2. 评估工具

（1）能力：能力包括普遍态度、预期技能（与习得技能相对）、将多种工作技能概念化的必备方式（Dawis & Lofquist，1984；Shart，1996）。美国劳工部开发的一般能力测试和职业能力模式都描述了大量工作所要求的重要能力。

（2）需要和价值观：明尼苏达重要性问卷（MIQ；Rounds et al.，1981）确定了 20 种能力：能力发挥、报酬、安全、指导（技术性的）、多样化、认可、权威、公司政策/实践、晋升、道德价值、社会服务、合作、活动、工作条件、督导与人的关系、责任、创造性、成绩、独立性和社会地位。

（3）工作满意感：明尼苏达满意问卷是运用 TWA 评估体系的又一部分。TWA 采用明尼苏达职业分类系统，作为职业能力模式（OAP）和职业强化物模式（ORP）的组成部分，此分类系统有助于合理安置来访者。

3. 实践应用　TWA 对于一个体在适应一种特定工作时界定存在的问题时有很大的用处。它可以帮助来访者解决诸如和同事、上级、不能达到工作的要求以及退休前和退休后的一些问题。比如，一个人所具备的技能不足以满足工作的要求；再比如一个人由于缺乏相应的教育或能力而不能拥有工作所需要的技能。另一个问题是一个人不能理解工作中的激励模式。有时引起工作不满的因素不在工作本身而在于工作以外的一些问题。当一个来访者抱怨工作中的一些问题时，我们首先应该评估其工作个性和环境。可以使用 MIQ 来评估来访者的价值观和需求，如果不可行的话，可以使用 MIQ 的概念主题和其他一些个性和调整的测量工具。

三、施恩（Schein）的职业锚理论

职业锚理论产生于在职业生涯规划领域具有“教父”级地位的美国麻省理工大学斯隆商学院。美国著名的职业指导专家埃德加·H·施恩（Edgar. H. Schein）教授领导的专门研究小组，对该学院 44 名 MBA 硕士毕业生的职业生涯进行了长达 12 年的研究，从最初访谈及对价值观和态度的测评，到毕业 6 个月及毕业 1 年后的重复访谈、毕业 5 年后的问卷调查和毕业 10～12 年后的跟踪访谈，最终分析总结出职业锚（又称职业定位）理论。

（一）职业锚的内涵

职业锚是在个人工作过程中依循个人的需要、动机和价值观经过不断搜索，所确定的长期职业贡献区或职业定位。通俗地说，职业锚就是当一个人不得不做出选择的时候，他无论如何都不会放弃的职业中的那种至关重要的东西或价值观，是一个人在选择和发展自己一生的职业时所围绕的中心，是自我意向的一个习得部分。个人进入早期工作情境后，由习得的实际工作经验所决定，与在经验中自省的动机、价值观、才干相符合，达到自我满足和补偿的一种稳定的职业定位。职业锚强调个人能力、动机和价值观三方面的相互作用与整合。职业锚是个人同工作环境互动作用的产物，在实际工作中是不断调整的。每个人都有自己的职业锚，影响个人职业锚的因素有天资和能力、工作动机和需要、人生态度和价值观。

职业锚的核心内容包括三个部分：

自身的才干和能力，以各种作业环境中的实际成功为基础；

自身的动机和需要，以实际情境中的自我测试和自我诊断的机会以及他人的反馈为基础；

自身的态度和价值观，以自我与雇佣组织和工作换进的准则和价值观之间的实际遭遇为基础。

全面深入地理解职业锚的内涵概念，需注意以下几个方面：

职业锚产生于早期职业生涯阶段，以员工习得的工作经验为基础。新员工已经工作若干年，习得工作经验后，方能够选定自己稳定的长期贡献区。个人在面临各种各样的实际工作生活情境之前，不可能真切地了解自己的能力、动机和价值观以及在多大程度上适应可行的职业选择。因此，新员工的工作经验产生、演变和发展了职业锚。换句话说，职业锚只有经过若干年的实际工作后才能被发现，在某种程度上由员工实际工作所决定，而不只是取决于个人潜在的才干和动机。

职业锚不是员工根据各种测试出来的能力、才干或者作业动机、价值观，而是在工作实践中，依据自身和已被证明的才干、动机、需要和价值观，现实地选择和准确地进行职业定位。

职业锚强调个人自我发展过程中的动机、需要、价值观、能力相互作用和逐步整合。

员工个人及其职业锚不是固定不变的。职业锚，是个人稳定的职业贡献区和成长区。但是，这并不是意味着个人将停止变化和发展。员工以职业锚为其稳定源，可以获得该职业工作的进一步发展，以及个人生物社会生命周期和家庭生命周期的成长、变化。此外，职业锚本身也可能变化，员工在职业生涯的中后期可能会根据变化了的情况，重新选定自己的职业锚。

（二）职业锚理论的五种类型

1978 年，施恩教授根据大量长期的跟踪调查和研究提出了职业锚理论的五种类型：

1. 技术/功能型（technical functional competence） 技术/功能型职业锚的人，大多从事工程技术、营销、财务分析、系统分析、企业计划等工作；追求在技术/功能领域的成长和技能的不断提高，以及应用这种技术/功能的机会；其成长和获得成功看中的主要不是等级地位的大幅度提升，而是其专业地位的提高和技术领域的扩大；他们对自己的认可来自自身的专业水平，他们喜欢面对来自专业领域的挑战；一般不喜欢从事一般性的管理工作，他们认为这意味着他们放弃在技术/功能领域的成就。

2. 管理能力型（general managerial competence）　管理能力型的人追求并致力于工作晋升，有很强的升迁动机和价值观，以提升等级和收入作为衡量成功的标准；追求承担较高责任的管理职位，且责任越大越好，倾心于全面管理，独自负责一个部分，可以跨部门整合其他人的努力成果，将公司的成功与否看成自己的工作；具有较强的分析综合和人际沟通能力；对组织有很大的依赖性。

3. 自主/独立型（autonomy independence）　自主/独立型的人希望自由的安排自己的工作方式、工作习惯、时间进度和生活方式；追求能施展个人职业能力的工作环境，最大限度地摆脱组织的限制和制约；追求在工作中享有自身的自由，有较强的职业认同感，认为工作成果与自己的努力紧密相连；在选择职业时，宁可放弃提升或工作拓展的机会，也不愿放弃自身的自由与独立，同时与其他类型的职业锚有明显的交叉。

4. 安全/稳定型（security stability）　持有安全/稳定型职业锚的人追求工作中的安全与稳定感，稳定感包括诚信、忠诚以及完成老板交代的工作；安全稳定的职业前途是这类职业锚雇员的驱动力和价值观；他们关心财务安全，例如：退休金和退休计划。尽管有时他们可以达到一个高的职位，但他们并不关心具体的职位和具体的工作内容。对组织有较强的依赖性，同时个人职业生涯的开发与发展往往容易受到限制。

5. 创业型（entrepreneurial creativity）　创业型的人有强烈的创造需求和欲望；希望使用自己能力去创建属于自己的公司或创建完全属于自己的产品（或服务），而且意志坚定，愿意去冒风险，并积极克服面临的障碍；他们希望向世界证明公司是他们靠自身的努力创建的。他们可能正在别人的公司工作，但同时他们在学习并评估将来的机会。一旦他们感觉时机到了，他们便会自己走出去创建自己的事业。同时与其他类型的职业锚存在一定程度的重叠。

（三）职业锚理论的指导意义

职业锚在员工的工作生命周期中，在组织的事业发展过程中，发挥着重要的功能作用。

（1）使组织获得正确的反馈。职业锚是员工经过搜索所确定的长期职业贡献区或职业定位。这一搜索定位过程，依循着员工的需要、动机和价值观进行。所以，职业锚清楚地反映出员工职业追求与抱负。

（2）为员工设置行之有效的职业渠道。职业锚准确的反映员工职业需要及其所追求的职业工作环境，反映员工的价值观和抱负。透过职业锚，组织获得员工正确信息的反馈，这样，组织才可能有针对性的对员工职业发展设置可行的、有效的、顺畅的职业渠道。

（3）增长员工工作经验。职业锚是员工职业工作的定位，不但能使员工在长期从事某项职业中增长工作经验，同时，员工职业技能也能不断增强，直接产生提高工作效率或劳动生产率的明显效益。

（4）为员工做好奠定中后期工作的基础。之所以说职业锚是中后期职业工作的基础。是因为职业锚是员工在通过工作经验的积累后产生的，它反映了该员工价值观和被发现的才干。当员工抛锚于某一种职业工作过程，就是自我认知过程。就是把职业工作与自我观相结合的过程，开始决定成年期的主要生活和职业选择。

第三节　职业生涯决策理论

职业生涯决策理论指当一个人在面对职业、生涯等重大问题的抉择时，所做的选择尽量能够获得最大收益或满意度。目前，职业生涯决策的理论常见的有标准化模型、描述性模型和规范性模型三种。

一、标准化职业生涯决策模型

标准化职业生涯决策理论认为，决策者能够加工所有相关信息，能够做出完全理性的选择，在选择时遵循着效用最大化原则。该理论的主要代表是奇兰特的职业决策过程模式和克朗伯兹的社会学习论。

（一）奇兰特（Gelatt）的职业决策过程模式

该理论认为，决策是一连串的决定的组合，任何一个新决定都是由先前的决定的影响所致，而新作出的决定又会连锁影响导致后来的一个决定的出现，所以，决策是一个决定又一个决定连锁反应的发展历程，而非单一的孤立的事件。这也说明生涯决策不是一次选择或一个结果，而是持续不断地做决定及修正的终生历程，具有系统工程的特征。

1. 奇兰特（Gelatt）的职业决策过程　为了使决策过程理性化、系统化，奇兰特职业决策模式特别强调资料的重要性和过程的严整性，为此他提出了资料处理的三个策略系统和决策过程的七个步骤。三个系统为：

（1）预测系统：预测不同的选择可能会造成的结果，估算出每个行动可能造成该结果的几率，以作为该采取哪个行动方案之参考。

（2）价值系统：个人对于各种可能的行动之喜好程度。

（3）决策系统：评判各种行动方案的标准，其选择取向包括：

1）期望取向，即选择可能达成自己最想要的结果之方案，就是与自己的职业观相一致，与自己的兴趣、特长最相符的方案；但该方案也许是成功几率很小的方案，所以存在着较大的风险；

2）安全取向，选择最安全，最保险的方案。这方案适合追求稳定的人，但该方案也许与你的职业兴趣是不一致的；

3）逃避取向，避免选择可能造成最不好结果的方案。这也是适合追求稳妥，不爱挑战的人，选择的结果也许是与你的期望有一定差距的；

4）综合取向，就是考虑自己对于行动结果的需求程度、成功几率及避免最不好的结果，权衡这三个方面，然后选择一个行动方案。

关于职业生涯决策的七个步骤：

a. 个体意识到做决策的需要，根据需要制定决策的目的或目标；

b. 搜集与目标或目的有关的信息资料，并调查可能的行动方案；

c. 根据所得的资料，预测各个可能的行动方案的成功概率及其结果；

d. 根据价值系统，评价结果是否满足需要；

e. 评估各种可能方案，选择其中的一个方案执行；

f. 若达成目标则终止决定，然后再等待下一个决定的出现；

g. 若没有成功，则继续调查其他可行的办法。

2. 奇兰特（Gelatt）的两种态度和四个因素　奇兰特后来的职业生涯决策模型被称为对不确定性持正性态度。未来的不可预测性和人类理性的局限性使得组织和个人的计划不能实现——除非我们改变制订计划和决策的方法。我们要接受、拥护这两个事实，需要将我们预测方法转换为创造未来。

奇兰特对两种态度和四个因素进行了解释。两种态度包括：接受过去、现在和未来的不确定性、积极对待不确定性。四个因素包括：你想要什么？你了解什么？你相信什么？你要做什么？这些态度和因素为此理论模型提供了灵活性[7]。

（二）克朗伯兹（Krumboltz）的社会学习理论

社会学习理论由班都拉（Albert Bandura）20 世纪 70 年代提出，它以经典行为主义强化理论和认知信息加工理论为基础，强调个人独特的学习经验对其人格与行为的影响。克朗伯兹将这一观念引用到职业生涯辅导领域，用以了解在个人决策历程当中，社会、遗传与个人因素对于决策的影响。在此基础上他提出：个人的社会成熟度在很大程度上依赖于对他人行为的学习和模仿，并由此而决定他们的职业导向，以及影响职业选择的四因素和职业生涯决策的七个步骤。

1. 影响职业决策的四个因素　克朗伯兹认为影响职业决策的四个因素为：

（1）遗传因素与特殊能力：个人来自于遗传的一些特质，在某种程度上决定了个人的职业表现或影响到个人所获得的经验。遗传因素包括：种族、性别、外在仪表和特征、智力、动作协调能力和身体健康程度等；个人的特殊能力包括：职业偏好、智力、音乐能力、美术能力、动作协调能力等。

（2）环境条件与特殊事件：克朗伯兹认为，在影响教育和职业的选择因素中，有许多来自外部环境，非个人所能控制。这些外部因素大多由人为所致（如社会、文化、政治、经济活动，家庭、教育系统的影响），也可能由自然力量引起（如自然资源的分布或自然灾害，如地震、洪水、干旱等）。

（3）学习经验：克朗伯兹认为，每个人独特的学习经验，在决定其生涯路径时扮演着重要的角色作用。学习经验包括你作用于环境的经验和环境作用于你的经验两种，如各种工具性学习、行为和认知、观察学习等，又可分为工具式学习经验和联结式学习经验。

工具式学习经验（instrumental learning experience）是指个人为了得到好的结果，在特定的环境中采取一定的行动，其后果对个人有重要意义。它包括三种成分：先行条件、行为和结果。比如：通过努力学习在一次考试中取得了好的成绩，会激励个人更加努力的学习。克朗伯兹认为，生涯规划和职业所需的技能，可以通过工具式学习经验而获得。

联结式学习经验（associative learning experience）是指个人通过观察真实和虚构的模型，通过对人、事之间的比较来学习对外部刺激做出的反应。某些环境刺激会引起个人情绪上消极的反应。如果原来属于中性的刺激与使个人产生积极或消极情绪反应的刺激同时出现，这种伴随在一起的联结关系就会使中性的刺激也具有积极或消极的情绪作用。联结性学习经验有两种类型：观察；经典条件作用。克朗伯兹指出，我们对于职业的刻板印象（stereotype），如“教师是清贫的”、“无商不奸”等，都是通过这种联结式学习经验获得的。有时仅仅一个联结式学习经验就有可能造成个人对某种职业的刻板化印象，但这种印象却有可能一生都难以改变，从而对个人的职业生涯选择产生深远的影响。

（4）工作取向技能：前面提到的三种因素会以一种交互影响的方式使个人形成特有的工作取向技能，这些工作取向的技能包括解决问题的能力、工作习惯，工作的标准与价值、情绪反应、知觉和认知的历程（如选择、注意、保留、符号知觉等心理过程）等。

克朗伯兹认为，在个人发展的历程中，上述四种因素相互作用，从而形成了个人对自我与世界的推论或信念。他认为，一般所谓的个人兴趣、价值观等实际上都是学习的结果，属于个人生涯信念的一部分。生涯信念就是一系列对自己以及自己生涯发展的假设，这种假设会影响到个人在生涯历程中的期望与行动。个人可能会由于学习经验的不足、不当，一直形成错误的推论、单一的比较标准、夸大式的灾难情绪等种种问题，而有碍于生涯的正常发展。因此，克朗伯兹特别强调丰富而适当的学习经验的重要性。

如上所述，克朗伯兹认为职业选择的关键在于广义的学习，其他理论所强调的兴趣也是学习的结果。因此，心理测量的结果应被视作过去学习经验的总结与将来学习的指导工具，而非用于诊断。生涯辅导不仅仅是将个人特质与工作相匹配，其重点应在于帮助来询者获得多种多样的学习经验，使个人有机会参与各种不同性质的活动（不论是学习电脑、进行体育锻炼还是与朋友交往），其中，所学到的技能都有可能在未来的工作中派上用场，并能拓展个人的兴趣，培养个人适当的自我信念和世界观。因此，生涯教育应当融合于普通教育之中。此外，向个人提供角色模范的学习经验（如召开校友经验座谈会）、进行有关生涯决策的模拟活动、实际的社会考察及实习活动等，都属于生涯辅导可应用的手段。

对于那些处于生涯发展困境中的来询者，则需要去分析其由于以往不当的学习结果而造成的不恰当的生涯信念，并通过认知行为技术，鼓励来询者以不同的方式认识存在的问题。更重要的是，要鼓励来询者采取行动挑战其非理性信念，新的学习经验来取代旧的经验。克朗伯兹编有生涯信念量表，可以用来协助确认来询者的不合理信念。

2. 职业决策的步骤 1973 年克朗伯兹提出了进行职业决策的模式，认为在进行个人职业决策时应采取八个步骤。1977 年克朗伯兹以社会学习理论对职业生涯决策技巧的作用进行研究，又对此模式进行了修正，修正后的职业生涯决策模式主要分为七个步骤：①界定问题：理清自己的需求及时间或个人限制，并制定出明确的目标。②拟定行动计划：思考可能达成目标的行动方案，并规划达到目标的流程。③澄清价值：界定个人的选择标准，作为评量各项方案的依据。④找出可能的选择：搜集资料，论证可行的方法。⑤评价各种有可能的选择：依据自己的标准，对各种可能的选择方案进行评价。⑥系统地删除：有系统地删除不合适的方案，挑选最合适的选择。⑦开始行动：方案确定之后开始执行行动方案，以达成选定的目标。

1983 年克朗伯兹开始注意决策的个人规则及相应的困难，他认为在进行职业决策时可能遇到以下五种困难：①人们可能不会辨认已有的可解决的问题；②人们可能不努力作决策或解决问题；③因为错误的原因，人们可能会消除一个潜在的满意的选择对象；④因为错误的原因，人们可能会选择较差的选择对象；⑤在感到没有能力达到目标时，人们可能会经受痛苦和焦虑。

在进行职业决策时，我们要重视以上困难，特别是要克服不努力作为决策或解决问题的困难，要积极面对可能出现的问题，通过自身的努力寻求自己最优的选择。

3. 克朗伯兹模型使用的测评工具

（1）职业信心问卷（CBI）

（2）价值观量表（VS）

（3）Strong 兴趣量表（SII）

（4）Campbell 兴趣与技能量表（CISS）

（5）自我职业搜索量表（SDS）

（6）职业生涯咨询的社会学习模型（DECIDES）

（7）迈尔斯-布瑞格斯类型指标（MBII）

4. 克朗伯兹理论的评价　克朗伯兹的理论是以社会学习的观点来解释人类生涯选择的行为，特别强调社会影响因素和学习经验的重要性，弥补了其他职业的辅导理论在这方面的不足，因此具有重要的意义。同时，它对实际的生涯辅导工作提供了不少新的理念和具体的操作方法，具有较高的实用价值。尤其是系统的职业决策步骤和方法，对咨询辅导人员通过个人咨询或团体培训等多种方式来培养来询者的个人决策能力具有重要的指导意义。

二、描述性职业生涯决策模型

描述性职业生涯决策理论，主要是解释个体如何从实际生活的职业选项中作出决策，其代表性理论有泰德曼的决策历程理论和丁克里奇的职业生涯决策风格理论。

（一）泰德曼（Tiedeman）的决策历程理论

泰德曼生涯决策理论的特点是把职业选择作为一个持续不断的历程、而非发生在单一事件上。他将生涯发展概念化为一个不断辨别自我、处理发展性任务和解决心理社会危机的过程。这些持续的活动被认为是发生在一个时间阶段的架构之内。根据他的观点，生涯决定是经由一个有系统的问题解决的形态而达成的，包括两个阶段、七个步骤。

确定目标阶段：个人在进行职业决策时，首先是要确定职业目标，如何确定职业目标呢？泰德曼提出按以下四个步骤进行。在该阶段内个体采取各种方式，先拟出几个可行的方案，然后考虑澄清各个方案的利弊得失，预估其可能的结果，最后做出具体的选择。

（1）试探：根据自己所学的专业及个人的兴趣、爱好及职业理想，考虑不同选择方向及可能目标；

（2）具体化：列出所有可能目标对于自己来说存在的优点与不足，经过对各种选择方向或目标优缺点的斟酌，明确什么是自己最想要的、什么是阻碍自己目标实现的最大困难；

（3）选择：选定一个能解除目前困扰的目标；

（4）明确化：对最终选择的目标再审视，看是不是的确是自己最想要的，并且可以通过努力可以实现的，发现问题，修正和调整准备要行动的目标。

实施与调整阶段：即将选择的方案付诸行动，落实于现实生活，然后评估其结果，并根据个人对结果的满意程度，对方案做出调整或改变。具体的实施分为三个步骤：

1）入门：开始执行自己的选择，也是新经验的开始，在新环境中，以新的角色出现，应积极争取他人的接纳；

2）转化：调整步伐与心态，专心一致，肯定在新环境中的角色，全力以赴；

3）整合：使个人的信念与集体的信念达到平衡与妥协。

（二）丁克里奇（Dinklage）职业生涯决策风格

风格是指不同的人在做事方式上所表现出来的习惯偏好。在决策过程中，决策者的决策风格是影响决策效果与决策效率的一个重要因素，不同的决策风格做出的决策结果可能是不一样的。

丁克里奇在 1968 年，通过访谈研究，确定了成人做职业生涯决策时所采用的策略和决策类型。她将个体的教育、职业和个人决策时所采用的风格归结为八类：

（1）冲动型（impulsive）：以自己在特定情境中的感受或情绪反应做出决定。该类型的人做决定时全凭感觉，较为冲动，较少会系统地收集其他相关信息，但他们能为自己的抉择负责，抓住遇到的第一个选择，不再考虑其他的选择或收集信息。其想法是“先决定，以后再考虑。”比如，先找到一份工作干着再说。例如，小楠是一个聪慧漂亮的女孩，她在为自己做各种决策时，常常凭借自己的感觉或情感做出决定。她在念高三时，为了圆自己和家人的一个“复旦梦”，毅然放弃学校推荐保送同济大学的名额，自己辛苦复习参加高考，在如愿以偿考入复旦经济学专业后，在大学三年级，因对法律产生了浓厚的兴趣，所以在准备考研时选择了跨专业考本校法理学的研究生。考研失败后，酷爱旅行的她，凭着冲动与直觉放弃了所学专业到一家旅行社上班，现在正在准备考导游证。她常以惊人的速度，在生涯抉择路上选择走自己的路，凭自己的直觉做出决定。同时，她又勇于为自己的决定负责，从不后悔。

（2）宿命型（fatalistic）：将决定留给境遇或命运。迷信“我这个人永远也不会走运”，显得无力和无助，人生态度消极低沉，这样的人容易成为环境的“受害者”。

（3）顺从型（compliant）：等待或依赖他人为自己收集信息并替自己作决定，不去系统地收集信息，较为被动与顺从，十分关注他人的意见和期望，而不是独立地做出决定。对于该类型的人而言，社会赞赏社会评价、社会规范是他们决定的标准，相信“他们都觉得好，我就觉得好”，他们的口头禅是“爸妈叫我……”、“他们认为我很合适”、“他们认为我可以，…可是…”[6]。从众的人固然在追随群体的过程中获得了一种虚拟的安全感，但却忽略了自身的独特性，其选择在很大程度上并不适合自己。

（4）延迟型（delaying）：把问题往后推迟。比如“我还没有准备好工作，所以打算先考研。”拖延型的人总是希望：也许事情过几天就自动解决了。

（5）烦恼型（agonizing）：过度搜集信息，使用信息时又顾虑重重，反复比较，当断不断，心境表现常常是“我就是拿不定主意。”

（6）直觉型（intuitive）：因为“感觉到是对的”而做决策，但不能说明原因。直觉对人们在环境情况无法获得充分信息时会有效，但可能会不符合事实。

（7）瘫痪型（paralytic）：接受做决策的责任，但是感觉过于焦虑而不能对决策做出有建设性的工作。他们知道自己应该开始了，可能内心深处总是笼罩着“一想到这种时就害怕”的阴影。结果，他们无法真正为决策和决策的后果承担责任。

（8）计划型（planning）：使用如同标准化决策模型所推荐的理性策略。

上述 8 种决策风格没有绝对的优劣之分，各有其适用的范围和局限性。例如，直觉型决策反映了决策者能够迅速提取相关信息的能力，或者也可以说他是一个反应快的理性决策者。那种喜欢到处咨询或模仿他人者，有依赖的倾向，但也有可能把个人的认知偏差减小到最小。决策风格既受个性的影响，又受到环境的塑造，并非绝对无法改变。

三、规范性职业生涯决策模型

（一）理论发展

规范性职业生涯决策模型，比较有代表的理论是彼得森等人的认知信息加工理论。1991 年，盖瑞·彼得森（Gary Peterson）、詹姆斯·桑普森（James Sampson）和罗伯特·里尔敦（Robert Reardon）三人，合著《职业生涯开发和服务：一种认知的方法》（*Career development and Services：a Cognitive Approach*）。在书中，他们提出了一种新的思考职业生涯发展的方法并进行了论述，这就是认知信息加工（cognitive information processing，CIP）理论。

（二）认知信息加工理论核心假设

认知信息加工理论认为，生涯发展是关于一个人如何做出生涯决策以及在生涯决策过程中如何使用信息的过程。该理论假设：生涯选择源于认知过程和情感过程的交互作用，它是一种相当复杂的问题解决活动。个人解决生涯问题的能力，即生涯成熟度，取决于个人的知识和认知操作的有效性。作出生涯选择是一项解决问题的活动，生涯决策需要动机，有赖于我们想什么、如何想，而生涯的质量有赖于我们是否很好地学习和掌握了作出生涯决策所需的技能。所以，通过改进认知信息加工技能，可以提高生涯管理的能力。

（三）认知信息加工理论模式

该理论把生涯发展与规划的过程视为学习信息加工能力的过程。该理论的提出者按照信息加工的特性构成了一个信息加工金字塔，即认知信息加工模式图（图 2-7）。

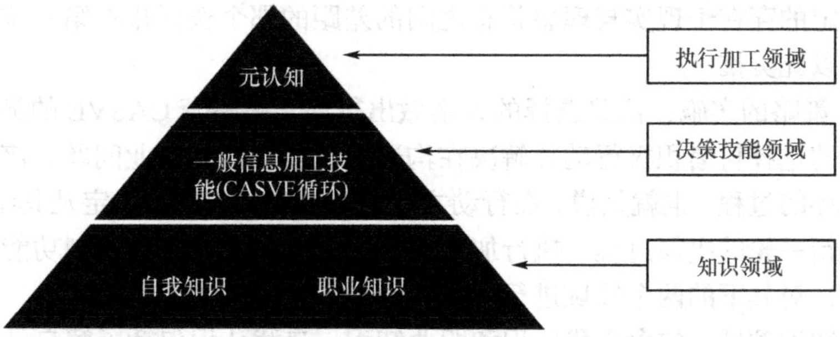

图 2-7 认知信息加工模式图

金字塔中的最高层是称为元认知的执行加工领域，是个人完成一项任务或达到一定目标而投身其中的记忆和思考，是一种思维活动过程。元认知的作用是对认知过程进行调节、监督和控制，主宰着如何思考生涯问题和制定决策，它包括自我言语、自我觉察、控制与监督。它相当于计算机的工作控制能力，操纵电脑按指令执行程序。

中间层是决策技能领域，是关键环节，对所有的信息进行加工处理，进而形成决策，即信息加工技能。关注的是“个体如何做决策的”，其功能相当于计算机的程序软件，让我们对所存储的信息进行加工处理。它包括沟通（communication）、分析（analysis）、综合（synthesis）、评估（evaluation）、执行（execution）五个阶段，构成了决策的 CASVE 循环（图 2-8）。

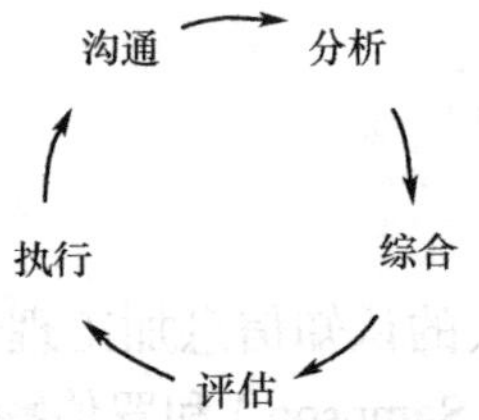

图 2-8　决策的 CASVE 循环系统

1. 沟通　确认需求：个人开始意识到问题的存在，意识到理想和现实情境之间存在差距，于是意识到有做出职业选择的需要。这一步是决策的开始，个人如果没有意识到自己的需要，后面的步骤则无从谈起。沟通包括内部沟通和外部沟通。内部沟通包括情绪信号和身体信号，比如，你所接收到的信息对你的职业计划带来的焦虑感（不满、厌烦、失望）；外部沟通包括老师、父母、媒体传递给你的有关就业不容乐观的信息。

2. 分析　将问题的各组成部分相互联系起来：对所有的问题进行分析。将问题的各个组成部分相互联系起来，对现状进行评估，对所有的信息进行分析。检查自我知识和职业知识领域，改善自己在兴趣、技能、价值观、职业、学习机会、工作组织、行业类型等方面的知识，考虑和分析可能影响职业决策的积极或消极想法。分析的目的在于决策时避免冲动、盲目行事。

3. 综合　形成选项：个人形成可能的解决方法并寻求实际的解决方法。把前一步骤分析阶段提供到的各种信息放到一起，进行综合和加工，制定出消除问题或差距的行动方案。在此阶段，个体首先要搜索查找各种解决问题的可能性，扩展解决问题的选项，对每一个选项进行思考。然后再逐步缩小选项的范围，保留下最好的，通常要减缩到三至五个。

4. 评估　评估选项：评估每种选项的优劣，评出先后顺序。从可行性和满意度两方面评估保留下来的选择方案，并按照评估结果予以排序，得出最终的选择。在评估中，每个人都必须面对这样的抉择：（1）对个人而言哪个选择是最好的；（2）对我生活中重要的他人如父母亲友而言哪个选择是最好的；（3）对社会而言哪个选择是最好的。每一种选择都要从对自己和对他人的代价和利益两方面进行考虑。在排序时，能够最有效地消除在沟通阶段所确定的存在于现实与理想状态之间的差距的那个选择排在第一位，次好的选择排在第二位，以此类推。

5. 执行　策略的实施：依照选择的方案做出行动。是整套 CASVE 的最后一个部分，它意味着对你的选择付诸积极行动并解决在沟通阶段所确定的职业问题。需要注意的是，决策是一个循环的过程，也就是说，在行动之后，还需要对自己的决定及其结果进行评估，由此可能进入新一轮的决策过程。执行加工领域相当于电脑的工作控制功能，操纵电脑按指令执行程序，对其下的两个领域进行监控和调节。

最底层是知识领域，包含自我认识和职业知识。自我认识包括了解自己的价值观、兴趣、需要和技能；职业知识包括理解特定的职业、学校专业、休闲及组织状况等。知识领域相当于计算机的数据文件，需要我们进行存储，这是职业生涯决策的基础。没有较全面而准确的自我知识和职业知识，个人就无法做出恰当的职业决策。

从这个模型可以看到，任何一个层次出问题，都会影响职业生涯规划决策的质量。

（四）认知信息加工理论的评价

信息加工理论强调生涯发展是一个持续的学习过程，生涯决策能力的获得也可以被视为一种学习策略。它区别于其他理论的最主要方面是着重强调了认知信息加工的重要性，并提出了具体直观的加工金字塔模型和决策模型，来阐明信息加工的过程。该模型不同于其他理论的地方还在于其强调了元认知的作用。另外，促进元认知的发展也是该理论用于咨询所强调的重要方面。

以上是对职业规划基本理论的介绍。综合而言，职业选择理论从静态的角度来探讨个人特质与职业之间的匹配问题，重视个人的需要、能力、兴趣、人格等内在因素在职业选择中的作用；职业发展理论从动态的角度探讨个人职业生涯的成长历程，强调自我概念、自我职业决策能力的发展；职业决策理论重视个人生涯发展的历程及抉择，重视决策过程中对个人价值观的了解和澄清，认为个人主观的价值评论其实才是最重要的决策依据。

思 考 题

1. 霍兰德人格类型中，你更符合哪几种类型？
2. 我们已经选择了现在的专业，是不是就只能从事某一种特定的工作？
3. 选择你最认同的某个理论，解释自己认识的牛人的生涯规划过程。

案 例 分 析

清华大学樊富珉教授的职业经历

清华大学心理学系的樊富珉教授，1977 年本科毕业于清华大学机械系，毕业后任清华大学机械工程系教师、辅导员。但是在她 37 岁在日本学习的课堂上偶然接触到职业生涯测验，由此知道了自己的职业生涯代码 SAE，最适合的职业是心理咨询师、社会学老师等等，也由此开始了正式学习心理学、从事心理学科研教学工作。虽然之前也因为某些原因在研究生毕业之后就开始教心理学，但是这次契机让她知道她最适合做心理咨询师，而且还有机会做心理咨询师。于是，樊富珉教授在 37 岁时第一次做出了自主选择：做一名心理学的老师。到现在樊富珉教授在心理学界已经取得了非常大的成就。

讨论：

1. 由樊富珉教授的简单经历可以给我们哪些启示？
2. 结合樊富珉教授的简单经历，谈谈你如何理解舒伯的生涯发展理论？

实 践 项 目

准备你的生涯人物访谈

生涯人物访谈，是通过与一定数量的职场人士（通常是自己感兴趣的职业从业者）会谈而获取关于一个行业、职业和单位“内部”信息的一种职业探索活动。

生涯人物访谈，作为一种获取职业信息的有效渠道，能帮助求职者（尤其是在校大学生）检验和印证以前通过其他渠道获得的信息，并了解与未来工作有关的特殊问题或需要，如潜在的入职标准、核心素质要求、晋升路径和工作者的内心感受，这些信息也是通过大众传媒和一般出版物得不到的。通过生涯人物访谈，在校大学生还能正确认识自己的优势和不足，从而制定更加合理的大学学习、生活和实习计划。

操作流程：

（一）寻找生涯人物

结合自己的兴趣、技能、工作价值观、教育背景和已掌握的职业知识列出未来可能从事的3~5个职业，然后在每个职业领域寻找3位以上的在职人士作为生涯人物。生涯人物可以是自己的亲人、老师和朋友，也可以是他们推荐的其他人，而更多的可能是借助行业协会、大型同学录或某个具体组织的网页来寻找到的职场人士。

注意：1.生涯人物的职业应是自己向往的，但不应将生涯人物访谈当成获得与雇主面试的机会；每个职业领域的生涯人物应结构合理，既有初入职场的人士，也有工作了一定年限的中高层人士；2.正式访谈前，对生涯人物的信息掌握得越全面越好，姓名、职务和联系方式是必需的，对于可以在生涯人物的讲话、文章或者大众传媒和单位网页上可以获得的信息要尽可能地收集和熟悉。

（二）结合目标职业信息设计访谈问题

问题1：您是如何找到这份工作的？
问题2：目前，行业内要求从事这份工作的人应该具备什么样的教育和培训背景？
问题3：您认为做好这份工作应该具备哪些知识、技能和经验？
问题4：您认为什么样的个人品质、性格和能力对做好这份工作来讲是重要的？
问题5：这项工作需要的个人品质、性格和能力同别的工作要求的有什么不同吗？
问题6：行业内，单位对刚进入该领域工作的员工一般会提供哪些培训？
问题7：在行业内，先从什么样的工作岗位做起，能学到最多的知识，最有益于发展？
问题8：据您所知，从事这种工作的人在单位或者行业内发展的前景怎样？
问题9：最近这个行业和工作因为科技进步、经济的全球化发生变化了吗？
问题10：您如何看待该单位的组织文化和该领域的工作方式在将来的变化趋势？

注意：①以上问题仅供参考，各人提的问题要根据自己的具体情况进行设计，通过生涯人物访谈，是要从生涯人物那里获得对自己有用的信息。②设计的问题可以封闭式为主，既节约时间，又能得到需要的答案。③问题设计得要尽量口语化、易懂。

（三）预约生涯人物

预约方式有电话、QQ、电子邮件和普通信件等，其中电话最好。预约时首先介绍自己，然后说明找到他的途径、自己的采访目的、感兴趣的工作类型以及进行采访所需要的时间（通常20到30分钟）。如果生涯人物能和自己见面，就感谢他能够接受采访并确认采访的日期、时间和地点；如果生涯人物不能和自己见面，就问他能否给出五分钟的时间进行电话采访；如果还是不行，就表示遗憾，并请求推荐一位与他所从事工作相似的人，如果得到了被推荐人的名字，就表示感激。

注意：①联系前的准备要充分，电话联系时还应备好纸和笔，以备临时电话采访。②联系时一定要有礼貌，时间要短。

（四）采访生涯人物

采访方式可以是面谈、电话访谈、QQ访谈，最好是面谈。面谈前，采访者一般可以用已经从其他渠道了解的生涯人物的好消息轻松打开话题。之后就可以按设计好的问题开始访谈了。遇到生涯人物谈兴正浓时，采访者要乐于倾听，给生涯人物留出提供其他信息的机会。在访谈结束时，请生涯人物再给自己推荐其他相关的生涯人物。这样就可以以滚雪球的方式拓展自己的职业认知领域。

（五）用职业信息加工的观点来分析

在一个职业领域采访三个以上的生涯人物后，就可以对照之前自己对该职业的认识进行比较，找出主观认识与现实之间的偏差，确定自己是否适合这一行业、职业和工作环境，是否具备所需能力、知识与品质，进而详细制定大学期间的自我培养计划。如果访谈结果与自己之前的认识出现严重脱节，就有必要进入另一个职业领域开展新一轮生涯人物访谈了！

根据上面介绍的生涯人物访谈的方法制定一份你自己的访谈计划，包括采访人的行业、职业和人物等基本信息，以及你的访谈目的和提纲。

【扫一扫●过来人说】清华大学经管学院2014年博士及研究型硕士开学典礼新生致词

扫描上方二维码，查看文章：在人生没有方向感的时候，怎么更好地生活下去。本文为王晓亮博士在清华大学经管学院2014年博士及研究型硕士开学典礼新生的致词。

【扫一扫●生涯故事】著名导演卡梅隆的生涯故事

扫一扫上方二维码，查看文章，本文节选自古典畅销书《你的生命有什么可能》。

第三章　大学生职业生涯规划的原则与方法

本章导读

知道事物应该是什么，说明你是聪明人；知道事物实际是什么样，说明你是有经验的人；知道怎样使事物变好，说明你是有才能的人。经过前面两章的学习，我们已经理解了大学生进行职业生涯规划的意义和作用，也了解了职业生涯规划的基本理论，接下来我们来学习一下大学生进行职业生涯规划的原则和方法。人生之旅只发单程车票，如果我们闭门造车，很可能我们的职业生涯之路会坎坎坷坷。相反，如果遵循职业规划的基本原则和恰当的方法，运筹帷幄，相信从此便会风和日丽、道路坦荡，你也将由此走向辉煌！

第一节　职业生涯规划的影响因素与基本原则

一、职业生涯规划的影响因素

职业生涯规划是一个复杂的认知过程，通过这个过程，规划者本人组织有关自我和职业环境的信息，仔细考虑各种可供选择职业的前景，做出职业行为的公开承诺。

（一）影响职业生涯发展的自身因素

大学生的职业生涯发展过程具有较强的自我能动性，成长的关键取决于自身，取决于个体日益增长的成长需要与自身素质之间的内部矛盾，这也是推动大学生职业生涯发展的根本动力。个体的年龄、性别、性格、兴趣、能力、价值观等都从不同层面影响着大学生的职业生涯成长。性格决定着个体适合什么，是实现职业高效发展的前提；兴趣决定着喜欢什么，是未来生活幸福感的源泉；能力决定胜任什么，是获得职业发展的保障；价值观决定人生追求什么，是职业发展的内部驱动力。另外，这些因素的影响并不是彼此独立的，而是会相互影响，比如对某个事物开始很有兴趣，但是总是做不好，久而久之，对该事物的兴趣就会减少，追逐该事物的动力也会下降，价值观甚至都会动摇。因此，客观地分析影响自我发展的各个因素，扬长避短，趋利避害，找到各种个性特质与职业发展的最佳结合点，对于大学生的职业生涯发展具有重要的积极作用，反之，则会阻碍或延缓发展。

一些自我意识觉醒较早的学生会更早地关注自身各个方面的发展水平，找到自己的兴趣，提高自己的能力，完善自己的性格，并逐渐形成了相对理性、成熟、稳定的价值观念，有效推动着自我的发展。这些学生之所以能赢在起跑线上，和他们掌握了一些自我认知方法也是密不可分的。反观，另外一些大学生由于认知自我的方法不当，认知结果单一、片面、带有较强的主观色彩，从而对未来的职业发展形成了误导，进而给职业生涯发展带来了消极的负面影响，也会制约自身的成长进程。

对于大学生而言，认识自己，包括了解自己的一切情况，这其中主要是要认识自己的兴趣、性格、能力、价值观。

1. 兴趣及其影响　兴趣是指人们以特定的事物或活动为对象，所产生的积极的、带有倾向性和选择性的态度和情绪。古人说：“知之者不如好之者，好之者不如乐之者。”这里的“好”就是喜好、爱好，“乐”就是喜欢去做、乐意去做，都讲到的是兴趣。爱因斯坦也说过：“兴趣是最好的老师。”可见，在影响人们选择职业的多种因素中，兴趣的作用是不可忽视的，它犹如一只无形的手，影响着人们的职业选择，这也是大学生进行职业生涯规划时需要考虑的一种重要因素。

职业兴趣，就是在选择职业时对某种职业需要的积极情绪表现，是渴望从事某种职业的强烈愿望，有了兴趣，它便能把一个人的潜能激发出来，即使疲累辛劳、困难重重，但仍能克服困难，取得瞩目的成绩。反之，一个人对工作没有兴趣，就很难将自己的精力投入到工作中去，也就很难取得成功。世界发明大王爱迪生，他每天在实验室里辛苦工作，在旁人看来他肯定苦不堪言，但他却丝毫不这样认为，他说“我一生中从未间断过一天工作，每天都其乐无穷”，兴趣就是爱迪生成功的重要推动力。现在很多大学生在大学期间创业，李嘉诚说：“对创业者自身成就事业至关重要的就是培养自己对所从事职业的浓厚兴趣。”一个人只要对某种职业感兴趣，就会对该职业活动表现出肯定的态度，积极思考、探索和追求，如果能根据自己的爱好去选择职业，他的主观能动性也将会得到最大的发挥。

2. 性格及其影响　性格是人对现实的稳定态度和习惯化行为方式的总和，表现为个体独特的心理特征。人的性格千差万别，或热情外向、或羞怯内向、或沉着冷静、或火爆急躁。“性格决定命运”，性格对每个人的学习、工作、生活都会产生至关重要的影响，古今中外无数我们所熟知的历史人物既由时势造就也由其自身的性格造就，项羽乌江自刎，一代枭雄就此退出历史舞台。

职业性格是更适合从事某种职业活动的比较稳定的性格特征，如医生、护士、教师等与人打交道的职业就更适合性格外向、社会型的人去从事。职业心理学的研究表明，不同的职业有不同的性格要求。不同性格特征的人员，对企业而言，决定了每个员工的工作岗位和工作业绩；对个人而言，决定着自己的事业能否成功。当然，我们也不能过分强调性格对职业的影响，性格没有好坏之分，大多数职业也不应和性格严格对应，同一职业领域不可能完全由具有某一性格类型的人来从事，而某一性格类型的人在很多岗位上都可能取得成功。

当然，性格并非一成不变，它具有很大的可塑性，在长期的职业实践中经过磨炼，也会发生适应性的变化。在职业生涯过程中，职业也会影响性格，让性格更加适应职业的要求。

3. 职业能力及其影响　大学生就业实践证明，职业能力的强弱对求职影响关系重大。过去一些用人单位重视挑选“高分”的大学生，但是知识多、学历高不一定能力强，大学生切不可以学习成绩作为评价能力高低的唯一尺度。现在更多的用人单位不但要求大学生“高分”，更要“高能”，甚至“低分”但“高能”，他们也乐意接受。

职业作为一种重要而又复杂的社会活动，需要人们具有一定的本领，具有必要的生理心理条件，从而构成了一定意义上的职业能力，任何一种职业都需要一定的能力，不同职业有不同的能力要求。如语言表达能力、数字运算能力、空间判断能力、形态知觉能力等，但最基本有两大类：一般职业能力和特殊职业能力。一般职业能力指一般职业活动中都必须具有的共同能力，如注意力、观察力、记忆力、想象力、思维能力等，这是从事任何职业都不可缺少的基本职业能力，相当于人们通常所说的智力。一般职业能力的五种要素，各自执行着不同的功能，起着各自的特殊作用。特殊职业能力是指顺利地完成某一特殊活动（专业活动）所必须具备的能力，是一般职业能力在专业活动中的具体体现。任何一种专业活动，都要求有与该专业内容相符合的特殊职业能力。如从事教育工作必须具有阅读能力和表达能力，从事音乐工作必须具有节奏感和曲调感等。一般能力和特殊能力并不是割裂的，而是有机联系的。一般能力愈是发展，就为特殊能力的发展创造了有利条件；在各种活动中发展特殊能力的同时，也会促进一般能力的发展。

如果大学生的能力与工作要求不相符合，一定会感到不愉快和不满足。这些消极情绪又反过来影响工作本身，从而引起更大不愉快。从某种意义上说，大学生所从事的工作是否符合自己的能力，是他们在事业上能否成功的条件之一。所以，大学生在进行职业生涯规划时，一定要对自己的能力做一个正确的评估。

4. 职业价值观及其影响 价值观，是人们对周围事物的评价或是态度，是一种内心尺度，基于个体的生长、教育环境逐步形成，并相对稳定，但随着环境的改变、经验的积累、知识的增长，人们的价值观有可能发生变化，它是人们日常生活行为、态度、信念、动机等的深层基础。美国心理学家罗克奇（Rokeach）1973 年在对人类价值观本质的论述中提出了十三种价值观：成就感；美感的追求；挑战；健康；收入与财富；独立性；爱、家庭、人际关系；道德感；欢乐；权力；安全感；自我成长；协助他人。价值观在职业选择上的体现就是职业价值观，它是人们在职业活动过程中所表现出来的一种价值取向，它影响着你的职业选择、职业规划和发展道路。不同的人在求职过程中或是同一人在职业发展的不同阶段看重的东西并不完全相同，人们所看重的东西其实就是职业价值观的投射。有的人看重的是能否获得更多的培训学习的机会和锻炼发展的空间，即自我成长；有的人看重的是创造性和挑战性，这样可以让他们在工作中更有激情和动力，即挑战；有些人看重的是能否有更多的休闲时间，即欢乐；有些人看重的是能否获得更多的报酬与金钱，即收入与财富。在职业的选择中，职业价值观会直接影响到我们做出的选择，如果我们遇到了难以做出决定的问题时，这是因为我们可能不太清楚自己真正想要的是什么，弄清楚自己想要的是什么、在职业生涯中看重的是什么，这些问题可能就会迎刃而解了。

（二）影响职业生涯发展的职业因素

职业是社会分工的结果，由于社会的需求越来越多，职业的种类和要求也随之发展。每一种职业被赋予不同的功能，使得各种职业之间在劳动强度、智力水平、收入状况、工作条件等方面形成了差别。如有的职业风险小，有的需要消耗体力，有的需要消耗脑力，有的需要在户外风吹日晒，有的终年可以在四季如春的办公室等，这些差别就形成了人们对职业地位的不同看法和态度。

职业地位是某种职业在社会分工体系中所处的位置，它通常以职业声望的形式表现出来。实际上，从社会作用来考虑，职业是没有贵贱之分的，然而，由于职业差别的存在，同时，在一定时期内，人们对职业的主观认识态度所反映出来的职业价值观的不同，职业地位的差异也就表现出来了。

职业声望是人们对职业地位的一种主观反映，是职业所享有的社会评价。

职业声望在一定程度上反映了人们职业选择的倾向和标准，它往往通过选取有代表性的职业，对其诸如权利、工资、晋升机会、发展前景、工作条件等方面进行调查，经过综合评判，对职业进行等级排序。一般来说，职业声望与职业地位是成正比的。人们往往根据职业性质、职业条件、经济收入评价社会地位与职业声望。一般来说，职业声望包括四个方面的内容：职业社会功能、职业报酬、职业自然条件和职业要求。

1. 职业社会功能　它是指一定的职业对社会的作用和意义，通过责任、权利和义务体现出来。一般来讲，社会功能强的职业，任职条件高的职业，职业声望和职业地位就越高。

2. 职业报酬　职业报酬是指从业者获得的各种利益，包括工资收入、福利待遇、晋升机会、发展前景等，这是一个比较综合的指标。如工资收入高的职业，并不一定福利待遇高，也不一定晋升机会多。因此，不同人的认识不一样，对职业地位的判断也有差别。一般来说，职业报酬越高，职业地位也就越高。

3. 职业自然条件　职业的自然条件是指与职业活动相关的自然工作环境，如劳动强度、技术装备、安全系数、卫生条件和业余时间等。

4. 职业要求　职业要求是指一定的职业对任职者各项素质的要求，包括受教育程度、资格认证、政治面貌、职业道德、身体状况、综合能力和知识结构等，职业对人的要求越高，被人替代的可能性就越小，这种职业就越有吸引力。

职业声望是以上各要素的综合反映和综合作用的结果，单个要素不能全面反映职业声望，有的职业的从业者收入高，但社会地位并不高。大学生职业声望的形成，一方面受社会职业声望的影响；另一方面也有自身的态度因素。值得关注的是，大学生往往以某一种因素作为判断职业地位的依据，具有很大的片面性。因此，大学生只有全面了解职业声望的意义，才能更好地进行职业生涯规划。

（三）影响职业生涯发展的环境因素

影响人们职业生涯规划的另外一大因素是环境因素，外部环境是个人发展的现实基础。也是大学生制定职业生涯规划所必须考虑的外界因素，主要包括家庭环境、学校教育、社会环境。

1. 家庭因素及其影响　英国教育家约翰·洛克说过："家庭教育决定孩子一生的命运。"家庭是社会的细胞，是消费、教育与感情交流的基本单位，在社会生活中具有重要地位，也是大学生自出生后第一个长期生活、相对稳定的生存环境。心理学家的研究表明，家长教养的态度和方式，对于一个人理想的树立，人生观的形成，道德品质的特征，尤其是性格的形成的影响是十分明显的，因此，家庭环境对于个人在制定职业生涯规划时起着举足轻重的作用，有时甚至直接影响个体职业的选择。教育方式的不同造成每个人认知世界的方式不同；父母是学生最早观察模仿的角色，学生必然会得到父母职业技能的熏陶；家庭的经济状况、家庭成员的文化素质、父母的价值观、态度、行为、人际关系等对个人的职业选择起到或直接或间接的深刻影响。

我们将这些影响概括为显性的物质影响与隐性的精神影响两个方面。显性因素的影响主要包括家庭的经济状况、家庭所在的地理区域、家庭成员的社会关系等一切在大学生职业生涯发展过程中产生影响的物质条件的总和。这些对大学生的生活方式、思维方式、对待职业的认知以及对于未来的期望等方面都会产生较大的差异化影响。比如一些家庭经济环境较好的学生会更早地接触到社会上一些新生的职业发展领域或技能（比如：计算机、网络、新媒体等），从而在职业生涯成长过程中呈现出良好的基础优势；又比如一些家庭经济环境相对困难的学生会较早地认知到职业对于自身成长的重要价值，在自我觉醒与职业发展的过程中自觉性与主动性较高，从而表现出良好的后续优势。而隐性因素的影响则主要包括家庭成员的文化素质、价值取向、相处及教养方式、父辈期望等一切对于大学生的职业生涯成长产生影响的精神因素的总和，对大学生的职业价值取向有着重要的导向作用。这里所说的家庭教养方式是指父母对子女抚养教育过程中所表现出来的相对稳定的行为方式，是父母各种教养行为的特征概括。一般来讲，民主型的家庭教养方式会使大学生较早地建立自我意识与职业意识，激发他们在成长过程中的自觉性与主动性，进而增强职业发展的动力，为学生的生涯发展发挥积极的促进作用；而一些“家长制”的家庭教养方式则会让学生在一定程度上缺乏自我意识，或过分叛逆，或过分依赖，在一定程度上制约了大学生的职业生涯发展过程。父母的期望，即父母希望你从事哪种职业，这跟父母的个人观念及其所从事的职业有很大关系，从而也会影响到大学生职业生涯的选择。

2. 学校因素及其影响 高考结束后，大学生的生活环境发生了重大变化。他们逐渐从以往的家庭这一相对单一的生活场所中分离，开始进入学校这个集体生存环境。环境的变化使学校在大学生的成长过程中发挥了更为重要的影响作用。一方面，学校对于大学生的思想观念、知识结构和行为方式上都有着重要的影响。目前，大多数高校都考虑到了市场需求与人才的对口衔接问题，既注重提升学生的专业理论水平，又注重培养具有创新精神和实践能力的栋梁之材，核心在于关注大学生的核心竞争力，为大学生职业生涯发展奠定专业理论及实践能力基础。另一方面，高校就业指导工作对大学生职业生涯发展也产生了较为直接的影响力。第一，生涯规划教育状况影响学生职业生涯规划质量。学校对职业生涯规划教育的重视程度、开设了哪些相关课程、是否有专业的职业生涯规划辅导教师等，这些都直接影响到学生能否掌握职业生涯规划所必需的理论、方法以及获得相应的指导。具体来说，在日常学习过程中，通过各种形式的座谈会、身边案例，帮助学生了解就业市场和职业市场，为学生就业能力的提升创造条件，积极指导学生进行职业生涯规划，明确学习方向，不断提高综合能力和专业素质，从而树立他们未来职业发展的明确目标，避免盲目性。第二，学校的软硬件基础影响学生的职业准备和阶段性职业生涯规划的实施。学校对大学生培养目标的定位以及所能提供的教学设施、教师队伍、课程设置、图书资源、实践资源等将影响他们的职业准备和阶段性职业生涯规划的实施。同时，充分利用就业中心的信息网络提供就业咨询、就业统计和监测，向学生传递各行业的招聘信息，帮助学生全面了解社会就业形势，为提升学生的就业竞争力，提供全方位的职业生涯指导和服务。目前我国对职业指导工作开展日益完善，逐渐形成自己的理论体系和专业的职业指导教师队伍，帮助求职者能够更好地就业，实现个人的社会价值，这些都对大学生的生涯发展产成了积极的影响作用。

3. 社会因素及其影响 大学生作为社会成员的重要组成部分，其职业生涯发展过程与社会发展变化紧密相关。社会环境尤其是社会需求、产业结构的变动、劳动力市场变化、流行的工作价值观都会在个人职业规划和职业选择上留下深深的烙印，对其产生重要的影响。不同的社会环境给予个人的职业信息是不同的，宏观上社会的、经济的、历史的和文化的力量都能够干扰个人有效决策的制定。

（1）精英教育转为大众教育：1999 年开始，各大高校开始扩招，更多的适龄青年能够到大学中继续深造，高等教育实现了从精英教育到大众教育的阶段。高等教育大众化的实现，使高等教育走出来“象牙塔”，由“少数人的特权”变为“多数人的权利”，接受高等教育的人数和大学毕业生数量的急剧增加，给大学生的就业市场造成了极大的压力。2002 年首批扩招的大学生毕业，人数为 145 万人，2003 年为 212 万人，2004 年为 280 万人，2005 年为 338 万人，2006 年 413 万人，2007 年 495 万人，2008 年 559 万人，2009 年

611万人，2010年631万人，2011年660万人，2012年680万人，2013年699万人，2014年727万人，2015年749万人，成为史上最难就业季。随着毕业生人数的逐年增加，大学生的就业从卖方市场转变为买方市场。高等教育在精英教育阶段，一是国家分配工作，二是毕业生人数少，毕业生供给小于社会需求，是毕业生的卖方市场，大学毕业生各个用人单位抢着要；进入高等教育的大众化阶段，毕业生数量急剧增加，大学毕业生与社会需求之间的关系由“供不应求”转为“供大于求”，由“卖方市场”转为“买方市场”，这一历史性的转变使大学生面临着新的就业形势，也必将对其职业道路的选择和发展产生深远的影响。

（2）计划经济转为市场经济、知识经济：目前，中国正处于计划经济向市场经济的转型阶段，社会结构的开放性不断增强，社会的活力得到极大的释放，这些都对社会生活的各个方面产生了深刻的影响，当然也就不可避免地对各行各业产生影响。宏观上来说，国家经济社会发展的整体水平对大学生职业生涯发展具有指向性影响，GDP 每增长 1 个百分点，将会新增就业岗位 100 万个，因此，经济的快速增长，产业结构的不断升级，市场对大学生的需求量尤其是高素质人才的需求也会日益增加，这就为大学生就业创造了广阔的空间；同时，随着中国加入 WTO，国家参与国际竞争的深度和广度日益增加，正面临着从“中国制造”向“中国创造”转型，也使大学生职业的可选择面变得愈发宽广。

具体来说，职业发展变动的表现：①职业变动增加。近年来，随着国有企业改制、私营外资企业增多，打破了存在了多年的铁饭碗、金饭碗，跳槽现象大量出现，很多人不可能像以前一样，大学毕业后在一个工作单位一干就是一辈子，激烈的市场竞争促使一个人在一生中可能要进行多次职业的转换。②工作方式多样。朝九晚五的工作方式也发生了改变，自己创业、兼职工作、SOHO一族（SOHO，即 small office home office，家居办公，大多指那些专门的自由职业者：自由撰稿人、音乐创作人等）也正成为年轻人中新的工作方式。③职业选择自由度提高。随着社会制度环境的不断宽松，社会结构开放性日益增强，人们选择职业的自由度也相应增加。双向选择的市场化就业机制，使得更多人摆脱以往政府、学校的制约，根据自己的喜好和需求自由选择职业。

国家就业政策的导向性也直接影响着大学生职业生涯目标的确立。不断优化的就业政策为大学生顺利完成从学生角色到职业角色的角色转变创造了良好的政策环境，与以往我国的就业政策和环境相比较，当前的大学生就业不再受户口指标、人事指标以及各种行政条约所限制，为大学生在全国范围内自主择业就业以及人才的自由流通提供了更好的条件。同时，为了缓解当前区域之间、城乡之间的人才不平衡状况，实现经济的健康协调可持续发展，国家出台了“选调生”、“三支一扶”、“大学生村官”、“志愿服务西部计划”等就业政策，扩大中央对于经济欠发达地区的财政支持和技术帮助，也对大学生的职业发展提供了重要的政策引导。

邓小平提出，“科学技术是第一生产力”。当今社会，知识经济已经开始占据国民经济的主导地位，知识和信息在经济发展中的作用，人力资源开发在经济发展中的价值，高科技产业在经济发展中的支柱地位，无不表明我们已经步入了知识经济时代，知识经济对职业发展变化也有着重要影响。主要体现在以下几个方面：①知识成为重要的生产要素。在知识经济时代，科学技术在整个社会、经济发展中扮演着越来越重要的角色，产品的科技含量越来越高，生产工艺和管理也日趋现代化，这就使得知识型员工成为社会、企业最急需和宝贵的人才，专业技术人员、科研人员等知识含量较高的工作已经逐渐成为人们求职的热点。②新职业层出不穷。高新技术的迅猛发展，新材料、新工艺等的出现，都为创新职业提供了可能，也被动地迫使了落后职业的消亡。如，全球网络的迅猛发展，在 IT 业涌现出了新的工作岗位，职业网络游戏玩家、网络游戏解说员、网络电台主持人、网络海外代购员等。随着职业分工越来越细，职业活动的内容也不断更新变化。2009 年 11 月 12 日，人力资源和社会保障部在上海召开第十二批新职业信息发布会，正式向社会发布中国生产操作和服务业领域近来产生的 8 个新职业的信息。这 8 个新职业是：皮革护理员、调味品品评师、混凝土泵工、机动车驾驶教练员、液化天然气操作工、煤气变压吸附制氢工、废热余压利用系统操作工、工程机械装配与调试工。此次是人力资源和社会保障部自 2004 年 8 月建立新职业信息发布制度以来，第十二次发布新职业了。新职业层出不穷地涌现，为广大学生的职业发展提供了更多选择的空间。

二、职业生涯规划的基本原则

大学生必须及早进行职业生涯规划已成为人们的普遍共识。大学生职业生涯规划是大学生在进行自我剖析，在全面客观地认识主、客观因素与环境的基础上，进行自我定位，设定自己的职业生涯发展目标，选择实现既定目标的职业，制订相应的培训、教育和工作开发计划，按照一定的时间安排，采取各种积极的行动去达成职业生涯目标的过程。完整有效的职业生涯规划至少应包括评估自我、分析环境、确定目标、实施计划、反馈调整 5 个环节，在实施每一个具体环节时都必须坚持相应的基本原则。

（一）职业生涯规划与社会需求相结合

外部环境是个人发展的现实基础。只有立足于现实积极思考，才能认清形势，充分利用一切机会，实现自己的职业理想和人生价值。选择职业作为一种社会活动必定受到一定的社会制约，任何人选择职业的自由都是相对的、有条件的。如果择业脱离社会需要，他将很难被社会接纳。

职业生涯规划必须考虑到外部环境的影响，对各种可能影响到职业的外部力量加以衡量、评估，才能保证其科学性和可能性。因此，要评估现实环境条件的特点、发展与需求变化趋势，并在此基础上认清自己与环境的关系以及环境对自己的有利条件和不利条件等，进而相应地调整自己的目标和预期，使自己的职业生涯规划确实可行，符合社会变化的要求和职业发展的要求。所以，从人的全面发展的宗旨来看，利益结合是方法，可以更好地处理个人与社会间的关系，寻找个人发展和社会发展的结合点。我们强调大学生在进行职业生涯规划时，应坚持社会利益与个人利益的统一，坚持社会需要与个人愿望的有机结合，积极把握社会对人才需求的动向，把社会需要作为出发点和归宿，以社会对个人的要求为准绳，既要看到眼前的利益，又要考虑长远的发展，既要考虑个人的因素，也要自觉服从社会需要。一个人只有将个人的成才与社会需要紧密结合起来，满足社会需要，才能成为社会受欢迎的人，只有具备适应社会发展的新理念、新思想，跟上时代的发展潮流，才能实现自己的人生理想和职业生涯发展目标。

据测算，GDP 每增长 1 个百分点，将会新增就业岗位 100 万个。因此在规划职业生涯时，首先要分析把握社会整体的经济发展状况，面对知识经济时代职业内涵的发展与变化，大学生要时刻注意关注就业市场，特别是一些新的经济特点、新兴产业动向对社会发展可能带来的影响，以及由此引起的社会人才需求、人才结构新的发展方向，了解社会对职业的需求，参照社会对人才的素质要求，不断修订自己的职业生涯规划内容，调整自己的发展目标，在动态和多样性中实现发展目标。社会的政治、文化氛围也是规划职业生涯时不能忽略的重要因素，因为社会是个整体，经济、政治、文化之间相互作用，相互影响。对社会的一般性宏观分析是职业生涯规划需考虑的重要组成部分，此外，一方面，大学生要充分利用多种途径广泛搜集相关职业信息，积极参加职业实践活动，通过实地锻炼来加强自己对职业的认知，另一方面，也要从本地区和具体就业区域的角度来评估就业形势。因为大学生选择职业除了考虑职业自我属性、职业类型外，还必须考虑职业社会生态环境的差异，即组织、地区差异等因素对大学生职业选择的影响。因此，大学生在进行职业生涯规划时，既要考虑个人的因素，也要自觉服从社会需要。要把握社会对人才需求的动力，以社会需求作为出发点和归宿。这样的职业生涯规划才有现实性和可行性。

（二）职业生涯规划与所学专业相结合

知识的学习和积累是在校大学生的首要任务。大学生都会经过一定的专业训练，具有某一专业的知识和技能。大学生所学的专业都有一定培养目标和就业方向，这就是大学生职业生涯设计的基本依据。学习既是未来事业的准备，也是未来事业的开端，良好的知识储备和专业技能水平是实现职业规划目标，顺利走上工作岗位，完成工作任务的前提和基础。用人单位在招聘过程中，首先要考虑大学生所学的专业。因此，大学生在进行职业生涯规划时，应以所学专业为依据。否则，如果所从事的职业不是自己所学的专业，在参加工作后就要重新“补课”，这无形中为自己的工作和生活增加了许多负担，但是，调查表明，在工作若干年后，60 %以上的人所从事的行业与所学专业关系不密切。需要强调的是，大学生对所学的专业知识要精深、广博，除了要掌握宽厚的基础知识和精深的专业知识外，还要拓宽专业知识面，掌握或了解与本专业相关、相近的若干专业知识和技术。社会主义现代化建设需要知识面广、业务能力强、精通专业技术的人才。在整个学习阶段，大学生要把爱国之心、报国之志化为行动，就必须勤奋学习，刻苦钻研，不断提高专业知识和技能水平，培养科学地认识问题、分析问题和解决问题的能力，全面提高自身素质，才可能在未来的事业中有所建树。

但是，也有部分大学生特别重视学习，认为只要把专业知识、各种技能学习好了，就能找到好工作。比如有的大学生很注意英语要过四、六级，但是却忽视英语的实际应用能力培养，并且大多数学生很少重视进行与职业相关的社会实践。只有经过社会实践，比如通过寒暑假参加社会实践，才能知道自己的“所学”是不是将来的职业“所需”，自己能不能胜任工作。如果不能，那么在校期间应该尽快完善这方面的知识。因此，大学生有必要通过参加有益的职业训练，努力提高自己的综合能力，注意培养从事本行业岗位的基本能力和某些专业能力，如创造能力、社交能力、实际操作能力、组织管理能力、自我发展的终身学习能力、心理调适能力等。

1. 构建合理的知识智能结构　构建合理的知识智能结构，需要广博与精深相结合，理论与实践相结合，静态与动态相结合，个人爱好与社会需要相结合。不但要对自己所从事的专业知识和技术的掌握有一定的深度和广度，而且要通晓和熟悉相关的基础知识，要在教师的指导下，广泛涉猎其他学科或某些边缘学科的知识，才能把自己培养成为复合型人才，适应社会主义现代化建设需要。

2. 加强基本技能训练

（1）语言技能：随着我国市场的对外开放不断扩大，需要大量的通晓多种语言，具有多种文化背景的复合型人才。从素质要求看，首先，需要能与不同文化背景者沟通融合、外语娴熟、办事效率高以及通晓专业领域中的国际惯例；其次，能参与国际经济文化交流，为了未来的交流与合作，大学生不仅要掌握本民族语言，还必须熟练掌握一门外语，具有较强的听、说、读、写和准确简洁、熟练得体的双语口头表达能力；掌握先进国家的科技资料及应用能力。只有这样，才能在未来职业舞台纵横驰骋，立于不败之地。

（2）网络技能：知识经济社会的信息化，使网络技术更加普及，个人的生存与发展将与网络密不可分。信息化使社会的发展更加迅速并使竞争日趋激烈，尤其是我国加入 WTO 后，将在新水平上参与世界经济一体化的进程，这种进程需要懂专业、熟练掌握国际惯例、能利用网络进行全球交流沟通，从而提高获取信息以及处理信息的能力，因此，要能够熟悉网络技术语言与操作技术，不断提高计算机软件程序的应用能力。

（3）综合技能：当前，社会要求大学生具有组织管理与表达能力。因此，大学生既要重视组织管理能力、文字和语言表达能力的培养，也要善于调查研究，善于运用现代科学手段获取信息，善于总结经验。

将来无论从事哪种职业，不仅要具有本专业比较深厚扎实的科学知识，还应具备比较宽泛全面的有关环境、法律、经济、管理、艺术、历史、世界文化等多方面的科学文化知识，只有这样才能适应环境，求得发展。

（三）职业生涯规划与增强身心健康相结合

千变万化的社会要求大学生要有健康的体魄和良好的心理素质。古希腊哲学家赫拉克利特曾指出“如果没有健康，智慧就难以实现，文化无从施展，力量不能战斗，财富变成废物，知识也无法利用。”对于大学生来讲，健康更是学业成就、事业发展、生活快乐的基础。在德、智、体全面发展的职业生涯规划中，体是基础，智是条件，德是方向。21 世纪劳动者的身体和体能，要能适应快节奏、多变化的生活，就必须积极参加体育运动，增强自身体质。良好的心理素质，有利于大学生充分开发潜能、陶冶情操、坚定信念，为自己的心安设一盏希望的“明灯”。在人生选择与实践过程中，应培养和锻炼自己对挫折的承受能力和情绪调控能力，增加生活的磨炼与体验，以正确的人生态度对待困难和挫折。

第二节　职业生涯规划的方法与基本步骤

一、职业生涯规划的常见方法

（一）生活中常见的生涯规划法

1. 自然发生法　自然发生法是指有的人在职业方面缺少主动的选择，有什么做什么。最常见的情形是学生填写高考志愿时，并未仔细考虑自己的性格、志趣，只是考虑自己分数所能录取的学校、专业，找到差不多吻合的，便草草做了选择。或者在父母的劝说下，听从父母的选择，而不考虑自己的性格、兴趣爱好、能力、价值观等方面的因素，这样的选择方法比较保险，但自己未必喜欢。

2. 目前趋势 目前趋势是指跟随大众的选择，以获得较低的风险代价。“从众心理”是人类自我保护的本能体现，所以才出现了“随大流”，虽然目前趋势法可以降低我们的外在风险，但这个时候也会出现“盲目从众”。比如跟随现在市场的趋势，盲目地投入新兴热门行业；高考时追逐热门专业，这可能会暂时使心愿得到满足，但没有考虑到四年以后的变化。应当认识到没有永远的热门和冷门专业，选择时应当考虑社会发展因素，对各种职业的未来进行预测，不能一味追逐热门。

3. 最少努力法 最少努力法是指在两只之间选择较容易的一方，以达到好的结果。比如在选择容易通过的科目进行学习，希望能够达到自己理想的目标。这种做法可能省时、省力、不用花费太多心神，在短时期内效率很好，但是无法根据个人的能力、特性做长远的规划，而带来较高的生涯风险。

4. 拜金主义法 拜金主义法是指以经济利益作为衡量生涯发展的标准，什么赚钱就选择什么发展途径。比如目前经济管理类专业就业方向比较好，薪酬待遇也相对比较高，很多大学生不考虑自己的实际喜好而盲目选择经管类专业，却忽视这些行业和专业将给自己带来的各种影响合法合理地追求经济利益最大化，这一点本没有错。如果盲目地追求无法持续的经济利益的话，无论对于个体、集体，还是对于整个人类世界，都是不可取的。

5. 刻板印象法 刻板印象法是指对任何事物保持固定的偏见，并未随着社会发展产生改变。以前常常说到“学好数理化，走遍天下都不怕”，所以在高中时期很多学生不是根据自己的学业情况来考虑分班走向，而是一味的挑选理科班，认为将来会考入一个好的专业，拥有一份好的职业，从而将自己局限在一个小的范围内，无法真正地了解自己以至于不能做出正确的职业规划。

6. 橱窗游走法 橱窗游走法是指对任何职业都有好奇心，都想尝试。这种做法可以使自己经过不断地尝试以后再决定自己的职业方向，在实际经历后的选择往往更加适合自己的能力、兴趣、性格特征、价值观等要求，但是也存在最后缺少专长、花费大量时间而较晚进入职业生涯正轨的情况，因此这样的探索最重要的是要控制好时间。

7. 假借他人法 假借他人法是指完全依靠他人的帮忙解决就业问题。假借他人之手，如果这个对你比较了解，对所提供的职业信息也了解，这样匹配可以在较短时间找到一份合适自己的职业，但是在更多情况下，他人不了解自己，只看到职位空缺而把在自己安置过去，这种情况下的职业规划也往往给自己带来一些消极负面的影响

（二）SWOT 法

SWOT 法是由美国旧金山大学的管理学教授于 20 世纪 80 年代初提出的。SWOT（strengths weakness opportunity threats）分析法，又称态势分析法或优劣势分析法，用来确定自身的竞争优势（strength）、竞争劣势（weakness）、机会（opportunity）和威胁（threat），从而将内部因素和外部因素有机地结合起来。

所谓 SWOT 分析，即基于内外部竞争环境和竞争条件下的态势分析，就是将与研究对象密切相关的各种主要内部优势、劣势和外部的机会和威胁等，通过调查列举出来，并依照矩阵形式排列，然后用系统分析的思想，把各种因素相互匹配起来加以分析，从中得出一系列相应的结论，而结论通常带有一定的决策性。运用这种方法，可以对研究对象所处的情景进行全面、系统、准确的研究，从而根据研究结果制定相应的发展战略、计划以及对策等。

SWOT 法有利于大学生对个人或组织所处情景进行全面、系统、准确的研究，有利于人们制定发展战略以及与之相应的发展计划和对策。SWOT 分析可以检查个人技能、能力、职业、爱好和职业机会。通过 SWOT 分析，大学生可以清楚地知道自己的优点和弱点，并且能评估出自己所感兴趣的不同职业道路的机会和威胁所在。

大学职业生涯规划进行 SWOT 分析可以分 5 个步骤：

1. 评估自己的长处和短处 “尺有所短，寸有所长”每个人不可能天生完美，都有自己擅长和不擅长的领域，我们可以通过自己、朋友、家人以及在生活实践中的总结发现自己的特长，也可以通过 MBTI 这种心理测评工具来衡量自己的类型偏好，发现自己的行为和思考方式，更好地在合适的环境中去发挥自己的优势和长处。我们可以通过列表的方式来找出自己的优势和劣势，一般来说，优势和劣势从属于个人自身，而机会和威胁则来自外部环境（包括组织环境和社会环境）（图 3-1）。

机会

优势 1. 2. 利用优势和机会的组合	机会 1. 2. 改进劣势和机会的组合
劣势 1. 2. 消除劣势和威胁的组合	威胁 1. 2. 监视优势和威胁的组合

威胁

图 3-1 SWOT 分析法

通过表格的形式，列出你自己喜欢做的事情和擅长做的事情，例如：你会擅长和人打交道，口头表达能力强，不善于做一些固定的文字性的事情。同样的，你也可以从这张表中发现自己不喜欢做的事情和劣势。我们通过这种分析并不是要一味的只做自己擅长的而逃避自己的短处，而是基于这种自己的优劣之处做到：①努力去改正自己的错误，提高自己的技能；②学会放弃，对于哪些你不擅长但是相应要求却很高的职业。分析出自己所具备的很重要的强项和对你的职业选择产生影响的弱势，然后再标出自己认为的很重要的强、弱势。

2. 找出你的职业机会和威胁 不同的行业或专业都面临不同的外部机会和威胁，这些外部因素我们可以单列出来分析，从中找出对自己有利的、值得发扬的因素，以及对自己不利的、要避开的东西，发现存在的问题，找出解决办法，并明确以后的发展方向。一个行业如果充满积极的外部因素，那么它就有更为广阔的前景提供给求职者；一旦一个行业的外部因素处于不利于发展的情势，那么它所能提供给求职者的职位有限并且发展前景也是一定不乐观的。

3. 列出短期职业目标 职业生涯的实现可以用一系列的阶段来表示。为了顺利进入每一个新阶段，应根据新阶段的特点制定分目标。实现一个远大的目标很少能够一气呵成，必须分解成若干个易于达到的阶段性目标。目标分解是将目标清晰化，具体化的过程，是将目标量化成可操作的实施方案的有效手段。这些目标可以包括：求职、培训、发展、退休、工作地点、工作时间、工作薪酬、职务目标等。发挥自己的优势，使之与行业提供的工作机会匹配。

4. 列出短期职业行动计划 职业行动计划是为了实现我们上一步所提出的职业目标，涉及一些具体的做法。职业生涯规划目标定得具体，才好操作，同时，还要详细列出实现目标的具体时间，达到什么程度，而且与之相应的其他目标也要明确具体。要做到互相配合、共同作用，促进个人的身心、生活和事业的全面发展，高低适度。常常有一些人给自己定的目标太高了，怎么努力也够不着，结果一事无成，也有的人目标太低，不费什么力气就达到了，自己也觉得没什么意思，结果一直也没什么长进，老是原地踏步。所以必须明确在实现这些目标的过程，你所要具备的能力需求有哪些？需要参加哪些培训？达到一种什么水平？拟定详尽的行动计划将有助你的决策。

5. 寻求专业帮助 发现问题其实不是一件困难的事情，更重要的是找准解决的路径，作为一个刚进入职场的人，有很多我们不熟悉、不了解的地方，那么这个时候我们必须依靠同事、上级主管、朋友、专业的咨询专家来帮助我们提供思路和方法。外力的帮助可以使我们少走弯路，也可以监督我们取得更好的效果。

通过SWOT分析法可以使我们更准确地认识到自己的优势和劣势，以及如何在职业规划道路上扬长避短，改进自己存在的问题。从分析结果中可以更加明确自己的职业策略，为今后的求职和职业发展提供充足的依据，以便顺利实现自己的目标。

（三）五WHAT法

许多职业咨询机构和心理学专家在为别人进行职业咨询和职业规划时，常常采用的一种方法就是“五W”的思考模式，即提出五个问题：①Who are you? ②What do you want? ③What can you do? ④What can support you? ⑤What can you be in the end? 回答了这五个问题，找到它们的最高共同点，咨询者就有了自己的职业生涯规划。

对于第一个问题“Who are you”——我是谁？性格是职业的前提，不同的职业有不同的性格要求，这就要求我们有一个准确的自我认知、自我剖析和自我定位。对自己进行全面的分析，包括自己的价值观、兴趣、爱好、特长、性格、学识、能力等，弄清楚自己是谁才能更清楚自己想要干什么。每个人可能百分之百的适应某个职位，这也就要求我们可以根据自己的职业倾向和职业目标来培养职业兴趣、发展职业性格。个人对自己的性格难免会有片面之处，应该多听听别人的意见和看法，了解那个潜在的自我是什么样子的。

第二个问题“What do you want?”——“我想要干什么”每个人在不同阶段的兴趣和目标并不完全一致，有时甚至是完全对立的，但随着年龄和经历的增长，则会逐渐固定下来，并最终锁定自己的终生理想。无论是从人的心理自身发展以及内在规律来看，还是对社会活动的变化加速产生的影响来看，人的职业心理一直处于动态的变化过程中，因此个性与职业的匹配不可能一次成型，人的职业发展和职业选择贯穿了一生，在经历了幻想期、尝试期和现实期三个阶段后，最终达到具体、现实的职业目标。

第三个问题“What can you do?”——“我能干什么”可以说是对自己职业能力与潜力的全面总结。作为大学生来说在校期间“我能组织一场活动”、“我能策划一台晚会”、“我能研究一个课题”等等这些都是能力的一种体现，而这种能力在今后的职业发展的过程中也起到决定性的作用，以自己的价值观、最佳才能、最优性格、最浓厚的职业兴趣、最有利的内外部环境等信息为依据。一个人职业定位的高低要归结于他的能力，而职业发展空间的大小则取决于他的潜力，潜力的发掘需要在平时的实践中的积累，有意识地去培养。

第四个问题“What can support you?”——“环境支持我允许干什么？”在制定个人职业生涯规划时，环境是促成顺利发展的基本因素，善于分析环境的特点、发展变化及与自己的关系，自己在职业环境中的定位，工作环境的要求，有利的一面及不利的一面等，只有充分全面的了解这些环境因素，才能争取最有利条件，使自己的职业生涯规划可持续发展，实现自己的生涯目标。环境支持更多地体现在客观方面，社会经济、人事政策、企业制度、企业文化、职业发展空间等，这些因素更大程度上体现了整个的发展空间及方向，个人发展是离不开大环境因素的影响；主观方面因素则主要包括在工作的人际关系、沟通交流、社会资源等，这种社会文化环境因素在细节上决定了我们的职业生涯规划道路的顺利与否。

新时期的大学生在新的经济环境下，接触到越来越多信息时代所带来的不同的价值挂念，更相信个人的独立性和成就感，因此，在职业道路上往往会忽视主观方面的因素，没有将一切有利于自己发展的人际因素综合起来考虑，从而影响了自己的职业切入点，通过社会关系的指导和推荐有时候是最直接，也是最便利的。

那么第五个问题有关“What can you be in the end?”通过前面四个问题的解惑，这个问题的答案也已经摆在自己眼前了。明晰了前面四个问题，就会从各个问题的答案中找到对实现有关职业目标有利和不利的条件，列出不利条件最少的、自己想做而且又能够做的职业目标。

（四）愿景模型法

1. 什么是个人愿景 将愿景引入个人的职涯发展，意即个人经过搜索所确定的长期职业定位，是人们选择和发展自己的职业时所应围绕的中心。总的来说，个人愿景主要包括以下方面：

（1）自我形象：你希望成为什么样的人？假如你可以变成你向往的那种人，你会有哪些特征？

（2）有形财产：你希望拥有哪些物质财产？希望拥有多大的数量？

（3）家庭生活：在你的理想中，你的家庭生活环境是什么样子？

（4）个人健康：你对于你的健康、身材、运动以及其他和身体有关的事情，有什么期望？

（5）人际关系：你希望和你的同事、家人、朋友以及其他人保持哪一种关系？

（6）职业工作：你理想中的职业状况是什么样子？你希望你的努力可以发挥什么样的影响力？

（7）个人休闲：在个人的学习、旅游、阅读或其他的活动领域中，你希望创造出什么样的成果？

个人愿景是发自个人内心的，真正最关心的，一生最热切渴望达成的事情，它是一个特定的结果，一种期望的未来或意象。当你为一个自己认为至高无上的目标献上无限心力的时候，它就是一种自然的、发自内心的强大力量。愿景有多个方面。有物质上的欲望；有个人的健康、自由、对自己诚实；还有对社会方面的贡献；对某领域知识的贡献等等，都是人们心中真正愿望的一部分。

个人在职业实践过程中经过一段时间的探索，经过与外界互动逐渐沉淀下来的理想职业目标，是目标职业的期望情景的总和。职涯愿景应当包含很多内容，这些内容对于个人的职业目标是全面而且细致的描述，包含“目标职位、领导风格、价值观念、性向特征、行业领域、规模、职位胜任素质、控制幅度”等，其中价值观、个人性格、知识技能等最为重要，是构成个人职涯愿景的核心部分。

2. 如何建立个人愿景　建立自己的个人愿景模型就要人在做真正想做的事情时，热情满怀，充满斗志；当遭受挫折的时候，会坚忍不拔，认为是自己分内该做的事，觉得很值得做，意愿很强大，效率也自然提高。每个人都希望构建自己的个人愿景，但是很多时候对于愿景的构想是很模糊，及其容易造成误解，从而偏离正确的方向，因此，当我们在建立自己的个人愿景模型时，只有学会把焦点放在全过程追求的目标上，而非仅放在次要的目标，这样的能力是“自我超越”的动力。在建立自己的个人愿景之前，更重要的是要理清自己的个人愿景。我们从以下三个步骤来进行分析：

（1）想象实现愿景后的情景：假如你得到了深深渴望获得的成果，那么：

1）这到底是什么样的情景，你怎样来形容它？

2）你的感觉如何？

3）这种感觉是不是你真正所想要的？

（2）形容个人愿景：想象你正在达成你一生最热切渴望达成的愿望，这些愿望会像什么样子？

请你回顾在你学同时代、高中毕业时、大学毕业时、参加工作后以及现在的个人愿景，其中哪些愿景实现了，哪些没有实现，原因是什么？

这些愿望包括自我形象、有形的财产、感情生活、个人健康、人际关系、工作和个人悠闲等。

（3）检验并弄清楚愿景：分步检视你写下来的人愿景所组成的清单和每个面向，从而找出最接近你内心深处的层面：

1）如果你现在就可以实现愿景，你会接受它吗？

2）假定你现在就实现了愿景，这愿景能为你带来什么？

3）你接受了它，你的感受又是怎样？

在理清了自己的个人愿景后，我们开始建立自己的个人愿景。建立个人愿景我们必须明确：

a. 目标与愿景的区别：愿景是一种我们内心真正关心的事。当我们内心真正关心的事情有了“上层目标”，那么就更有意义和方向感，而上层目标有了愿景，就更具体，容易衡量、描绘与沟通。

b. 愿景与竞争的区别：竞争是相对的，是为了赢他人。而愿景不是相对的，是为了赢自己。愿景的实现基本于别人不搭界，主要是自己的愿景与自己的行为有没有合二为一。

在愿景建立的过程中，我们必须保持创造性张力。这个张力就是要不断超越我们自己，然而在我们建立了自己的愿景之后，我们发现现状离愿景太远，我们能够做的就是化差距为前进的动力，比如，你作为一名医生，我希望自己能够为更多的病人减轻痛苦，为病人，为祖国的卫生事业奉献自己的力量，但是现状离这个愿景太远，在情绪上我们有了冲突，但是这个情绪张力如果被我们化解掉，让我们的创造性张力占据领导地位，那么差距不是化为行动的阻碍，相反能够变为我们发挥自己创造力的“助跑器”。

在接近达成愿景时，或许我们常常会质疑：“我真的达成自己的愿景了吗？”或许还会有很多的质疑。但归纳起来有两种情况，一种是相信自己没有能力实现真正在乎的事情，另一种是阻碍自己发展的矛盾，即认为自己没有资格得到自己想要的。这两种矛盾冲突起于内心深藏的信念，消除的办法也只有一个，那就是改变自己的信念。我们要相信自己有能力有资格实现自己想要的。但是我们小时候的一些事情就决定我们不相信，这是一个天大的矛盾。

很多时候，我们当中的大多数人是无法面对真相的。比如，一个人在坚持他自己认为对的事情时，周围的人大多反对他的，他会觉得关键时刻反对的人那么多，有的甚至落井下石，人真是残酷，世界真是不公平，的确，这样的阻力让他喘不过气了，而他生气极了，但是后来他想了想人们反对的理由，发现这些理由有些是事实，于是他就将自己的弱点慢慢改掉。他变得越来越受到大家的认可。这件事情其实隐含着一个事实就是想改变别人对自己的看法不容易，所以最后只能是充分地改变自己，于是你要做的就是让自己优秀、强大起来。当你辨认出这个模式的时候，你再遇到周围的人反对你，怀疑你，打击你的时候，你所采取的行动就会发生很大的改变。对别人的批评以及自己的优缺点看得更清楚深入，于是努力地改变自己，从而不断地超越自己。要做到这点，最起码地是诚实地面对真相，而不是逃避。我想诚实地面对，是超越自己的最重要的修炼。

二、系统的职业生涯规划的基本步骤

职业生涯规划其本质上是一个人职业战略规划问题，这个问题要解决“我将来要干什么”，即确定自己的职业目标和选取职业范围，它关系到大学生职业能力和综合素质的培养，是大学生人生成功与否的重要环节。正如同我们将要开始一段旅程之前要做好前期的攻略和计划一样，在个人生涯的发展过程中我们也应该制定相应的计划，明确自己的目标，让整个进程更有把握。职业生涯的基本步骤包括：自我评估；认识环境；确定目标；制订行动计划与措施；反馈、评估与调整。

（一）自我评估

任何一个科学的职业生涯规划来自于“知己知彼”。“知己”就是要做到自我认知，充分认识自己、了解自己。自我评估实际上就是一个认知自我的过程以及对自我的内在评估，是借助于性格、气质测验和职业兴趣测验等科学测评方法、周围人（老师、同学、朋友等）对自己的评价以及自己对自己的全面客观剖析，对自己的气质、性格、职业兴趣、能力等进行全面认识，清楚自己的优势与特长、劣势与不足。我的性格特点是什么？擅长什么？兴趣爱好是什么？我的哪些技能使我能更好的发展？我的决策力如何？只有对自己有个一准确的认识，才能更好地对自己的职业生涯做出规划，才能对自己的职业目标做出明确的定位。大学生应清楚地认识到，即使是接受了同等的教育，掌握了相同的知识，但个体潜在的能力仍然存在较大差异，社会上不同的企业、不同的职业、不同的岗位，都有不同的工作性质，反映出对人智力、情绪的不同要求，应该积极、客观地审视个人的能力水平。

自我剖析可从四个方面来进行：生理自我即认识自己的外貌、身材、穿着等；心理自我即一个人的性格、兴趣、意志、自信、创造性、管理能力等；理性自我即一个人的思维方式、思维方法等；社会自我指一个人在社会中扮演的社会角色，承担的责任、享有的权利、应尽的义务以及他人对自己的看法和自己对他人的评价等。

自我的评估是在实际生活中体验形成，也可以通过 MBTI 以及其他职业测试来实现。

（二）认识环境

每个人都处在一定的环境之中，离开了这个环境，便无法生存和成长。这个环境包括我们的家庭环境、学校环境以及工作环境。家庭环境与我们的日程息息相关，家庭教育对我们性格的养成有着举足轻重的作用；学校环境造就了我们的教育体验，学校的办学特点、专业特长、毕业生的竞争力都对我们对于自己价值评判指引了方向。

了解工作世界的信息和自我信息是生涯规划中重要和基础的部分。认识工作环境就是对职业环境的评估，了解工作世界的基本事实，以及在工作过程中清楚职业和专业的关系。环境评估包括社会环境、行业环境、组织环境的分析与评估，大学生在进行个人职业发展规划时要客观分析当前的社会环境，包括经济、政治、文化等大环境以及行业环境包括行业发展状况、趋势等，了解职业的目前现状、需求信息、个人要求、技能要求、未来走势等。在制定自己的职业生涯发展规划是要更清楚宏观世界的工作现状，包括整个劳动力市场的供求，结构性失业问题，企业发展前景以及全球化人才竞争的日趋激烈，如何提高自己更为广阔的视角去融入大环境中，只有通过综合了解和分析，才能有助于个人寻找各种发展机会和衡量自己未来在该企业的发展空间以及实现自己的职业目标。

（三）确定目标

从时间角度划分，职业生涯目标可以分为短期目标、中期目标和长期目标。短期目标是一些具体的、操作层面的、为实现中长期目标而采取的步骤，一般期限为 1～2 年；中期目标相对于长期目标要更具体一些，一般期限为 3～5 年；长期目标是自己认真选择的、符合自己价值观、与自己未来发展相结合的愿望，是一些相对粗线条、不具体的目标，一般期限为 5 年以上。

目标的设立是我们可以更加清楚地认识到职业前景在一个阶段达到一个什么样的位置，短期目标的累加可以使长远目标在确立更具准确性和目的性，而不仅仅是一个空洞、不切实际的“美好愿望”，理想的职业发展目标对人的发展有着重要的激励作用，它使我们更加明确职业生涯发展的核心。确立了目标，海上航行的帆船才能顺利抵达彼岸，但是只有正确适当的目标才能让我们在自己的职业道路上更好地发挥出才能，让自己的兴趣大放异彩，性格与工作环境相处融洽。

人生的长期目标可以是宏伟的、轮廓式的，不要求详细、精确；中短期目标则既要有激励价值，又要现实可行，并尽可能具体明确，限定完成的时间。

（四）制订行动计划与措施

制订行动计划和措施是将我们前期的探索和思考落到实处的部分，就像在旅行的过程中我们要安排每一天的行程，不再是纸上谈兵，而是要去面对和实施。人所处的现实位置和理想位置总是存在一定差距的，如何去缩短这个差距，就需要我们去制定详细的行动计划和措施。去实现目标并不是一口吞下一头大象，需要我们一步一步地去实现，将大的目标分解为每个阶段的实现，最终去达成职业目标。大学生要为自己目标的实现制订一份详细的行动计划，主要包括专业学习、技能训练、顶岗实习、职业软技能培养等方面的措施，制订行动计划的目的重在约束个人的行为，使个人的行为不会偏离自己设定的规划目标。

作为大学生来说，毕业后之后我们面临出路有两条：就业、继续学业。选择不同，那么对于未来的职业规划也是不一样的，如何做出选择不是一个人云亦云的过程，而是要结合自己的职业规划做出正确的选择。在选择职业生涯路线时，一般从以下四个方面考虑：一是希望往哪一条路线发展，主要考虑自己的职业理想、职业兴趣和职业动机，确定目标取向；二是适合往哪一条路线发展?主要考虑自己的性格、特长、经历、学历等个人因素，确定自己的职业能力取向；三是能够向哪一条路线发展?主要考虑自身所处的职业环境（包括政治、经济、文化、组织等环境）等，确定自己的机会取向；四是确定哪条路线可以取得发展?综合上述分析，最终选择最佳路线。

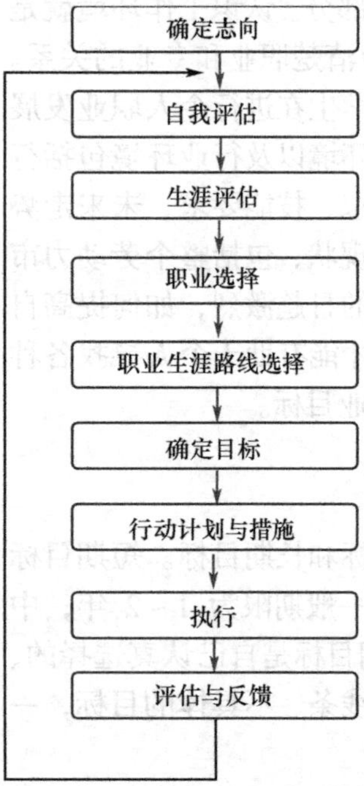

图 3-2　大学生职业规划步骤

（五）反馈、评估与调整

目标和行动计划的一旦修订并不是不可改的，根据工作环境的变化，自身需求的改变，相应也要做出更适合自己的调整。在制定个人职业生涯规划时，要分析环境的特点、发展变化及与自己的关系，自己在特定环境中所处的位置、环境对自己提出的要求、环境之于自己有利或不利的条件等。只有对这些环境因素都有一个较全面和充分的了解，才能在复杂多变的环境中争取有利条件，使自己的职业生涯规划可持续发展，实现职业生涯目标。

职业生涯规划是一个循环的过程，影响职业生涯规划的因素很多，有的变化因素是可以预测的，而有的变化因素难以预测。要使职业生涯规划行之有效，就须不断地对职业生涯规划进行评估，修正职业生涯目标，调整职业生涯策略，这样才能在激烈的择业竞争中，赢得成功，走向辉煌（图 3-2）。

思 考 题

1. 利用职业生涯规划的步骤，列举自己的职业生涯规划。
2. 利用 SWOT 分析法对自己进行内部因素和外部因素的分析。
3. 关于“五 W”法进行自我检测。

案 例 分 析

不喜欢自己专业的小玉

小玉（化名）是大学一年级的新生。她对所学的专业不满意，不了解，一门心思想转其他专业，如计算机，语言类。关于这个问题，她也问过好多朋友，所需的条件、所付出的代价她有所了解，如分数要达到多少分，而且还要比其他同学多读一年。

小玉高中成绩名列前茅，考到现在这所大学很不甘心。在高中紧张地复习迎考，母亲严格监督，却因老家有事，回去一段时间，小玉松懈下来，高考不理想；考完分数知晓后，填报志愿，什么学校，什么专业，这些都是她母亲一手包办的。

在家里，妈妈很强势，是家里主要的经济来源，爸爸就打点零工，大部分时间在家里做家务，还有一个弟弟，各方面都不如她省心，却深得母亲的关心，仿佛妈妈心里只有这个弟弟。爸爸妈妈关系不好，只是勉强维持婚姻，两人都说和对方相处一分钟都难，妈妈工作很忙，爸爸经常向小玉诉苦，作为长女，她承受着父母婚姻不和谐的莫大压力。

她很想为家里多做点事，但换来的却是家人劈头盖脸的批评，批评她做饭菜只是糟蹋东西；在她和弟弟同时感冒，妈妈为弟弟忙前忙后地买药，对她却惜有关心的言词；得知弟弟是扁平足后，母亲竟然对她说"这下你高兴了吧！"。她想出去打工，以此减缓家里的经济紧张，但工作也不容易找。所以有了开头的一幕：她担心所学的专业不热门，找不到能赚大钱的工作，她想换一个更热门的专业。

讨论分析：针对小玉的经历，利用本章所学的知识，你觉得小玉可以做哪些事情进行自我调节？如果你是小玉的朋友，你会怎么帮助她呢？

实 践 项 目

收集学医出身的非医学界名人

收集一些曾经学过医但是现在活跃在其他行业的成功人士，收集的内容包括但不限于：

（1）基本信息，包括姓名、性别、年龄、所学专业。

（2）学医的经历，包括所在的学校、专业、学医的感受和印象最深的一件事。

（3）从医的经历，包括从医时间、地点，从医的感受和印象最深的一件事。

（4）重新选择的职业，包括选择的背景、原因。

（5）另外，试着去采访这些人，请他们谈谈对于在校的医学生有什么寄语。

【扫一扫●过来人说】葛剑雄：读书永无毕业

扫描上方二维码，查看文章：葛剑雄：读书永无毕业

【扫一扫●生涯故事】新喜剧之王黄渤

扫描上方二维码，查看文章：新喜剧之王黄渤的生涯故事

第四章　大学生职业生涯规划中的自我探索

本章导读

“我是谁？”这是一个难解的人生课题，早在几千年前，古希腊奥林匹斯山德尔菲神殿之上有句名言——“人，认识你自己”，这被称之为“人生根底”问题，不断警示世人：“人的一生就是一个探索自我的过程。”自我探索的内容包括兴趣探索，能力探索，价值观探索和性格探索等方面，认识自己既是人生之旅的出发点，也是实现自我价值的基础。

第一节　自我探索概述

一、自我探索的内涵及意义

我们每个人都渴望了解自己，认识自己，但是想要认识自己却是一件非常困难的事情，很多人因为缺乏对自己有一个清晰的认识，导致自己迷失在人生的旅途上，所以探索自己、认识自己对每一个人来说都是一件重要的事情。

（一）自我探索的内涵

自我探索是个人利用一定的方法对自己全部身心状态的认识，从而形成一定的自我概念，形成自我评价。只有进行自我探索、正确认识自己，才能有的放矢地进行生涯规划，理性地经营自己的职业生涯，因此自我探索是职业选择和发展的前提和根据。

1. 自我探索的维度　自我是一个复杂的概念，指个体对自己的主观知觉，具有评价性、稳定性和可变性等特点。它是个体对自己各个方面总体的自我评价，是个体在长期的生活中形成的相对稳定的、综合的自我观，是个体对自己的行为、能力或价值所持有的知觉、态度和评价，是基于自我意识的知、情、意的统一。

自我是心理学的重要内容。精神分析学派创始人弗洛伊德提出了“自我的三结构说”即本我（id）、自我（ego）和超我（superego），从人格的三个维度上研究自我的发展。

我们所说的自我，不过是指“我”所有的一些特征和素质，而这些特征和素质是自己所能觉察的。所以，自我是一个人对自己存在的一种察觉，是对自己“一切”的察觉。这里所说的一切应该包括生理状况（如身高、体重、相貌等）、心理特征（如急躁、安静、沉稳等）、人际关系（别人对自己的看法，自己对别人的看法）以及自己所拥有的外在的物体（如衣服、鞋子、手机等）。

自我意识（self-consciousness）是意识的核心部分，就是对“自我的认知”，或者说是个人对自己的探索或认知。它包括自我认知、自我体验和自我控制。即自我意识是对自己及自己与周围环境关系的认识，包括对自己存在的认识，以及对个体身体、心理、社会特征等方面的认识。这种认识是个体通过观察、分析外部活动、情景及社会比较等途径获得的，是一个多维度、多层级的心理系统。

自我探索从自我本身的角度进行分析可分为生理我、心理我和社会我三个维度。

（1）生理我：生理我是个体对自己的生理属性的意识，包括对自己的身体、体能、容貌及温饱感、舒适感、疼痛感等生理方面的意识，是自我的最初形态。生理我是自我中最基本的内容，是其他自我内容的基础，它也是在自我形成过程中最早形成的内容，认知自我最早也是从认识生理我开始的。生理我使一个人把自我和非我区别开来，意识到自己的生存是寄托在自己的躯体上的。例如：我是个高鼻梁的女生，我是个高个子的男生等。

生理我是与生俱来的，我们只能接受它而不能改变它。随着自我意识的成长，我们逐渐对生理我有一个明晰的看法和正确的认识，但由于青年时期的特殊性，有的学生对生理自我产生较高的心理关注。例如，女生关注自己是否漂亮，是否迷人；男生则关注自己的身高、体型，甚至声音的吸引力等。这些都是因为大学生正处于青春期乃至青年初期，生理我处于高度关注时期。

（2）心理我：心理我是个体对自己的心理属性的意识，包括对自己的感知、记忆、思维、价值观、性格、能力、兴趣等方面的认识和体验，它是人认识到自己心理特征和心理倾向，是职业自我的核心内容，也是自我探索的重点领域，它对一个人的职业选择和职业发展都起着至关重要的作用。伴随着生理我的成长及自我意识的发展，心理我的突出表现之一是自我意识的矛盾性。表现在“理想的我”与“现实的我”的矛盾，这种矛盾集中体现为理想和现实的矛盾，比如理想的大学与现实的大学；理想的就业单位与现实的就业单位；家长的投入与后期的回报等。

（3）社会我：社会我是指对自己的思维、情感、意志等心理活动的认识，它包括个体对周围客观环境和人的影响、作用的认识和体验，也包括对自身在客观世界中的角色、地位、权利、义务、责任的认识和体验，也就是对社会方面自我的认识。社会我由历史、文化、社会等因素影响。

生理我、心理我与社会我是密切联系、相互影响的，它们包含着不同的自我。认知、自我体验与自我控制，但由于个体的差异，使得每个人都有自己独特的看法和人生体验。

【生涯练习】

描述你自己

请用下面提供的形容词分别从自我三个层面描述自己。

聪明的、谨慎的、好奇的、大胆的、果断的、坚毅的、宽容的、慷慨的、引人注目的、冲动的、瘦弱的、独立的、孤僻的、懒惰的、乐观的、消极的、有耐心的、强壮的、高大的、自信的、苗条的、敏感的、顽固的、猜忌的、温和的、顺从的、善良的、爱运动的、体贴的、诚实的、大方的、合群的、正义的、友善的……

◇生理我

我是：

◇心理我

我是：

◇社会我

我是：

2. 自我探索的原则 大学生在自我探索中认识自我、评价自我、接受自我的过程中应遵循以下原则：

（1）全面性：自我探索应当全面。自我探索时应对自己进行全面的探索，既要看到自己的优点和特长，又要看到自己的缺点和不足；既要对自我某一方面的特殊素质进行具体探索，又要对其他各个方面的整体素质进行探索；既要考虑到全面的整体因素，又要考虑到其中占主导地位的重点因素。

（2）客观性：自我探索还要掌握客观性的原则。对自己进行观察、分析、评价和探索要以客观事实作为基础和依据，尽量克服个人主观因素的限制和干扰。不客观的自我探索往往有失偏颇，不能正确认识自我。过高的评价往往使自己脱离现实，意识不到自己的条件限制，甚至狂妄自傲，由自信走向自负；过低的自我评价，往往会忽视自我的长处，缺乏自信，过于自卑。过高或过低的自我认知，都不能正确认识自己，对自己的探索都是无益的。

（3）发展性：自我探索时，应当以发展的眼光看待自己。自我探索不但应当对自己的现实素质做出适当、全面、客观的评价，而且应当着眼于未来的发展变化，身处环境的变化，预见性地估计自己将来的发展潜力和前景。

（二）自我探索的意义

首先，通过自我探索可以帮助大学生全面了解自己，进行正确的自我认知，发掘和发挥自我潜能，增强职业竞争力。“回忆你做得最带劲的一件事”的过程，其实就是在自我探索的过程，这个过程有助于正确认识自身的个性特征、现有与潜在的资源优势，树立自信，引导他们对自己的优势与劣势进行对比分析，帮助他们准确评估个人目标与现实之间的差距。

其次，自我探索帮助学生树立正确的职业观。职业观是择业者对职业的认识、态度、观点，是选择职业的指导思想。不同的择业观，影响着择业者形成不同的职业观。只有进行自我探索，才能正确认识自我，才能进一步明确个人适合什么职业，什么是最适合的职业。

再次，自我探索有助于全面提高大学生的综合素质，避免学生学习的盲目性和被动性。自我探索是一个自我分析的互动过程，在探索中学会了解自己，及时发现不足，并加以改进，这个循环的过程是能够促进学生成长成才的，这也正是学生综合素质提高的一个过程。

二、自我探索的途径和方法

（一）内省法

春秋时期，曾子曰：“吾日三省吾身”。古希腊大哲学家苏格拉底更是说道：“未经反省的生活是无价值的生活。”通过对自己的一些成长经历的回顾，比如过去哪些事情让人干起来非常快乐、哪些事情干起来非常痛苦、哪些事情干起来非常带劲、哪些事情干起来比较费劲等，可以通过这些经历发现自己的职业兴趣、能力优势。比如性格具有可塑性，人通过自我反省，可以逐渐培养自己良好的性格，并且扬长避短。除此之外，可以找出存在的差距，明确努力的方向。

从我与己的关系中认识自我，看似容易实则困难。我们大概可以从以下几个“我”中去认识自己。

自己眼中的我。个人实际观察到的客观的我，包括身材、容貌、性别、年龄、性格、气质、能力等。

别人眼中的我。与别人交往时，由别人对你的态度、情感反应而觉知的我。不同关系的人对自己的反应和评价不同，这时的自我是个人从多数人对自己的反应中归纳出的统觉。

自己心中的我，也指自己对自己的期许，即理想的我。

我们还可以从“实际的我”，“别人眼中的我”，“别人心中的我”等多个“我”来全面认识自己。对于现代大学生而言，虽然有多个“我”可供认识自己，但是随着现代社会的急剧变迁，尤其是受到多元价值观的影响，使得部分大学生自我探索难以客观、全面，因此，要选取恰当的“我”进行评价，以便更好地认识自我。

【生涯练习】

自　画　像

请你利用 3 分钟时间为自己画一个自画像，把自己化成一个与自己相像的动物，不用任何文字描述，纯手画。完成后，请你讲述自己的自画像，与大家一起分享。

（二）实践表现法

很多人存在着这样的思维模式：“这事我不感兴趣”，“我不适合做这件事”等诸如此类标签思维。还没有尝试怎么就知道自己不感兴趣、不适合呢?

因此，在日常生活中，大学生应积极参加各种社团及社会实践活动，通过参与实践活动，总结分析自己体验感知，从这些实践活动中了解、探索自己的价值观、兴趣、性格及人际关系处理能力，分析自己获得的可迁移能力，从而达到认识自我的目的。大学生要把自己作为认知对象，积极参与活动，经常观察自己，剖析自己，明确自己的优缺点，喜好，充分地发挥自己的优势。

（三）成就分析法

成就分析法。自我的各个方面都是在具体时间中表现和反映出来的，通过对自己在学习、文学、艺术、体育、社会工作、人际交往等方面的能力和成效加以自我认识，可以获得关于自己的能力、意志、兴趣、价值等多方面的信息。对善于总结和反思的人来说，将某些活动中获取成功的经验应用到类似活动中，会达到事半功倍的效果。因此大学生应善于从成功经验中获得自我意识，但要细加分析和甄别。

（四）社会比较法

社会比较法主要是运用各种手段对个人的兴趣、爱好、价值观、能力等方面进行横向和纵向的比较。纵向比较是个人对自己成长的经历进行比较，从而进行自我探索；横向比较主要是与自身条件相符的人进行比较，在与他人进行比较时，需要考虑以下问题：

第一，跟别人比较的是行动前的条件，还是行为后的结果？比如来自农村的大学生进入大学学习，不应该认为自己来自农村，条件不如别人，并因此影响到学习、心态和情绪，而要与其他同学比大学学习期间的学习成绩及毕业后的工作成绩才有意义。

第二，跟别人比较是依据相对标准还是绝对标准？是可变的标准还是不可变的标准？经常有大学生认为自己不如他人。其实他们关注的可能是外貌、家世等不能改变的条件，这些都没有实际比较的意义。

第三，比较的对象是什么人？是与自己条件相类似的人，还是个人心目中的偶像或不如自己的人？所以确立合理的参照系和立足点对自我探索尤为重要。在比较的时候，对象的选择至关重要，找不如自己的人做比较，或者拿自己的缺陷与别人的优点比，都会失之偏颇。因此，要根据自己的实际情况，选择条件相当的人做比较，找出自己在群体中的合适位置，这样认识自己，才比较客观。

（五）他人评价法

都说旁观者清，在工作和生活中，与我们长期相处的人也是相对了解自己的人。因此，他们的反馈意见可以更客观直接地认识你自己。当然，以他人为镜认知、评价自己，并不是指别人对自己的某一次评价，而主要是指从对自己有影响的、关系较为密切的周围人的一系列评价中概括出来的某些经常的、稳固的认知与评价，这才是自我认知的基础。因此，大学生在学习和择业时，要虚心听取父母、老师、朋友、同学对自己的看法，了解他们对自己长处和不足的评价，征求他们对自己择业的意见，对于正确认识自己，正确选择职业是很有帮助的。尤其是要善于听取反面意见和批评意见，才能更全面地了解自己。当然，对别人的评价，也要全面了解，正确分析。在获得很多反馈时，关键在于懂得甄别，对于某些与其他反馈极“左”的意见，更要花时间去了解和辨别，因为这个反馈所强调的，很可能正是一条自己忽略而且一般人也忽略了的重要信息。

（六）心理测评法

心理测评法是职业测评通过心理测验在职业心理测评上的具体运用的方法。凡是经过测验编制程序完成标准化用以测量心理特征的工具均称心理测验法。心理测评法的基本原理是，通过一个人对问题情境的反应来推论他的心理特征，也就是从个体的外在行为模式来推知其内在心理特征。因而，心理测验是间接地而不是直接地测量人的心理特征。通过心理测评法可以深入地分析和评价自己不知道且别人也不知道的一面，即潜在我。

但必须注意：测评的结果受多方面因素影响的，比如测试者的测试动机、测试环境、测试时的状态等等。当测评结果与当时的自我认知出现较大的偏差的时候，建议请心理测量领域的专家或职业咨询顾问来帮助解读测试结果，或者自己通过自我反省法，成就回顾法对测评结果进行求证和澄清。

为了最大限度地发挥心理测验法的效用，首先，应该选用一个权威性比较高的心理测试工具；其次，在做测验的过程中，一定要按照自己的真实想法填答，避免主观情绪；最后，要选择一个没有外界干扰的安静环境。

（七）橱窗分析法

橱窗分析法是一种借助直角坐标系统象限来表示人的不同部分的分析方法，它以别人知道或者不知道为横坐标，以自己自知道或不知道为纵坐标。在橱窗内分四个部分：公开我、隐私我、潜在我、脊背我。

四个象限的涵义：

公开我：指的是自己和别人都了解的部分。公开我属于个人展现在外无所隐藏的部分，例如长相、身高、体重、性别等。对初次交往的朋友而言，这个区域就可能很小；对于自己的父母，这个区域可能变得很大，这个区域的大小视对方对你所了解的多寡而定。

隐私我：指的是自己很清楚而别人不了解的部分。隐私我属于个人内在、私密、不愿被外人发现的部分。例如很多童年往事、辛酸痛苦经历、隐疾、心中的某些不快等，可能都不愿让别人知道，因为暴露这个部分可能使自己受到伤害或鄙视，唯有当我们很信任对方不会出卖、伤害自己的时候，才会开放自己的隐藏区。所以，这个区域的大小视个人对他人的信任程度而定，越信任的人，我们的隐藏区就愈小。

潜在我：指的是自己和别人都不知道的部分。这个区域有多大是个未知数，经过自己的省思或特殊的际遇，我们可能会突然间有所顿悟，发现自己的潜能或潜藏的一些特质，有些部分需要通过心理咨询、测验工具来开发，有些部分可能永远都不会察觉。

脊背我：指的是自己不知道而别人却知道的部分。脊背我犹如一个人的背部，自己看不到，别人却看得很清楚。也就是所谓的个人盲点，通常是我们不自觉的怪癖、习惯等，比如每个人可能都有一些口头禅、习惯动作或有一些特定的做事方法，而这是自己平时不自觉体现的，除非别人告知。有自知之明、常常自我反省的人，这个区域比较小。虚心接受师长与亲友指点是缩小盲目区的有效捷径。

公开我和隐私我都属于个人自己知道的部分，因此这两部分并不是认识自我的重点，在职业生涯规划中，脊背我和潜在我则属于自我探索的重点部分。“脊背我”是准确对自己进行评价的重要方面，而“潜在我”是影响一个人未来发展的重要因素。通过橱窗分析法，可以尽量减少“潜在我”和“脊背我”在职业自我所占的比例，扩大“隐私我”、“公开我”在职业自我中所占比例（图 4-1）。

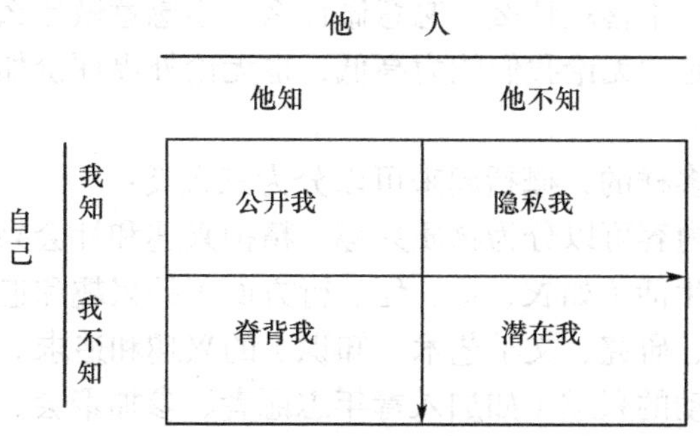

图 4-1　橱窗分析法

我们可以应用以上方法中的一种，或者综合应用多种方法都可以认识自己。但是在认识自我的过程中，个人容易受到来自外界信息的暗示，形成一个过于笼统的自我概念，从而出现自我认识的偏差，不能正确认识自己。在认识自我的过程中，不要过度注意自己的缺点，或者将自己的特质和表现与一些没有经过成熟思考的标准相比较。这种不成熟的比较往往会造成负面的影响，会让自己觉得不如别人，从而损害自尊心。因此，要时常告诫自己：要全面、客观地认识自己，注意甄别信息，不要陷入自我认知的陷阱，在获取有用信息的同时，避免不必要的自我贬低。

第二节　自我探索的内容

一、兴 趣 探 索

（一）兴趣概述

美国芝加哥大学心理学教授米哈利（Mihaly Csikszentmihalyi）花了 30 多年的时间对几百位各行各业的人进行了访谈，研究是什么东西真正令人们感到幸福和满足。他发现，和人们通常想象的不同，不是在很放松、什么事也不做（比如看电视）的时候，而是当人们专心致志地从事某种活动、甚至忘我地完全沉浸在这种活动中的时候，他们感到最为愉快和满足。对不同的人而言，幸福和满足可能是跳舞，可能是演奏乐器、绘画，也可能是阅读、写作或即兴演讲，等等。

米哈利的这一发现说明：人们的满足感、幸福感往往来源于从事某种活动，而不是无所事事或单纯的享乐游玩。他一直强调要做自己喜爱的事情，才能获得快乐。而这，也正是工作原本的意义所在。对大多数人而言，工作占据的是他们一生之中、一天之中最好的时光。

诺贝尔物理奖的华人丁肇中也说过："兴趣比天才重要"。实践证明：在影响个人职业生涯规划与发展的众多主观因素中，兴趣就像一双无形的手，所起的作用最大。那么，什么是兴趣?

兴趣是人们非常熟悉的概念，生活中一直流传着"爱一行、干一行"的老话，说的就是兴趣对于职业的重要作用。在心理学中，兴趣是人们力求认识、掌握某种事物，并经常参与该种活动的心理倾向；或者说，是人们积极探究某种事物的认识倾向。通俗来讲，兴趣是"一个人喜欢什么，不喜欢什么；愿意做什么，不愿意做什么。它是我们内心动力和快乐的来源。"或兴趣是"无论我们能力高低，也无论外界评价如何，我们依然乐此不疲的事情。"

我们的兴趣是多种多样的，概括起来可以分为三大类：

第一，按照兴趣的内容可以分为物质兴趣、精神兴趣和社会兴趣。物质兴趣主要是指人们对某些物质和物质生活（如衣、食、住、行方面）的兴趣和追求，精神兴趣主要指人们对精神生活（如学习、研究、文学艺术、知识）的兴趣和追求。社会兴趣主要是指对社会工作、人际交往等活动的兴趣（如加入青年志愿者、参加聚会、帮助孤寡老人）。同种职业可以满足人们不同种类的兴趣需求，但是不同职业在这三个方面有不同的倾向。比如，兴趣中以物质兴趣为主的人，适合从事经济效益较好的工作，在这类职业中，个体能够获得更大的满足。

第二，按照兴趣的性质，兴趣可以分为直接兴趣和间接兴趣。直接兴趣是指对活动过程本身的兴趣，间接兴趣主要指对活动所能产生的结果的兴趣。比如，有人喜欢跳舞，沉醉于舞蹈的过程中，这是直接兴趣；还有人也经常跳舞，但是她是为了塑造身材、强身健体，甚至为了结交朋友、扩大社交圈，这是间接兴趣。很多人从事某种职业是出于间接兴趣，就有必要在工作中培养直接兴趣，直接兴趣和间接兴趣两者结合才能真正推动人们长期、高效地从事某种工作。

第三，按照兴趣的深度和发展阶段，可以分为“有趣—乐趣—志趣”三个层次。有趣是兴趣过程的第一阶段，也是兴趣发展的低级水平，是人们经过短暂接触后，出于新鲜感和趣味性对某些事物的兴趣倾向。例如，很多年轻人的兴趣爱好总是层出不穷，今天喜欢电影、动漫，明天喜欢摇滚、街舞，时而“哈日”，时而“哈韩”，这种兴趣是短暂的，往往一瞬即逝，易起易落。第二阶段为乐趣，乐趣又称为爱好。它是在有趣的基础上定向发展形成的，是兴趣发展的中级水平。在这一阶段或水平上，人们的兴趣会向专一的、深入的方向发展。如果一个人对动漫有乐趣，他不但会经常欣赏动漫作品，关心动漫相关的信息咨询，还会亲自学习一些制作动漫的技术，与志同道合的人经常沟通交流。第三阶段为志趣。当人的乐趣与人的社会责任感、理想、奋斗目标结合起来时，便由乐趣转为志趣，它是兴趣发展的高级水平。志趣具有社会性、自觉性和方向性的特点。稳定的志趣经常与人的职业选择相结合，如果对动漫有乐趣的同学进一步发展到要一生从事动漫事业，希望将来可以成为一名动漫设计师，并且通过与动漫行业的接触印证了自己的想法，那么，动漫就成了一种志趣。

兴趣是在一定需要基础上，在社会实践中形成的，兴趣实际上是个人需要的延伸。关于需要的理论，心理学家也有许多论述，其中较为著名的是美国心理学家马斯洛的需要层次理论，他把人的需要分成生理需要、安全需要、社会需要、尊重需要和自我实现需要五个层次，并广泛地流传开来。

（二）兴趣测验

1. 兴趣岛的游戏 假设你正乘船在海上旅行，突然遇上了大风暴，你必须立刻逃到一个小岛上去，接下来你将会看到 6 个岛屿，你可以根据提示选择你想去的岛屿，但是你必须要在岛上居住并工作、生活，住满一年才能获救，那么这一年的时间你最愿意住在哪个岛上呢？你有 120 秒的时间来看每一个小岛的介绍并作出选择，准备好了就点击“开始”吧，注意了，120 秒后还没有选择船就要沉了。

1 号岛屿：自然原始的岛。该岛保留有热带的原始植物，自然生态保持得很好，也有相当规模的动物园、植物园、水族馆。岛上居民以手工见长，自己种植花果蔬菜、修缮房屋、打造器物、制作工具。

2 号岛屿：深思冥想的岛。有多处天文馆、科技博览馆及图书馆。居民喜好观察、学习，崇尚和追求真理，常有机会和来自各地的科学家交换心得。

3 号岛屿：美丽浪漫的岛。岛上充满了美术馆、音乐厅，弥漫着浓厚的艺术文化气息。同时，当地的原住民还保留了传统的舞蹈、音乐与绘画，许多文艺界的朋友都喜欢来这里找寻灵感。

4 号岛屿：友善亲切的岛。居民个性温和、友善、乐于助人，人们重视互助合作，重视教育，关怀他人，充满人文气息。

5 号岛屿：显赫富庶的岛。居民善于企业经营和贸易，能言善道。经济高度发展，处处是高级饭店、俱乐部、高尔夫球场。来往者多是企业家、经理人、政治家、律师等。

6 号岛屿：现代、井然的岛屿。岛上建筑十分现代化，是进步的都市形态，以完善的户政管理、地政管理、金融管理见长。岛民个性冷静保守，处事有条不紊，善于组织规划。

你最想居住的岛屿是哪个呢？

然后，在剩下的 5 个岛屿中你最想去的是哪个呢？

最后，在剩下的 4 个岛屿中你最想去的是哪个呢？

依次写下来：

1. ______ 2. ______ 3. ______

按自己的第一选择的岛屿分组就座。

同一岛屿的人交流一下：自己为什么选择这个岛屿，看看大家有什么共同的兴趣爱好，归纳为关键词把他们写下来，并给自己的岛屿命名和描画出你们心目中这个岛屿的蓝图（10 分钟）。

每个小组请一位同学（“岛主”）用 2 分钟时间展示自己小组的组名并在全班介绍自己小组成员的共同特点。

2. 兴趣岛对应的六种人格类型 其实这六个岛对应的是六种兴趣类型，如表 4-1 所示，这个游戏源自于美国著名职业指导专家约翰·霍兰德（John Holland）提出的职业兴趣理论（具体的理论假说可参考本书第二章第一节中介绍的霍兰德的人格类型理论）。

表 4-1 兴趣岛类型列表

1 号岛	现实型——R	realistic
2 号岛	研究型——I	investigative
3 号岛	艺术型——A	artistic
4 号岛	社会型——S	social
5 号岛	企业型——E	enterprising
6 号岛	常规型——C	conventional

霍兰德认为人的人格类型、兴趣与职业密切相关，兴趣是人们活动的巨大动力，凡是具有职业兴趣的职业，都可以提高人们的积极性，促使人们积极地、愉快地从事该职业，并且职业兴趣与人格之间存在很高的相关性。霍兰德认为人格可分为现实型、研究型、艺术型、社会型、企业型和常规型六种类型。

现实型（realistic）：偏好与物体打交道；喜欢摆弄和操作工具、机械、电子设备等具体有形的实物；不喜欢和人打交道；喜欢选择机械、电机、制造等领域的职业。

研究型（investigative）：喜欢用头脑依自己的方法来解决问题并追根问底；喜欢提出新的想法和策略，但对实际解决问题的细节较无兴趣；多喜欢研究型的工作；多喜欢从事数理、生化等领域的研究工作。

艺术型（artistic）：喜欢用文字、音乐、色彩等不同的形式来表达情绪或美的感受；喜欢创造，不喜欢受束缚；喜欢从事音乐、写作、戏剧、绘画、设计等领域的工作。

社会型（social）：关心自己和别人的感受；喜欢倾听和了解别人，愿意付出时间和精力去解决别人的冲突，并帮助他人成长；喜欢从事教育、咨询、慈善福利等领域的工作。

企业型（enterprising）：多希望拥有权力去改善不合理的事情，善用说服力和组织能力；希望自己的表现被他人肯定；喜欢从事管理、行政等领域的工作。

常规型（conventional）：做事规矩而精确，喜欢按部就班、精打细算；不喜欢改变或创新，也不喜欢冒险或领导；多喜欢从事文书事务、金融、统计等领域的工作。

3. RIASEC 环境类型说 所有职业或工作环境也可划分为相应的六大基本类型，其名称及性质与人格类型的分类一致：社会型、企业型、现实型、常规型、研究型、艺术型。任何一种职业大体都可以归属于六种类型中的一种或几种类型的组合。

4. 兴趣类型与职业类型匹配表　霍兰德认为职业生涯的最佳状况就是自己的兴趣类型和所处的职业环境类型相互匹配，如表 4-2 所示。他主张个人人格特质中占主导地位的类型可以为个人在选择职业和工作环境时提供方向。

表 4-2　兴趣类型与职业匹配表

类型	喜欢的活动	重视	职业环境要求	典型职业
现实型 R（realistic）	用手、工具、机器制造或修理东西。愿意从事实物性的工作、体力活动，喜欢户外活动或操作机器，而不喜欢在办公室工作	具体实际的事物，诚实，有常识	使用手工或机械技能对物体、工具、机器、动物等进行操作，与“事物”工作的能力比与“人”打交道的能力更为重要	园艺师、木匠、汽车修理工、工程师、军官、外科医生、足球教练员
研究型 I（investigative）	喜欢探索和理解事物，学习研究那些需要分析、思考的抽象问题，喜欢阅读和讨论有关科学性的论题，喜欢独立工作，对未知问题的挑战充满兴趣	知识，学习，成就，独立	分析研究问题、运用复杂和抽象的思考创造性地解决问题的能力，谨慎缜密，能运用智慧独立地工作，一定的写作能力	实验室工作人员、生物学家、化学家、心理学家、工程设计师、大学教授
艺术型 A（artistic）	喜欢自我表达，喜欢文学、音乐、艺术和表演等具有创造性、变化性的工作，重视作品的原创性和创意	有创意的想法，自我表达，自由，美	创造力，对情感的表现能力，以非传统的方式来表现自己；相当自由、开放	作家、编辑、音乐家、摄影师、厨师、漫画家、导演、室内装潢设计师
社会型 S（social）	喜欢与人合作，热情关心他人的幸福，愿意帮助别人成长或解决困难、为他人提供服务	服务社会与他人，公正，理解，平等，理想	人际交往能力，教导、医治、帮助他人等方面的技能，对他人表现出精神上的关爱，愿意担负社会责任	教师、社会工作者、牧师、心理咨询师、护士
企业型 E（enterprising）	喜欢领导和支配别人，通过领导、劝说他人或推销自己的观念、产品而达到个人或组织的目标，希望成就一番事业	经济和社会地位上的成功，忠诚，冒险精神，责任	说服他人或支配他人的能力，敢于承担风险，目标导向	律师、政治运动领袖、营销商、市场部经理、电视制片人、保险代理
常规型 C（conventional）	喜欢固定的、有秩序的工作或活动，希望确切地知道工作的要求和标准，愿意在一个大的机构中处于从属地位，对文字、数据和事物进行细致有序的系统处理以达到特定的标准	准确、有条理、节俭、盈利	文书技巧，组织能力，听取并遵从指示的能力，能够按时完成工作并达到严格的标准，有组织有计划	文字编辑、会计师、银行家、簿记员、办事员、税务员和计算机操作员

【生涯练习】

基于霍兰德理论的兴趣小测验

（1）我的白日梦：请列举出三种你非常感兴趣的职业（摒除所有现实的考虑）。这些工作中的哪些特征吸引着你？

（2）请回忆三个从事某件事情时令你感到快乐的经历。是什么令你感到如此快乐？

（3）从小到大你担任过哪些职务？你喜欢的是哪些？不喜欢哪些？请具体说明为什么？

（4）你最崇拜（敬佩）的人是谁？他对你产生了哪些影响？

（5）你最喜欢看哪种杂志或者书籍？这些杂志或书中的哪些部分吸引着你？

（6）除了单纯的娱乐放松以外，你最喜欢看哪几类电视节目？节目什么吸引着你？

（7）你喜欢浏览哪类网站？你喜欢看网站的哪部分内容？它们属于哪个专业？

（8）休闲的时候，如果只是出于兴趣的考虑，你最想做什么或学什么？这里面又是什么吸引着你？

（9）你最喜欢的科目是什么？为什么喜欢它们？

（10）在你的生活中，有什么事情让你全神贯注而忘了时间？

你的答案里有什么共同点吗？是否可以归纳为什么主题或者关键词？这些可能与霍兰德哪些类型相对应？

（三）兴趣和职业发展的关系

职业兴趣，就是一个人对某种专业或职业活动的喜爱程度。或是说是一个人选择职业时，充分考虑到自己的兴趣因素，选择了与个人兴趣相关的职业。职业兴趣对职业发展的影响主要表现在以下四个方面。

第一，兴趣是职业生涯选择的重要依据。兴趣是最好的老师，是一种强大的精神力量。兴趣可以使人集中精力去获得你所喜欢的职业知识，启迪智慧并创造性地开展工作。当一个人对某种职业发生兴趣时，他就能发挥整个身心的积极性；就能积极的感知和关注该职业知识、动态，并且积极思考，大胆探索；就能情绪高涨、想象丰富；就能增强记忆效果，增强克服困难的意志。反之，“强按牛头不喝水”，是不会取得良好效果的，当然也就很难在该职业上发挥个人的优势、做出巨大贡献了。正像我们在日常生活中喜欢从事自己感兴趣的活动一样，具有一定兴趣类型的我们更倾向于寻找与此有关的职业，特别是在外界环境限制较小时，我们更倾向于选择自己感兴趣的职业。

第二，兴趣可以提高工作效率，充分发挥个人才能。个人对某一方面的工作有兴趣时，枯燥的工作会变得丰富多彩、趣味无穷。兴趣使工作不再是一种负担，而是一种享受。因为兴趣可以调动人的全部精力，以敏锐的观察力、高度的注意力、深刻的思维和丰富的想象力投入工作，促进我们能力的发挥，兴趣和能力的合理结合会大大提高工作效率。曾有人进行过研究：如果一个人从事自己感兴趣的职业，则能发挥全部才能的 80%～90%，而且长时间保持高效率而不感到疲劳；而对所从事工作没有兴趣，只能发挥全部才能的 20%～30%。

第三，兴趣可以提升职业力。兴趣是一种强大的精神力量，它可以使人集中精力去获得知识，并创造性地开展工作。举凡古今中外著名的科学家、艺术家、文艺家，他们之所以能对人类做出贡献，莫不是由于他们的创造兴趣和他们对事业的责任感相结合，而凝成的一股强大力量，推动他们不懈地努力而取得职业生涯的成功。

第四，兴趣是保证职业稳定、职场成功的重要因素。香港著名实业家李嘉诚说过：“对创业者自身成就事业至关重要的是培养自己对所从事职业的浓厚兴趣。”对某一职业有浓厚的兴趣，是智力开发的“孵化器”。如果对某个领域充满激情，我们就有可能在该领域中发挥自己所有的潜力，学习就成为一种享受。兴趣是工作动力的主要源泉之一，在其他条件相似的情况下，从事自己感兴趣的职业不但让我们感到满意，而且能够让自己的工作单位感到满意，并由此导致工作的长期性和稳定性。此外，多方面的兴趣可以使人善于应付多变的环境。如需变换工作，只要自己感兴趣，就能够很快地学会这门工作，求职成功，并能够在新的岗位很快地熟悉和适应新的工作。因此，兴趣是职场成功的一个重要因素，它能将我们的潜能最大限度地调动起来，使我们长期专注于某一方向，做出艰苦的努力，取得令人瞩目的成绩。英国著名女人类学家古道尔从小喜欢生物。她中学毕业后，对黑猩猩的强烈兴趣，使她不畏艰险，只身进入热带森林与黑猩猩一起“生活”了 10 年之久，并获得了极宝贵的第一手资料，为揭开黑猩猩的秘密做出了贡献。爱迪生几乎每天都在实验室里辛苦工作十几小时，在那里吃饭、睡觉，但丝毫不以为苦，“我一生中从未间断过一天工作”。他宣称：“我每天其乐无穷”。难怪他会成功。

二、能力探索

（一）能力概述

心理学家罗圭斯特与戴维斯提出了明尼苏达工作适应论：当工作环境能够满足个人的需求时，个人会感到“内在满意”；而当个人能够满足工作的要求时，个人能够达到“外在满意”（即令自己的雇主、同事感到满意）。当个人能够同时达到内在和外在满意时，个人与环境之间的关系就比较协调，个人的工作满意度会比较高，在该工作领域也能持久发展。

能力是人们成功地完成某种活动所必备的个性心理特征。是直接影响活动效率，使活动得以顺利进行的心理特征。

能力总是与活动密切相连的。一方面，个人的能力总是在活动中形成和发展起来，也在活动中得到表现。如学生的口头表达能力和组织能力，总是在言语交流与群体活动中锻炼出来和表现出来。另一方面，从事任何活动，都必须以一定的能力为条件。例如，教师要想很好地完成教学任务，除了要有明确的立场、观点和专业知识之外，还需要有驾驭教材的能力与较好的口头语言表达能力等。

但是，人在活动中表现出来的心理特征并不都是能力。如人在活动中的镇定安详与焦躁不安、谦虚与骄傲等，虽然都是心理特征，也对人的活动有一定的影响，但它们不是成功地完成某种活动所必备的因素，也不会直接影响活动的效率，因而不能称之为能力。只有那些从事某种活动所必须的，缺了它们就不能顺利地、成功地完成活动的心理特征，才属于能力的范畴。

（二）能力的分类

1. 能力的一般分类　按能力的倾向性不同，可以把能力分为一般能力和特殊能力。一般能力是指人们从事各种活动所必需的最基本的能力，包括人的观察力、注意力、记忆力、思维力与想象力等，它是有效地掌握知识和顺利完成活动所必不可缺少的心理条件。特殊能力是指从事某种专业活动所必须具备的能力。如教学能力、绘画能力、飞行能力等。

人要顺利地完成一项活动，既要有一般能力的参与，也必须依赖特殊的能力。一般能力与特殊能力在发展中又是相互促进的，特殊能力是建立在一般能力的基础上，因而一般能力的发展就为特殊能力的发展提供了良好的条件。而一般能力又包含在特殊能力之中，因此，在不同活动中发展相应的特殊能力的同时，也就发展人的一般能力。

按能力参与活动性质的不同，把能力分为模仿能力和创造能力。模仿能力是指人们通过观察别人的行为、活动来学习各种知识，然后以相同的方式做出反应的能力。创造能力是指产生新的思想和新的产品的能力。

模仿只是按现成的方式解决问题，而创造能提供解决问题的新方式与新途径。动物会模仿但不会创造，人的模仿力和创造力有明显的个别差异。人们常常是先模仿再进行创造。在这一意义上，模仿也可以说是创造的前提和基础，创造能力中也含有模仿能力的成分。

能力也可分为流体智力和晶体智力。流体智力是指在信息加工和问题解决过程中所表现的能力，如对关系的认识，类比、演绎推理形成抽象概念的能力等。较少地依赖于文化和知识的内容而决定于个人的禀赋。晶体智力是指获得语言、数学知识的能力，它决定于后天的学习，与社会文化密切有关，晶体智力一生都在发展，到 25 岁以后，发展的速度渐趋平缓。晶体能力在一定程度上依赖于流体能力。

能力还可分为认知能力、操作能力和社交能力。认知能力是指个体接收、加工、储存和提取信息的能力，是个体得以顺利完成各项活动任务的最重要的心理条件。对客观事物的知觉、记忆、注意、思维和想象的能力即是认知能力。操作能力是指人们操作、制作和运用工具解决问题的能力。劳动能力、艺术表现能力、体育运动能力和实验操作能力等都是操作能力。操作能力与认知能力不能截然分开，不通过认知能力积累一定的知识经验，就不会有操作能力的形成和发展，反之，操作能力不发展，人的认知能力就不可能得到很好的发展。社交能力是在人们的社会交往活动中表现出来的能力，如组织管理能力、言语感染力、判别决策的能力等。

认知能力、操作能力和社交能力紧密联系，不能绝对地分开，它们共同发挥作用，为各项活动的顺利完成提供基础与条件。

2. 能力、能力倾向、智力、才能、技能辨析 能力倾向，又叫性向（aptitude），是指经过适当训练或被置于适当的环境下完成某项任务的可能性，也就是说，能力倾向是指一个人能学会做什么，以及一个人获得新的知识和技能的潜力如何，而不是当时就已经具备的现实条件。

智力（Intelligence）是指生物一般性的精神能力。指人认识、理解客观事物并运用知识、经验等解决问题的能力，包括记忆、观察、想象、思考、判断等。这个能力包括以下几点：理解、判断、解决问题，抽象思维，表达意念以及语言和学习的能力。当考虑到动物智力时，“智力”的定义也可以概括为：通过改变自身、改变环境或找到一个新的环境去有效地适应环境的能力。智力也叫智能，是人们认识客观事物并运用知识解决实际问题的能力。智力包括多个方面，如观察力、记忆力、想象力、分析判断能力、思维能力、应变能力等。智力的高低通常用智力商数来表示，是用以标示智力发展水平。

实际上，要想顺利完成某种活动，单靠某一种能力是不够的，需要多种能力结合为一个系统。这种在完成某种活动中，各种能力的独特结合称为才能。例如，完成教学活动需要有言语表达能力，教材的组织能力，逻辑的思维力，敏锐的观察力，注意的分配力等，这些能力在教学中独特的结合就形成了教学的才能。高度发展的多种能力，在活动中最完备的结合，就称为天才。

技能是在练习的基础上形成的按某种规则或操作程序顺利完成某种智慧任务或身体协调任务的能力。技能的本质是程序性知识。

3. 技能的分类 技能是经过后天学习和练习培养而形成的能力，如阅读能力、人际交往能力、表达能力等。在个人成长的过程中，从什么也不会做的小婴儿到一个自理生活、能够看、听、说、行走、阅读、写字的普通成年人，其实我们每个人都已经学会了无数的技能。对个人技能的认识，建立在对技能分类的了解上。辛迪·梵和理查德·鲍尔斯（Sidney Fine & Richard Bolles）将技能分为三种类型：①知识技能；②自我管理技能；③可迁移技能（或称通用技能）。

（1）专业知识技能：就是我们所掌握的知识，需要经过有意识的、专门的学习和记忆。它常常与我们的专业学习或工作内容直接相关。它的重要性常常被求职者夸大，一般用名词来表示。

【生涯练习】

我的专业知识技能

对下面的经历进行分析，尽可能全面地列出你所掌握的知识技能，再从中分别挑选出你自己感觉比较精通的和你在工作中应用或希望应用的知识技能，最后排列出对你来说最重要的五项知识技能：

在学校课程中学到的：如英语、地理等；

在工作（包括兼职和暑期工作）中学到的：如电脑制图等；

从课外培训、辅导班、研讨班学到的；如绘画等；

从专业会议中学到的：如心理学在现代生活中的应用等；

从志愿者工作中学到的：如小动物饲养等；

从爱好、娱乐休闲、社团活动、家庭职责中学到的：如摄影、缝纫；

通过阅读、看电视、听磁带、请家教等方式学到的：如钢琴演奏、PPT 制作等。

在盘点了自己现有的知识技能以后，把你的思绪转向未来，想想有哪些知识技能你目前还不具备、但希望自己拥有。可以通过一些什么样的途径来获得这些知识。

我尚不具备但希望拥有的知识技能：

（2）自我管理技能：就是你所具有的特征和品质，可以用来帮助一个人更好地适应环境，是个人最有价值的“资产”，也是影响职业生涯成功与否的关键。自我管理技能一般用形容词或副词来表示。

【生涯练习】

我愿意与……样的人共事

请列出你愿意与之共事的人的特质。

思考：我是这样的人吗？符合大家所描述的理想同事吗？我的个性特征会怎样影响到我的生涯发展？

【生涯练习】

他人眼中的我

通过他人对自己的反馈了解自己是一个很好的方式。向你身边的亲朋好友询问一下：如果让他们用三到五个词来形容一下你，他们会说什么？你可以通过面谈、打电话、发短信或电子邮件等多种方式来完成这个练习。请询问至少10个以上的人。

得到他人的反馈以后，看一看他们对你的描述中，有哪些能是你知道的，有哪些是你以前没有想到过的。他们所说的符合你对自己的评价吗？哪些方面是你的长处？哪些地方你需要改进？

通过这个练习，你对自己有什么新的认识？

自我管理技能词汇表：见表4-3。

表4-3　自我管理技能词汇表

诚实	正直	自信	开朗	合作	耐心	细致	慎重	认真	负责	可靠	灵活	幽默
友好	真诚	热情	投入	高效	冷静	严谨	踏实	积极	主动	豪爽	勇敢	忠诚
直爽	现实	执著	机灵	感性	善良	大度	坚强	随和	聪明	稳重	热情	乐观
朴实	渊博	机智	敏捷	活泼	灵活	敏锐	公正	宽容	勤奋	镇定	坦率	慷慨
清晰	明智	坚定	乐观	亲切	好奇	果断	独立	成熟	谦虚	理性	周详	客观
平和	有创意	有激情	有远见	有抱负	有条理	想象力丰富	善于观察	吃苦耐劳				
坚忍不拔	足智多谋	精力旺盛	头脑开放	多才多艺	彬彬有礼	善解人意						

（3）可迁移技能：就是你所能做的事，也称为通用技能。通用技能可以在生活的方方面面，特别是工作之外得到发展。它是用人单位最看重的部分，一般用动词来表示。

据“美国大学与雇主协会”在2002年的调查，美国雇主们最为重视的技能和个人品质按顺序排列如下：

1）沟通能力。

2）积极主动性。

3）团队合作精神。

4）领导能力。

5）学习成绩。

6）人际交往能力。

7）灵活性/适应能力。

8）专业技术。

9）诚实正直。

10）工作道德。

11）分析和解决问题的能力。

4. 能力倾向的测量

（1）一般能力倾向成套测验（general aptitude test battery，GATB）：GATB 最初由美国劳工部自 1934 年起花了多年时间研究制订，专为国家就业服务机构的顾问们使用，可用来为中学生的专业定向和成功谋职提供帮助。这套测验因对各国有影响而出名。目前全套测验包括 12 个分测验，总共可得到 9 个因素的分数，这 9 个因素是：

G．一般学习能力（智力）：把测量 V、N、X 因素的三个测验（词汇、类比推理、三维空间）的分数相加得到；

V．言语能力倾向：由要求被试指出每一组词中哪两个词意义相同或相反的词汇测验来测量；

N．数字能力倾向：由计算和算术推理两个测验测量；

S．空间能力倾向：由三维空间测验来测量，包括理解三维物体的二维表示及想象三维运动的结果；

P．形状知觉：由两个测验测量，一个是匹配画有同样工具的图画，另一个是匹配同样的几何形状；

Q．文书知觉：与 P 类似，但要求匹配名称，而不是匹配图画或形状；

K．运动协调：由一个简单的纸笔测验测量，要求被试在一系列方格中用铅笔作出特定的记号；

F．手指灵巧：由装配和拆卸铆钉与垫圈的两个测验来测量；

M．手的敏捷：由在一个木板上传递和翻转木桩的两个测验来测量。

测量 F 和 M 的 4 个分测验需要简单的用具，其他几个都是纸笔测验，前面 7 个测验有替换的复本，整套测验组的施测大约需两个小时。

GATB 的 9 个因素的得分被转换成平均值为 100、标准差为 20 的标准分数。常模是依据 4 000 个个案所构成的样本建立的，该样本无论在年龄、性别、教育程度、行业、地理分布上均代表了 40 年代全美国的劳工母群。依据对不同职业的工作人员、应征者、受训人员的施测所得的分数形态，可以得到各行各业中关键的性向种类以及最起码的标准分数数值。

美国就业服务中心（USES）将某特定职业所需的性向及其适当的分界分数组合起来，称为特殊性向测验组 SATB。当然 SATB 要经过工作分析，选择合适的效标资料（生产记录、主管的评定、训练表现等），并将 GATB 的 12 个分测验予以施测。关键性向的选择是根据这些性向与效标的相关、每个性向的平均值和标准差、工作性质的分析资料而定。例如，某行业从业人员在某特殊性向上平均分显著高于常态样本，则无论其与效标的相关高或低，都作为该行业的特殊性向。

为了便于咨询，GATB 将具有同类性向要求的行业归为有限的几个“工作家族”，每个家族最重要的三个性向有分界分数，因此而得到的职业能力类型（OAPs）到 1977 年为止已有 66 种，涵盖了数千种职业。

经过 USES 及其他公立机构的推动，有关 GATB 的研究资料已累积到相当可观的程度。GATB 总的复本信度和再测信度均在 0.80 ~ 0.90，只有关于运动的几个分测验的信度略低。GATB 的手册中提供了关于 SATB 和 OAPS 效度的大量资料，但大部分的研究只使用同时效度程序。大部分 SATB 的合成效度在 0.40 左右。

GATB 的每个分测验都非常讲究速度，而且它所包含的性向有限，没有测量机械理解能力和良好的推理能力的测验，并且各分测验之间的相关太高。

GATB 的另一值得改进的地方是它完全采用多元分界分数而不使用回归方程式。虽然有可能某些职业需要几项关键技能，并且这些技能的不足无法由其他能力倾向来弥补，但没有任何证据显示所有的职业都需要所有的这些技能。

日本劳动省将 GATB 修订制成了一般职业适应性检查（1969 年修订版），上海戴忠恒等根据日本 1983 年的修订本修订出中国 GATB。

（2）区分能力倾向测验（dfifferential aptitude tests，DAT）：DAT 由本纳特（G.K. Bennett）等人编制，是应用最为广泛的多元性向成套测验。该测验初版于 1947 年，1962 年、1972 年和 1981 年分别修订、再版。整套测验由 8 个分测验组成，提供 9 个分数，即言语推理、数学能力、抽象推理、空间关系、文书速度和准确性、机械推理、拼写、言语应用、言语推理加数学能力。最后一项分数，可作为学业能力的指标。1972 年的修订本包括 S 型和 T 型两个复本。1981 年版包括 V 型和 W 型两个复本。

DAT 测验常模来自 32 个州的 64 所公立和私立学校的 6.1 万名学生。标准化样本的选取是采用分层取样以确保能代表美国初二至高三的学生母群，同时还考虑了社会地位、学校所在行政区及学校的规模。指导手册提供了初二到高三男女学生的百分位数及标准九常模，也可分别根据同性别或男女混合性别常模画出测验分数的剖面图。

台湾的宗亮东及徐正稳曾根据 1966 年版的 M 型修订成中学综合性向测验，北京的谢小庆等人根据 1981 年版的 V 型编制了 BEC 职业能力倾向测验Ⅱ型。

DAT 具有数量惊人的效度资料，包括数千种效度系数，大部分的资料是推测以后学业及职业课程表现的预测效度，有不少系数的值相当高，然而在差异的预测上结果不太理想。至于职业效标，有若干证据显示个别的 DAT 分测验具有预测效度，但资料相当贫乏。一些追踪研究的结果表明：

1）在某一特定的职业领域中，DAT 中有关分测验的得分与工作的成就水平之间有明显的相关，例如，工程师在数字能力、机械推理和空间关系三项分测验中的成绩高，技术专科学校毕业生的这三项成绩较低；

2）读学位的大学生的 DAT 平均分高于那些不读学位的大学生，后者的平均分数又高于不读大学而就业的人；

3）在某些课程上表现突出的大学生，他们相应的 DAT 分测验成绩也较高；

4）大学生的言语运用和词汇分测验的平均成绩高于未读大学的人。

DAT 的 8 个分测验是单独施测、单独记分的，这 8 个分测验是：

言语推理（VR）——测量普通智能，采用文字形式的类比题目；

数字能力（NA）——测量普通智力，采用计算题，不用文字题，以避免受到其他无关能力的干扰；

抽象推理（AR）——测量非言语推理能力，亦属普通智力；

文书速度和准确性（CSA）——测量完成一件简单知觉任务的速度；

机械推理（MR）——测量对表现于熟悉情境中的机械和物理原理的理解力；

空间关系（SR）——测量想象和在心理上操作有形材料的能力；

拼写（SP）——指出拼写正误，测量英文水平；

语言运用（LU）——找出语法或惯用法错误，测量语文水平。

【生涯练习】

发掘你的能力

（一）撰写成就故事

请写下生活中令你有成就感的具体事件然后对其进行分析，看看你在其中使用了哪些能力。

这些“成就事件”不一定是工作或学习上的，也可以是课外活动或家庭生活中发生的，比如同学聚会、一次美好而难忘的旅游，等等。它们不必是惊天动地的大事，只要符合以下两条标准，就可以被视为“成就”：①你喜欢做这件事时体验到的感受；②你为完成它所带来的结果感到自豪。如果同时你还获得了他人的认可和表扬那就更好了，不过这并不重要。

在撰写成就故事时，每一个故事都应当包含以下要素：

· 当时的情境 S（Situation）：你面临的障碍、限制或困难。

· 面临的任务/目标 T（Task/Target）：你想达到的目标，即需要完成的事情。

· 采取的行动/态度 A（Action/Attitude）：你的具体行动步骤，即你是如何一步步克服障碍、达成目标的。

· 取得的结果 R（Results）对结果的描述，即你取得了什么成就。最好能够量化评价（用某种方法衡量或以数据说明）。

至少写出七个故事（越多越好），如果有条件的话，请和两三个同伴一起逐一进行分析讨论，在其中你都使用了一些什么样的技能。最后看看在这些故事中是否有重复出现的能力，它们就是你喜爱施展也擅长的能力。将这些能力按优先次序加以排列。

（二）能力排序

请按照不擅长——不清楚——一般——擅长四个方面进行自评，确定自己的能力排序：见表 4-4。

表 4-4　能力排序表

社会交往能力	指善于进行人与人之间的相互交往、相互联系、相互帮助、相互作用和影响，从而协同工作或建立良好的人际关系。
运动协调能力	指眼、手、脚、身体迅速准确和协调地作出精确的动作和运动反应，手能跟随着眼所看到的东西迅速行动，进行正确控制的能力。
书写能力	对词、印刷物、账目、表格等材料的细微部分具有正确知觉的能力、善于发现错字和正确地校对数字的能力。
察觉细节能力	指对物体或图形的有关细节具有正确的知觉能力，对于图形的明暗、线的宽度和长度作出视觉的区别和比较，看出其细微的差异。
语言能力	指对词及其含义的理解和使用能力，对词、句子、段落、篇章的理解能力，以及善于清楚而正确地表达自己的观念和向别人介绍信息的能力。包括语言文字的理解能力和口头表达能力。不同的职业对人的语言能力要求亦不同。
组织管理能力	指擅长于组织和安排各种活动，以及协调参加活动中人的人际关系的能力。
学习能力	指人们认识、理解客观事物并运用知识、经验等解决问题的能力，又可称为智力。它包括记忆能力、观察能力、注意能力、想象能力、思维能力，特别是逻辑思维能力。学习能力是人们在学习、工作、日常生活中必须具备、广泛使用的能力。职业或作业的水平越高，对人的学习能力的要求亦越高。
空间判断能力	指对立体图形以及平面图形与立体图形之间关系的理解能力，包括能看懂几何图形，对立体图形的三个面的理解力，识别物体在空间运动中的联系，解决几何问题。
数理能力	指迅速而准确地运算以及在快速准确地进行计算的同时，能进行推理、解决应用问题的能力。大部分职业都要求人们有一定的运算能力，但不同职业对人的算术能力要求的程度不同。
动手能力	指手、手指、手腕能迅速而准确地活动和操作小的物体。

我的能力排序是：

（三）能力和职业发展的关系

能力，是一个人能否进入职业的先决条件，是能否胜任职业工作的主观条件。无论从事什么职业总要有一定的能力作保证。没有任何能力，根本谈不到进入职业工作，对个人来讲也就无所谓职业生涯可言。能力，是指完成一定活动的本领。人在其一生之中，要从事各种各样的社会生活和社会生产活动，必须具备多种能力与之相适应。我们这里所言的能力，是指劳动者从事社会生产活动的能力，亦即职业工作能力。

能力的不同，对职业选择就有差异。从能力差异的角度来看，在职业选择时应遵循以下原则：

第一，注意能力类型与职业相吻合。

从能力差异的角度人的能力类型是有差异的，即人的能力发展方向存在差异，对职业研究表明，职业也是可以根据工作的性质、内容和环境而划分为不同的类型的，并且对人的能力也有不同的要求，因而应注意能力类型与职业类型的吻合。能力水准要与职业层次一致或基本一致。对一种职业或职业类型来说，由于所承担的责任不同，又可分为不同层次，不同的层次对人的能力有不同的要求。因而，在根据能力类型确定了职业类型后，还应根据自己所达到或可能达到的能力水准确定相吻合的职业层次。只有这样，才能使能力与职业的吻合具体化。

第二，充分发挥优势能力的作用。

每个人都具有一个多种能力组成的能力系统，每个人在这个能力系统中，各方面能力的发展是不平衡的，常常是某方面的能力占优势，而另一些能力则不太突出，对职业选择和职业指导而言，应主要考虑其最佳能力，选择最能运用其优势能力的职业。同样，在人事安排中，如能注重一个人的优势能力并分配相应的工作，会更好地发挥一个人的作用。

第三，注意一般能力与职业相吻合。

一般能力包括注意力、观察力、记忆力、思维能力和想象力等。不同的职业对人的一般能力的要求不同，有些职业对从业者的智力水准有绝对的要求，如律师、工程师、科研人员、大学教师等都要求有很高的智商；智力在相当大的程度上决定着其所从事的职业类型。

第四，注意特殊能力与职业相吻合。

特殊能力是指从事某项专业活动的能力，也可称特长，如计算能力、音乐能力、动作协调能力、语言表达能力、事务能力、空间判断能力、形态知觉能力、手指灵活度与灵巧度等。要顺利完成某项工作，除要具有一般能力外，又要具有该项工作所要求的特殊能力，如从事教育工作需要有阅读能力和表达能力；从事数学研究需要具有计算能力、空间想象能力和逻辑思维能力。如法官就应具有很强的逻辑推理能力，却不一定要很强的动手能力；而建筑工应有一定的空间判断能力，却不需要良好的语言表达能力。

三、价值观探索

（一）价值观概述

很难给价值观下一个确切的定义。有人认为价值观是“某些对你来说很重要或你很想要的东西”；也有人认为价值观是“某些你应该去做的事情”。我们认为，价值观就是我们在生活和工作中所看重的原则、标准或品质。它指向我们一生中最重要的东西，因此它也是一套自我激励机制。

价值观是一种基本信念，它带有判断的色彩，代表了一个人对于什么是好、什么是对，以及什么会令人喜爱的意见。每一个求职者由于其所受教育的不同和所处的环境的差异，在职业取向上的目标和要求也是不相同的。在许多场合，我们往往要在一些得失中作出选择，而左右我们选择的，往往就是我们的职业价值观。例如，是要工作舒适轻松，还是要高标准的工资待遇，要成就一番事业，还是要安稳太平；当两者有矛盾冲突时，最终影响我们决策是存在于内心的价值观。

需要指出的是，价值观在我们的职业生涯发展中起到极其重要的、决定方向性的作用，甚至往往超过了兴趣和性格对我们的影响。当我们有矛盾冲突、或妥协与放弃时，常常也是出于价值观的考虑。

一般来讲，价值观具有以下特性：

（1）主观性。价值观是个人对一般事物的价值进行评价时所持有的内部标准和主观观念。

（2）差异性价值观是因人而异的。由于每个人的先天条件和后天环境不同，人生经历也不尽相同，每个人的价值观的形成会受到不同的影响，因此，每个人都有自己的价值观和价值观体系。在同样的客观条件下，具有不同价值观和价值观体系的人，其动机模式不同，产生的行为也不同。在同一个单位中，有人注重工作成就，有人看重金钱报酬，也有人重视地位权力，这就是因为他们的价值观不同。

（3）选择性。价值观是经过选择获得的。这种选择必须是自由的而不是被迫的；是从可选择范围内进行的，选择时必须同时具备其他可选择的内容；是经慎重考虑后的选择。

（4）稳定性。价值观是人们思想认识的深层基础，它形成了人们的世界观和人生观。它是随着人们认知能力的发展，在环境、教育的影响下，逐步培养而成的。人们的价值观一旦形成，便是相对稳定的，具有持久性。

（5）社会历史性。价值观念是后天形成的，是通过社会化培养起来的。不同的社会环境和文化背景使人们形成了截然不同的价值观，因此价值观总是对时代精神的反映。

（6）发展性。由于环境的改变、经验的积累、知识的增长，人们的价值观有可能发生变化。

（7）对行为的导向性。价值观是人们行为的最基本的内部指针，个体价值观的形成，除了选择以外，还必须喜爱和赞赏，并按该选择行事，把它作为生活方式反复履行，因此它是指导各种行为的标准，对行为决策起着指导作用。

（8）系统性。价值观不是孤立地、单个地存在着的，而是按照一定的逻辑和意义联结在一起，按一定的结构层次或系统而存在的，单一的价值观只有处在整个价值系统中时才能显示出作用和意义。

（二）价值观的分类

1. 奥尔波特的六种价值观类型　奥尔波特把价值观分为以下六种类型：

（1）理论型，理性地寻求真理。

（2）经济型，强调效率和实用。在追求自己个人私利的过程中，它实际上对集体、对别人也能产生积极的作用。

（3）审美型，重视外形与和谐。

（4）社会型，强调对人的热爱，当前中央政府强调中国和谐社会的发展，就是这样的一种价值观。

（5）政治型，重视权力的使用。

（6）宗教型，着眼于对宇宙整体的关照。

2. 格雷夫斯的价值观七等级 格雷夫斯把价值观分为七个等级：

（1）反应型，这种类型的人并没意识到自己和周围的人是相关联而存在的，他们按照自己基本的生理需求做出反应，丧失了人的主观能动性，几乎等于婴儿。这类人比较少见。

（2）部落型，这种人依赖成性，服从于传统习惯和权势。

（3）自我中心型，这种类型的人信仰冷酷的个人主义，自私并爱挑衅。

（4）坚持己见型，这种类型的人对模棱两可的意见不能容忍，必须表露出自己的决策，不能接受别人的意见，一定要按自己的想法行动。

（5）玩弄权术型，这种人非常现实，通过摆弄别人，篡改事实，达到个人目的。

（6）社交中心型，这种类型的人把被人喜爱和与人善处看做自己的发展核心。受现实主义、权力主义和坚持己见者的排斥。

（7）存在主义型，这种类型的人能高度容忍模糊不清的意见和不同的观点。在一个整体目标不清晰、环境不确定、信息不完整的环境下，他能够生存得很好，适应能力强。

3. 罗克奇的价值观分类 美国学者罗克奇一生致力于价值观的研究，他认为，人类有两种不同的价值观。

（1）终级性价值观（terminal values）。指的是个人价值和社会价值，用以表示存在的理想化终极状态和结果，是一个人希望通过一生而实现的目标。这种价值观与“生存的最终状态”有关，如“舒适的生活”、“自由”、“令人兴奋的生活”、“社会赞誉”等。

（2）工具性价值观（instrumental values）。指的是道德或能力，是达到理想化终极状态所采用的行为方式或手段，如“有雄心的”、“富有想象力的”等（表 4-5）。

表 4-5 终极价值观与工具型价值观

终极性价值观	工具性价值观
舒适的生活（富足的生活）	雄心勃勃（辛勤工作、奋发向上）
振奋的生活（刺激的、积极的生活）	心胸开阔（开放）
成就感（持续的贡献）	能干（有能力、有效率）
和平的世界（没有冲突和战争）	欢乐（轻松愉快）
美丽的世界（艺术和自然的美）	清洁（卫生、整洁）
平等（兄弟情谊、机会均等）	勇敢（坚持自己的信仰）
家庭安全（照顾自己所爱的人）	宽容（谅解他人）
自由（独立、自主的选择）	助人为乐（为他人的福利工作）
幸福（满足）	正直（真挚、诚实）
内在和谐（没有内心冲突）	富于想象（大胆、有创造性）
成熟的爱（性和精神上的亲密）	独立（自力更生、自给自足）
国家的安全（免遭攻击）	智慧（有知识、善思考）

续表

终极性价值观	工具性价值观
快乐（快乐的、休闲的生活）	符合逻辑（理性的）
救世（救世的、永恒的生活）	博爱（温情的、温柔的）
自尊（自重）	顺从（有责任感、尊重的）
社会承认（尊重、赞赏）	礼貌（有礼的、性情好）
真挚的友谊（亲密关系）	负责（可靠的）
睿智（对生活有成熟的理解）	自我控制（自律的、约束的）

（三）职业价值观及其分类

1. 职业价值观的定义　职业价值观是人生目标和人生态度在职业选择方面的具体表现，也就是一个人对职业的认识和态度以及他对职业目标的追求和向往。其内涵包括三层含义：①职业价值观是一个人对各种职业价值的基本认识和基本态度。②职业价值观表明了一个人通过工作所要追求的理想是什么：为了钱，为了权力，还是为了一种情感关系等等。③职业价值观是人们在选择职业时的一种内心尺度。它支配着人的择业心态、行为以及信念和理解等；支配着职业人生认知、明白事物对自己职业发展的意义以及自我了解、自我定位、自我设计等；同时也为自认为正当的职业行为提供充足的理由。

【生涯练习】

有关“工作”的一分钟联想

我希望做____工作。

请在一分钟的时间内尽可能地写下你头脑中所联想到的任何短语。

请思考：你在工作中寻找的是什么？你判断工作“好”“坏”的标准是什么？

2. 洛特克的 13 种职业价值观　根据不同的划分标准，人们对职业价值观的种类划分也不同。美国心理学家洛特克在其所著《人类价值观的本质》一书中，提出 13 种价值观：

（1）成就感：提升社会地位，得到社会认可；希望工作能受到他人的认可，对工作的完成和挑战成功感到满足。

（2）美感的追求：能有机会多方面地欣赏周遭的人、事、物，或任何自己觉得重要且有意义的事物。

（3）挑战：能有机会运用聪明才智来解决困难；舍弃传统的方法，而选择创新的方法处理事物。

（4）健康，包括身体和心理健康：工作能够免于焦虑、紧张和恐惧；希望能够心平气和地处理事物。

（5）收入与财富：工作能够明显、有效地改变自己的财务状况；希望能够得到金钱所能买到的东西。

（6）独立性：在工作中能有弹性，可以充分掌握自己的时间和行动，自由度高。

（7）爱、家庭、人际关系：关心他人，与别人分享，协助别人解决问题；体贴、关爱，对周遭的人慷慨。

（8）道德感：与组织的目标、价值观、宗教观和工作使命能够不相冲突，紧密结合。

（9）欢乐：享受生命，结交新朋友，与别人共处，一同享受美好时光。

（10）权利：能够影响或控制他人，使他人照着自己的意思去行动。

（11）安全感：能够满足基本的需求，有安全感，远离突如其来的变动。

（12）自我成长：能够追求知性上的刺激，寻求更圆融的人生，在指挥、知识与人生的体会上有所提升。

（13）协助他人：认识到自己的付出对团体是有帮助的，别人因为你的行为而收获颇多。

3. 马丁·凯茨的10种职业价值观 心理学家马丁·凯茨找出了10种与工作有关的价值观，它们可以帮助一个人澄清在某个工作中所能得到的回报和满足。这10种职业价值观是：

（1）高收入：指除足够的生活费用外还可以随意支配的钱。

（2）社会声望：指是否受到人们的尊重。

（3）独立性：指可以在职业中有更多的自己做决定的自由。

（4）帮助别人：愿意把助人作为职业的重要部分，帮助他人改善其健康、教育与福利。

（5）稳定性：在一定时间内始终有工作，不会被轻易解雇，收入稳定。

（6）多样性：所从事的职业要参与不同的活动，解决不同的问题，不断变化工作场所，结识新人。

（7）领导力：在工作中可以控制事情的发展，愿意影响别人，承担责任。

（8）在自己感兴趣的领域中工作：坚持所从事的职业必须是自己感兴趣的领域。

（9）休闲：把休闲看得很重要，不愿意让工作影响休闲。

（10）尽早进入工作领域：涉及一个人是否在意进入工作领域的早晚，是否希望节省时间和不支付高等教育的费用而尽早进入工作领域。

（四）职业价值观测验

1. 列举我的价值观 在空白纸上列举自己的职业价值观，如：

人际关系/归属感、团队合作，物质保障/高收入，稳定，安全，创造性，多样性和变化性、新鲜感，乐趣，自由独立，被认可，受尊重，能帮助他人，能发挥自己的才能，成就感，成功，名誉，地位，有意义，有学习/发展/成长的机会，权力（领导/影响他人），有益于社会，挑战性，冒险性，竞争，符合自己的道德观，工作环境、工作与生活的平衡，健康，家庭，朋友，亲情，亲密关系，爱，信仰，幸福，为社会服务，和谐，平等……

2. 价值观市场 把上一个活动中所列的价值观记下来，如：

（1）服务他人。

（2）成就。

（3）名誉/社会地位。

（4）多样性。

（5）独立自主。

（6）管理权。

（7）发展与成长。

（8）物质保障。

（9）社会交际。

（10）安全感。

（11）舒适。

（12）挑战性。

（13）创造性。

……

步骤 1：从上面所列的价值观中，挑选出其中五种对你来说最重要的价值，分别写在 5 张小纸条上。如果你认为重要的价值在表中没有列出，也可以另写。

步骤 2：给每一条对你来说很重要的价值下定义，并在纸条上写下来，即：要达到什么样的水平你才能满意？个人对同一种价值的定义可能并不相同。比如，对于物质保障的理解，有的人可能认为是月薪至少 3000 以上，而有的人可以接受 2000 元月薪的工作，但一定要有医疗保险。

步骤 3：如果你不得不放弃其中一条，你会放弃哪一条？将写有你准备放弃的价值的纸条与其他人交换。

步骤 4：保留刚才别人给你的纸条，放在一边。现在，如果你不得不继续放弃剩下四条中的一条，你会放弃哪一条？再次与另一个人交换。

步骤 5：继续下去，直到最后一条。这是否是你无论如何也不愿放弃的？

我的五样重要价值观及其定义（按重要程度排序）

A

B

C

D

E

3. 价值观拍卖　假如每人手中有 100 万，以下待出售的职业每一项起步 10 万，公开竞拍，出价最高者获得此职业（表 4-6）。

表 4-6　价值观拍卖表

待出售的职业	有关项目的价值
（1）具有吸引力，让每一认识自己的人都喜欢自己。	容貌、被赏识
（2）拥有健康——长寿而且没有疾病。	健康、心理健康
（3）有清晰的自我认识，知道自己是谁？	智慧、自我了解、内心和谐
（4）每年至少赚 100 万。	财富、钱、利润
（5）成为一个团体或者政党中最有影响力的人。	权力、领导能力、晋升
（6）有时间过一个愉快、有意义的家庭生活。	家庭关系、生活方式
（7）参加社会活动如音乐会、戏剧、芭蕾舞表演或体育运动。	审美、休闲、刺激
（8）在一个没有歧视、欺骗和不公正现象的环境中工作。	公正，正义、诚实、道德
（9）为贫病人士竭诚服务。	利他主义、帮助他人、友谊
（10）什么时候都可以做自己想做的事。	自主、独立、生活方式
（11）有一份稳定的工作和收入。	工作保障、稳定、固定工作
（12）能够寻找到生活的意义和真谛。	智慧、真理、个人成长

续表

待出售的职业	有关项目的价值
（13）精通专业，在所做的一切事情上都取得成功。	成就、技能、赏识
（14）有学习的条件——有所需要的全部书籍、电脑和各种辅助物。	知识、智力
（15）创造一个能让人们自由给予和付出爱的氛围。	慈爱、爱、友谊
（16）冒险、迎接挑战、过一个精彩的人生。	冒险、兴奋、竞争
（17）产生新思想、创造新的行动方式。	创造性、多样性、变化性
（18）自由决定工作的条件、时间、位置和着装等。	自由、独立、个人权利
（19）制作有吸引力的物品、为世界增添美丽。	审美、艺术性的创造
（20）获得全国范围内和世界性的荣誉和名望。	被赏识、炫耀、威望
（21）休长假、什么也不愿做，只要开心玩乐。	休闲时间、放松、健康

思考：

（1）我最想竞拍的三项是什么？

（2）最不想竞拍的一项是什么？

（3）为什么？

（4）我这样的价值观是如何形成的？

（5）哪些关键人物的影响？

（6）哪些关键事件的影响？

（7）这样的选择有多大的可靠性？

（8）如果半年、一年前来选择，我还会选这个吗？

（9）如果现在面临毕业，我会选择什么单位？

（10）过去有哪些决策支持了我这个判断？

4. 价值观测验 见表4-7。

表4-7 职业价值观测试量表

下面有52道题目，每个题目都有5个备选答案，请根据自己的实际情况或想法，做相应的选择，每题只能选择一个答案：1=非常重要；2=比较重要；3=一般；4=较不重要；5=很不重要。通过测验，你可以大致了解自己的职业价值观念倾向。
（1）你的工作必须经常解决新的问题。
（2）你的工作能为社会福利带来看得见的效果。
（3）你的工作奖金很高。
（4）你的工作内容经常变换。
（5）你能在你的工作范围内自由发挥。
（6）工作能使你的同学、朋友非常羡慕你。
（7）工作带有艺术性。
（8）你的工作能使人感觉到你是团体中的一分子。
（9）不论你怎么干，你总能和大多数人一样晋级和涨工资。
（10）你的工作使你有可能经常变换工作地点、场所或方式。
（11）在工作中你能接触到各种不同的人。
（12）你的工作上下班时间比较随便、自由。
（13）你的工作使你不断获得成功的感觉。
（14）你的工作赋予你高于别人的权力。
（15）在工作中，你能试行一些自己的新想法。
（16）在工作中你不会因为身体或能力等因素，被人瞧不起。
（17）你能从工作的成果中，知道自己做得不错。

续表

(18)你的工作经常要外出、参加各种集会和活动。
(19)只要你干上这份工作，就不再被调到其他意想不到的单位和工种上去。
(20)你的工作能使世界更美丽。
(21)在你的工作中，不会有人常来打扰你。
(22)只要努力，你的工资会高于其他同年龄的人，升级或涨工资的可能性比干其他工作大得多。
(23)你的工作是一项对智力的挑战。
(24)你的工作要求你把一些事务管理得井井有条。
(25)你的工作单位有舒适的休息室、更衣室、浴室及其他设备。
(26)你的工作有可能结识各行各业的知名人物。
(27)在你的工作中，能和同事建立良好的关系。
(28)在别人眼中，你的工作是很重要的。
(29)在工作中你经常接触到新鲜的事物。
(30)你的工作使你能常常帮助别人。
(31)你在工作单位中，有可能经常变换工作。
(32)你的作风使你被别人尊重。
(33)同事和领导人品较好，相处比较随便。
(34)你的工作会使许多人认识你。
(35)你的工作场所很好，比如有适度的灯光，安静、清洁的工作环境，甚至恒温、恒湿等优越的条件。
(36)在工作中，你为他人服务，使他人感到很满意，你自己也很高兴。
(37)你的工作需要计划和组织别人的工作。
(38)你的工作需要敏锐的思考。
(39)你的工作可以使你获得较多的额外收入，比如：常发实物、常购买打折扣的商品、常发商品的提货券、有机会购买进口货等。
(40)在工作中你是不受别人差遣的。
(41)你的工作结果应该是一种艺术而不是一般的产品。
(42)在工作中不必担心会因为所做的事情领导不满意，而受到训斥或经济惩罚。
(43)在你的工作中能和领导有融洽的关系。
(44)你可以看见你的努力工作的成果。
(45)在工作中常常要你提出许多新的想法。
(46)由于你的工作，经常有许多人来感谢你。
(47)你的工作成果常常能得到上级、同事或社会的肯定。
(48)在工作中，你可能做一个负责人，虽然可能只领导很少几个人，你信奉“宁做兵头，不做将尾”的俗语。
(49)你从事的那种工作，经常在报刊、电视中被提到，因而在人们的心目中很有地位。
(50)你的工作有数量可观的夜班费、加班费、保健费或营养费。
(51)你的工作比较轻松，精神上也不紧张。
(52)你的工作需要和影视、戏剧、音乐、美术、文学等艺术打交道。
评价：上面的52道题分别代表13项工作价值观。 每圈一个A得5分，B得4分，C得3分，D得2分，E得1分。

请你根据下表中每一项前面的题号，计算一下每一项的得分总数，并把它填在每一项的得分栏上，然后在表格下面依次列出得分最高和最低的三项（表4-8）。

表4-8　职业价值观测试得分表

得分	题号	价值观	说明
	2.30.36.46	利他主义	工作的目的和价值在于直接为大众的幸福和利益尽一份力。
	7.20.41.52	美感	工作的目的和价值在于能不断地追求美的东西，得到美感的享受。
	1.23.38.45	智力刺激	工作的目的和价值在于不断进行智力的操作，动脑思考，学习以及探索新事物，解决新问题。
	13.17.44.47	成就感	工作的目的和价值在于不断创新，不断取得成就，不断得到领导与同事的赞扬，或不断实现自己想要做的事。

续表

得分	题号	价值观	说明
	5.15.21.40	独立性	工作的目的和价值在于不断能充分发挥自己的独立性和主动性，按自己的方式、步调或想法去做，不受他人的干扰。
	6.28.32.49	社会地位	工作的目的和价值在于所从事的工作在人们的心目中有较高的社会地位，从而使自己得到了他人的重视与尊敬。
	14.24.37.48	管理	工作的目的和价值在于获得对他人或某事物的管理支配权，能智慧和调遣一定范围内的他人或事物。
	3.22.39.50	经济报酬	工作的目的和价值在于获得优厚的报酬，使自己有足够的财力去获得自己想要的东西，使生活过得较为富足。
	11.18.26.34	社会交际	工作的目的和价值在于能和各种人交往，建立比较广泛的社会联系和关系，甚至能和知名人物结识。
	9.16.19.42	安全感	不管自己能力怎样，希望在工作中有一个安稳局面，不会因为奖金、涨工资、调动工作或领导训斥等经常提心吊胆，心烦意乱。
	12.25.35.51	舒适	希望能将工作作为一种消遣、休息或享受的形式，追求比较舒适、轻松、自由、优越的工作条件和环境。
	8.27.33.43	人际关系	希望一起工作的大多数同事和领导人品较好，相处在一起感到愉快、自然，认为这就是很有价值的事，是一种极大的满足。
	4.10.29.31	变异性	希望工作的内容应该经常变换，使工作和生活显得丰富多彩，不单调枯燥。

得分最高的三项是：1.　　　　2.　　　　3.

得分最低的三项是：1.　　　　2.　　　　3.

从得分最高和最低的三项中，你可以更清楚地了解自己的职业价值取向。

备注：测试摘自 http：//www.bestu.com.cn/test/pro/090811_01.jsp。

（五）价值观的澄清

每个人都有自己独特的价值观，而且不论喜欢与否，生活中重要他人的价值观也常常对我们产生影响。重要的不是去评判这些价值的对错，而是去考量它们给自己的生活和职业发展带来的影响，并适时做出调整。很少有工作能够完全满足一个人所有的重要价值观。因此，我们要不断做出妥协与放弃，这是不可避免的也是必要的。只有对自己的价值观进行澄清和排序，才能知道如何取舍。

拉斯指出真实的“价值”需要经过三阶段七步骤：

选择：

· 它是你自由选择的，没有来自任何人或任何方面的压力吗？
· 它是从众多的价值观中挑选出来的吗？
· 它是在你思考了所做选择的结果后被挑选出来的吗？

珍视：

· 你是否珍爱你的价值观，或者为你的选择感到自豪？
· 你愿意公开向其他人承认你的价值观吗？

行动：

· 你的行动是否与你选择的价值观一致？
· 你是否始终如一地根据你价值观来行动？

为了澄清真实的价值观，请回想一下过去一两个月内你作出的 5 个相对重要的决定。

比如：你是如何运用自己的时间、精力和金钱的？你希望如何运用它们，而实际上又把他们花在了什么方面（如果必要，你也可以从现在开始每天对此进行记录，在一周之后再进行回顾，以便得出更准确的结果）？你和什么样的人相处？你做了一些什么样的事情？在一些举棋不定的事情上，你最终做出了什么样的选择？

（六）价值观和职业发展的关系

职业价值观对人们自身的职业行为的定向和调节起着非常重要的作用。具体而言，职业价值观的作用可以体现在以下几个方面：

首先，职业价值观对择业动机有导向作用。人们职业行为的动机受职业价值观的支配和制约，职业价值观对择业动机模式有着重要影响。在同样的外部条件下，具有不同职业价值观的人，其择业动机模式不同，产生的择业行为也不相同，其择业动机的目的方向受职业价值观的支配，这也正是为什么同样的职业不同的人有不同的评价和选择的原因。每一个求职者由于其受教育的不同和所处环境的差异，在职业取向上的目标和要求也是不相同的。在许多场合，人们往往要在一些得失中作出选择，而左右人们选择的，往往就是职业价值观。例如，是要工作舒适轻松，还是要高标准的工资待遇；是要成就一番事业，还是要安稳太平。当两者有矛盾冲突时，最终影响他们决策的是存在于内心的职业价值观。

其次，职业价值观反映了人们对职业的认知和需求状况。职业价值观是人们对职业及职业行为结果的评价和看法，因而，它从某个方面反映了人们的人生观和价值观，反映了人的主观认知世界的状况和差异。

最后，职业价值观是判定职业生涯发展状况和人才配置的重要依据。价值观是一种基本信念，它带有主观判断的色彩，代表了一个人对于什么是好、什么是对以及什么会令人喜爱的意见。职业价值观是对自己职业生涯成功与否及其发展状况评价的依据，也是组织进行人力资源配置的重要依据。因此，树立良好的职业价值观，对于个人正确判断职业生涯发展状况以及组织合理开展人力资源管理工作都具有重要意义。

（七）医学生职业价值观选择

医学生确定职业价值观应处理好几个关系。

1. 处理好职业价值观与金钱的关系 金钱是一种成就的报酬，它是在确定职业价值观时首先要面对的问题。有些经济条件不太好的大学毕业生在求职时，将金钱作为首选价值观，从根本上讲这并未有错。但是对于一些人来说，现在拥有的知识、能力、经验和阅历还不足以使其一走上社会就获得大量金钱回报。怀有一夜暴富的心理是不正常的，更是危险的，容易被社会上的不法分子利用，甚至误入歧途。特别是面对严峻的就业形势，更应理性地降低对金钱的期望值，把眼光放远一些，应尽可能地将自我成长和自我实现作为在毕业求职时的首选价值观。

2. 处理好职业价值观与个人兴趣和特长的关系 职业价值观、个人兴趣和特长是人们在择业时需要考虑的最重要的三个因素。在确定价值观时，一定要考虑它是否与自己的兴趣和特长相适应。据调查，如果一个人从事自己不喜欢的工作，有80%的人难以在他选择的职业上成功；而如果选择了自己喜欢的工作则可以充分调动人的潜能，获得职业发展的原动力。此外，选择一项自己擅长的工作，也会事半功倍。

3. 处理好职业价值观的排序与取舍的问题 职业价值观的特性决定人们不会只有唯

一的职业价值观，人性的本能也会驱使人们希望什么都能得到，但在现实生活中“鱼和熊掌是不可兼得的”。然而在职业选择中，人们却不能理性对待。既然是选择，就要付出代价，只有舍，才能得。所以，要对自己的职业价值观进行排序，找出你认为最重要、次重要的方面，并提醒自己不可能什么都得到。否则就会患得患失，终其一生也不清楚自己到底想要什么，更谈不上职业生涯的成功和对社会的贡献了。

4. 处理好职业价值观中个人与社会的关系 人不能离开社会而独立存在，个人只有在工作中为社会做贡献才能实现自己的职业价值。当然我们并不是说要忽略择业中的个人因素，只去尽社会责任，这样不但不利于个人，也是社会的损失。例如，让一个富于科学创造力、不善言辞的学者去从事普通的教师工作，可能使国家损失一项重大的发明，而社会不过多了一个也许并不出色的老师。因此，我们反对只为个人考虑、毫不考虑国家和社会需要的职业价值观。

5. 处理好淡泊名利与追逐名利的关系 当一个人有了名利才有资格去谈淡泊，没有名利说淡泊那叫“吃不到葡萄说葡萄酸”。名利是人的欲望使然，欲望可以使人成就大的事业，也可使人自我毁灭。以合理、合法、公正、公平的方式追名逐利在一定程度上对个人对社会都会有益，但它需要一定的度，该知足时则知足，该进取时则进取。

四、性格探索

（一）性格概述

1. 什么是性格 在日常生活中，有的人勤奋，学习、工作很认真努力；有的人懒惰，学习、工作拖延马虎、不负责；有的人谦虚谨慎，有的人狂妄自大；有的人对人热情，乐于助人，有的人对人冷淡，自私自利等等，这些不同的心理特征是人的性格差异。

什么是性格？在英语中性格一词（character）源于希腊语，意思是特点、特色、记号、标记。在现实生活中，既被用于标志事物的特性，也被用于标志人物的特性。

我国心理学界一般把性格定义为：表现在人对现实的态度以及与之相适应的、习惯化的行为方式方面的个性心理特征。对性格定义的理解应注意以下三点。

首先，性格是人对现实的态度和行为方式概括化与定型化的结果。人对现实的态度就是对社会、对集体、对他人和对自己的看法和评价，是一个人的世界观、人生观的集中体现。人们生活在社会中，不可能不对各种有关事物产生一定的看法，作出一定的选择，采取一定的行为方式，这个过程就是性格的表现。例如，“孔融让梨”反映了谦让、利他的性格特点；“守株待兔”反映了一个人懒惰、愚顽的性格特点。可见，性格的态度体系并不是孤立存在的，人对现实的态度总是自觉地渗透到人的生活和行为方式中，那些对社会、对工作、对他人抱积极态度的人，在生活中总是为人热情、坦诚，工作认真、勤恳；而对现实持消极态度的人却时常表现吝啬、斤斤计较、不负责任、独断专行等。人们对现实的态度和与之相适应的行为方式共同构成了人的性格。

其次，性格指一个人独特的、稳定的个性心理。性格有很大的个别差异，每个人对事物的看法都自成体系，行为表现也有其独到之处，这是由每个人的具体生活条件和教育条件不同所致；性格又是比较稳定的，因为它是人对事物的态度、行为方式的概括化和定型化的结果。在某种情况下，那种属于一时的、情境性的、偶然的表现，不能构成人的性格特征。例如，一个人在偶然的场合表现出胆怯行为，不能就此认为这个人具有怯懦的性格特征。也就是说，性格必须是经常出现的、习惯化的、从本质上最能代表一个人个性特征的那些态度和行为特征。因此，如果我们了解一个人的性格，就能预料他在某种情况下会表现出什么样的态度和行为。在“空城计”中，诸葛亮由于掌握了司马懿多疑寡断的性格，才敢于空城设疑等援兵，最后取得胜利。

性格的稳定性又不是绝对的，性格还有可塑的一面，除了重大事件的影响外，性格的改变一般都要经过较长时间的环境影响和主体实践。

再次，性格是个性特征中最具核心意义的心理特征。性格在个性特征中的核心地位表现在两个方面。一方面，在所有的个性心理特征中，唯有人的性格与个体需要、动机、信念和世界观联系最为密切。人对现实的态度直接构成了个体的人生观体系，人的各种行为方式也是在这种态度体系的影响和指导下逐渐形成的。因此，性格是一个人道德观和人生观的集中体现，具有直接的社会意义。人的性格受社会行为准则和价值标准的评判，所以有好坏之分，这一点是与气质有明显区别的。另一方面，性格对其他个性心理特征具有重要的影响。性格的发展规定了能力和气质的发展，影响着能力和气质的表现。成语中的“勤能补拙”，就说明性格对能力有巨大作用；某一种气质的消极方面，也可以通过性格的优点加以改造或掩盖。总之，具有良好性格品质的人能最大限度地发挥自己的聪明才智，适应现实生活。

2. 性格特征 性格是一个复杂而完整的系统，它包含着各个侧面，具有各种不同的性格特征。这些性格特征在不同的个体身上，组成了独具结构的模式。一般人对性格结构的分析，着眼于性格的态度特征、性格的意志特征、性格的情绪特征、性格的理智特征四个方面。

（1）性格的态度特征：人对现实态度体系的个性特点是性格的重要组成部分。人对现实的态度是多种多样的，它由以下几方面构成。

1）表现为对社会、对集体、对他人的态度特征。

积极的特征表现为：爱祖国，关心社会，热爱集体，具有社会责任感与义务感，乐于助人，待人诚恳，正直等。消极的特征表现为：不关心社会与集体，甚至没有社会公德，为人冷漠、自私、虚伪等。

2）表现为对学习、劳动和工作的态度特征。

积极的特征表现为：认真细心，勤劳节俭，富于首创精神。消极的特征表现为：马虎粗心，拈轻怕重，奢侈浪费，因循守旧等。

3）表现为对自己的态度特征。

积极特征表现为：严于律己，谦虚谨慎，自强自尊，勇于自我批评。消极特征表现为：放任自己，骄傲自大，自负或自卑，自以为是等。

（2）性格的意志特征：性格的意志特征是指一个人在自觉调节自己行为的方式和水平上表现出来的心理特征。

性格的意志特征主要表现为：对行为目的明确程度的特征，如独立性或冲动性，目的性或盲目性，纪律性或散漫性；对行为自觉控制的意志特征，如自制或任性，善于约束自己或盲动；对自己作出决定并贯彻执行方面的特征，如有恒心与毅力、坚忍不拔或见异思迁、半途而废；在紧急或困难情况下表现出的意志特征，如勇敢或胆小，果断或优柔寡断，镇定或紧张等。

（3）性格的情绪特征：性格的情绪特征是指一个人在情绪活动中经常表现出来的强度、稳定性、持久性以及主导心境方面的特征。

1）情绪强度方面的特征，主要表现为人的情绪对工作和生活的影响程度和人的情绪受意志控制程度。有人情绪反应强烈、明显、易受感染；有人反应微弱、隐晦、不易受感染。

2）情绪稳定性方面的特征，主要表现为情绪的起伏和波动程度。

3）情绪持久性方面的特征，主要指情绪对人身心各方面影响的时间长短。有的人情绪产生后很难平息，有的人情绪虽来势凶猛但转瞬即逝。

4）主导心境方面的性格特征，不同的主导心境反映了主体经常性的情绪状态。如有的人终日精神饱满、乐观开朗；有的人却整日愁眉苦脸、烦闷悲观等等。

（4）性格的理智特征：人们在感知、记忆、思维等认识过程中表现出来的个别差异就是性格的理智特征。

在感知方面，有的人观察精细，有的人观察疏略；有的人观察敏锐，有的人观察迟钝。

在思维方面，有的人善于独立思考，有的人喜欢人云亦云；有的人善于分析、抽象，有的人善于综合、概括。

在记忆方面，有的人记忆敏捷，过目成诵，有的人记忆较慢，需反复记忆方能记住；有的人记忆牢固且难以遗忘，有的人记忆不牢且遗忘迅速等。

在想象方面，有的人想象丰富、奇特，富有创造性，有的人想象贫乏、狭窄；有的人想象主动，富有情感色彩，有的人想象被动、平淡寻常等等。

以上性格结构的四方面不是独立存在的，它们相互联系，相互影响，构成一个统一体存在于每个人身上。要了解一个人，就应对性格的各个方面作全面分析，其中性格的态度特征和意志特征在性格结构中占主导地位。

（二）职业性格类型和特点

1. 卡特尔16种人格测验 美国心理学家卡特尔经过长期研究，将人的性格分为16种独立的因素，其特征如表4-9：

表4-9 性格的16种独立因素

性格因素	低分者特点	高分者特点
乐群性	外向、热情、乐群	抑郁，缄默，孤独，对人冷漠
聪慧性	聪明，富有才能，善于抽象思维	思维迟钝，学识浅薄，抽象思维能力较弱
情绪稳定性	情绪稳定而成熟，能面对现实，行动充满魄力，能以沉着的态度应付现实中的各种问题	情绪容易激动，易产生烦恼，容易受环境支配而心神动摇不定
恃强性	好强固执，独立积极，有主见，独立性强，容易自高自大，自以为是	谦虚、顺从、通融、恭顺
兴奋性	轻松兴奋，随遇而安，通常活泼、愉快、健谈	严肃、审慎、冷静、寡言。内省而不轻易发言，消极、阴郁
有恒性	责任心强，工作细心周到，有始有终	苟且敷衍，缺乏认真负责的精神，缺乏远大的理想和目标
敢为性	冒险敢为，少有顾忌，有时也可能粗心大意，忽略细节	畏怯退缩、缺乏信心，有强烈的自卑感，在人群中羞怯，不自然

续表

性格因素	低分者特点	高分者特点
敏感性	敏感，感情用事，通常心肠软，易受感动，较女性化，爱好艺术，富于幻想	理智，着重现实，自恃自力，多以客观、坚强、独立的态度处理问题，不感情用事
怀疑性	怀疑、刚愎、固执己见，多疑，不信任别人，与人相处斤斤计较，不顾别人的利益	信赖随和，容易与人相处，无猜忌，不与人竞争，顺应合作，善于体贴人
幻想性	幻想，狂放不羁，忽视生活细节	现实、合乎成规，力求妥善合理，不鲁莽从事，在关键时刻也能保持冷静
世故性	精明能干，处事老练，行为得体，冷静、理智、客观	坦白、直率、天真，思想简单、感情用事，与人无争，有时显得幼稚、粗鲁、笨拙
忧虑性	忧虑抑郁，烦恼自扰，通常觉得世道艰辛，人生不如意，甚至沮丧、悲观	安详、沉着、有自信心，不易动摇，有安全感，相信自己有应付问题的能力
激进性	自由、激进，不拘泥于现实，对新的思想和行为有兴趣	保守，着重传统观念与行为标准，不愿尝试探新，常常激烈地反对新的思潮和变革
独立性	自立自强，当机立断，通常能够自作主张独立完成自己的工作计划，不依赖别人	依赖、随群、附和，愿意与人合作共事，而不愿独立孤行，常放弃个人主见，附和众议
自律性	知己知彼，自律严谨，言行一致，能够合理支配自己的感情行动，为人处世能保持自尊心	矛盾冲突，不明大体，通常既不能克制自己，又不能尊重礼俗，更不愿考虑别人的需要
紧张性	紧张困扰，激动挣扎。缺乏耐心，心神不定，过度兴奋，感觉疲乏	心平气和，闲散宁静，容易知足满意，也可能过分松懒，缺乏进取心

2. MBTI 性格测验介绍　国际最为流行的职业性格评估工具是 MBTI（Myers-Briggs type indicator），作为一种对个性的判断和分析，MBTI 从纷繁复杂的个性特征中，归纳提炼出 4 个关键要素——动力、信息收集、决策方式、生活方式，进行分析判断，从而把不同个性的人区别开来。

MBTI 人格共有四个维度，每个维度有两个方向，共计八个方面。

分别是：

动力：外向（E）和内向（I）

信息收集：感觉（S）和直觉（N）

决策方式：思考（T）和情感（F）

生活方式：判断（J）和知觉（P）

性格维度解释：见表 4-10～表 4-14。

表 4-10　性格维度解释 1

外向 E（Extroversion）	内向 I（Introversion）
热情洋溢	冷静，谨慎
生机勃勃，善于表达	稳重，不愿意主动表达
听、说、想同时进行	先听，后想，再说
语速快，嗓门高	语速慢，语调平稳
注意力容易分散	注意力很集中
喜欢人多的场合	喜欢独自消磨时间
关注问题的广度	关注问题的深度
能量来自于外界的互相作用	能量来自内心的思考与推理

表 4-11　性格维度解释 2

感觉 S（Sensing）	直觉 N（Tuition）
关注事实存在	关注事物背后的意义
谈话目标清楚，方式直接	谈话目标宏观，方式复杂
思维连贯	思维跳跃
喜欢从事实际性的工作	喜欢从事创造性的工作
留心细节、现在	关注总体、未来
对身体敏感	精力集中于自己的思想
以客观现实为依据	习惯比喻、推理与暗示

表 4-12　性格维度解释 3

思考 T（Thinking）	情感 F（Feeling）
行为冷静，公事公办	行为温和，注重社交细节
关注事情的客观公平	关注个人感受与价值观
很少赞扬别人	习惯赞美别人
言语平实、生硬	言语友善、委婉
坚定、自信	犹豫、情绪化
遵照客观逻辑推理	倾向主观想法与道德评判
人际关系不敏感	尽量避免争论和矛盾

表 4-13　性格维度解释 4

判断 J（Judging）	知觉 P（Perceiving）
正式，严肃	随意，自然
保守，谨慎	开放，灵活
习惯做决定，有决断	做事拖拉，不愿做决定
条理清楚，计划明确	缺乏条理，保持弹性
急于完成工作	喜欢开始一项工作
遵守制度、规则与组织	常常感觉到被束缚
喜欢确立目标，然后去努力实现	经常改变目标，偏好于新的体验
外表整洁，环境干净	着装以舒服为标准，不在意环境

表 4-14　MBTI16 种人格类型

ISTJ—稽查员	ISFJ—保护者
（1）严肃、安静、借由集中心志与全力投入、及可被信赖获致成功。 （2）行事务实、有序、实际、逻辑、真实及可信赖 （3）十分留意且乐于任何事（工作、居家、生活均有良好组织及有序）。 （4）负责任。 （5）照设定成效来作出决策且不畏阻挠与闲言会坚定为之。 （6）重视传统与忠诚。 （7）传统性的思考者或经理。	（1）安静、和善、负责任且有良心。 （2）行事尽责投入。 （3）安定性高，常居项目工作或团体之安定力量。 （4）愿投入、吃苦及力求精确。 （5）兴趣通常不在于科技方面。对细节事务有耐心。 （6）忠诚、考虑周到、知性且会关切他人感受。 （7）致力于创构有序及和谐的工作与家庭环境。

续表

INFJ—咨询师	INTJ—智多星/科学家
（1）因为坚忍、创意及必须达成的意图而能成功。 （2）会在工作中投注最大的努力。 （3）默默强力的、诚挚的及用心的关切他人。 （4）因坚守原则而受敬重。 （5）提出造福大众利益的明确远景而为人所尊敬与追随。 （6）追求创见、关系及物质财物的意义及关联。 （7）想了解什么能激励别人及对他人具洞察力。 （8）光明正大且坚信其价值观。 （9）有组织且果断地履行其愿景。	（1）具强大动力与本意来达成目的与创意—固执顽固者。 （2）有宏大的愿景且能快速在众多外界事件中找出有意义的模范。 （3）对所承负职务，具良好能力于策划工作并完成。 （4）具怀疑心、挑剔性、独立性、果决，对专业水准及绩效要求高。
ISTP—操作者/演奏者	ISFP—作曲家/艺术家
（1）冷静旁观者—安静、预留余地、弹性及会以无偏见的好奇心与未预期原始的幽默观察与分析。 （2）有兴趣于探索原因及效果，技术事件是为何及如何运作且使用逻辑的原理组构事实、重视效能。 （3）擅长于掌握问题核心及找出解决方式。 （4）分析成事的缘由且能实时由大量资料中找出实际问题的核心。	（1）羞怯的、安宁和善地、敏感的、亲切的、且行事谦虚。 （2）喜于避开争论，不对他人强加已见或价值观。 （3）无意于领导却常是忠诚的追随者。 （4）办事不急躁，安于现状无意于以过度的急切或努力破坏现况，且非成果导向。 （5）喜欢有自有的空间及照自订的时程办事。
INFP—治疗师/导师	INTP—建筑师/设计师
（1）安静观察者，具理想性与对其价值观及重要之人具忠诚心。 （2）希望在生活形态与内在价值观相吻合。 （3）具好奇心且很快能看出机会所在。常担负开发创意的触媒者。 （4）除非价值观受侵犯，行事会具弹性、适应力高且承受力强。 （5）具想了解及发展他人潜能的企图。想作太多且做事全神贯注。 （6）对所处境遇及拥有不太在意。 （7）具适应力、有弹性除非价值观受到威胁。	（1）安静、自持、弹性及具适应力。 （2）特别喜爱追求理论与科学事理。 （3）习于以逻辑及分析来解决问题—问题解决者。 （4）最有兴趣于创意事务及特定工作，对聚会与闲聊无太大兴趣。 （5）追求可发挥个人强烈兴趣的生涯。 （6）追求发展对有兴趣事务之逻辑解释。
ESTP—发起者/创设者	ESFP—表演者/演示者
（1）擅长现场实时解决问题—解决问题者。 （2）喜欢办事并乐于其中及过程。 （3）倾向于喜好技术事务及运动，交结同好友人。 （4）具适应性、容忍度、务实性；投注心力于会很快具成效工作。 （5）不喜欢冗长概念的解释及理论。 （6）最专精于可操作、处理、分解或组合的真实事务。	（1）外向、和善、接受性、乐于分享喜乐予他人。 （2）喜欢与他人一起行动且促成事件发生，在学习时亦然。 （3）知晓事件未来的发展并会热烈参与。 （4）最擅长于人际相处能力及具备完备常识，很有弹性能立即适应他人与环境。 （5）对生命、人、物质享受的热爱者。
ENFP—倡导者/激发者	ENTP—企业家/发明家
（1）充满热忱、活力充沛、聪明的、富想象力的，视生命充满机会但期能得自他人肯定与支持。 （2）几乎能达成所有有兴趣的事。 （3）对难题很快就有对策并能对有困难的人施予援手。 （4）依赖能改善的能力而无须预作规划准备。 （5）为达目的常能找出强制自己为之的理由。 （6）即兴执行者。	（1）反应快、聪明、长于多样事务。 （2）具激励伙伴、敏捷及直言不讳专长。 （3）会为了有趣对问题的两面加予争辩。 （4）对解决新的及挑战性的问题富有策略，但会轻视或厌烦经常的任务与细节。 （5）兴趣多元，易倾向于转移至新生的兴趣。 （6）对所想要的会有技巧地找出逻辑的理由。 （7）长于看清楚他人，有智能去解决新的或有挑战的问题
ESTJ—督导	ESFJ—供给者/销售员
（1）务实、真实、事实倾向，具企业或技术天分。 （2）不喜欢抽象理论；最喜欢学习可立即运用事理。 （3）喜好组织与管理活动且专注以最有效率方式行事以达致成效。 （4）具决断力、关注细节且很快作出决策—优秀行政者。 （5）会忽略他人感受。 （6）喜作领导者或企业主管。 （7）做事风格比较偏向于权威指挥性。	（1）诚挚、爱说话、合作性高、受欢迎、光明正大的—天生的合作者及活跃的组织成员。 （2）重和谐且长于创造和谐。 （3）常作对他人有益事务。 （4）给予鼓励及称许会有更佳工作成效。 （5）最有兴趣于会直接及有形影响人们生活的事务。 （6）喜欢与他人共事去精确且准时地完成工作。

续表

ENFJ—教师	ENTJ—统帅/调度者
（1）热忱、易感应及负责任的，能鼓励他人的领导风格。	（1）坦诚、具决策力的活动领导者。
（2）对别人所想或希求会表达真正关切且切实用心去处理。	（2）长于发展与实施广泛的系统以解决组织的问题。
（3）能怡然且技巧性地带领团体讨论或演示文稿提案。	（3）专精于具内涵与智能的谈话如对公众演讲。
（4）爱交际、受欢迎及富同情心。	（4）乐于经常吸收新知且能广开信息管道。
（5）对称许及批评很在意。	（5）易生过度自信，会强于表达自己创见。
（6）喜欢带引别人且能使别人或团体发挥潜能。	（6）喜于长程策划及目标设定

（三）性格和职业发展的关系

性格是人对现实的态度和行为方式中比较稳定的心理特征的总和。职业性格是一个人对职业的稳定态度和在职业活动中习惯化了的行为方式所表现出来的个性心理特征，对个人的职业生涯规划有重要意义。

我们每个人都有自己的独特的个性。也就是说每个人的心理特征不同，看问题、处理事情的风格、方式也不同。有的人热情爽朗；有的人沉稳持重；有的人风风火火；有的人谨慎多疑……但“金无足赤，人无完人”，一个人在某方面有所不足，其他方面必有过人之处，说不定就是你制胜的法宝。

性格对职业生涯规划有重要的影响，基于以下原因：

（1）性格是个体人格中具有核心意义的部分，几乎涉及一个人的心理过程及个性特征的各个方面，与职业息息相关。

性格使一个人更加偏爱某一种而不是另一种环境，由于性格的不同，每个人在对不同环境的认知过程中，也表现出不同的个性化风格。从事与自己的性格不匹配的工作，个人的才能就会受到阻碍，会让你觉得整个工作状态都很“不对劲”。使一个人在某种职业中获得成功的性格，可能会让你在另一职业中大受挫折。因此在职业选择中，我们应尽可能充分考虑自己的个性特征与职业要求是否相适应，这样在工作中就能够满足你的独特欲望，能够发挥你特有的能力，还能利用你的个人资本，体验到更多的快乐和愉悦。

职业规划专家通过一个小小的实验可以阐明这一观点。你在一张纸上或是书页边上，签上自己的姓名。然后说：“完成了吗?好。现在换一只手再签一次。”如果你感到别扭，那就对了，因为大多数人在第一次签名后会说“很自然”、“简单”、“很快”、“毫不费劲”。然而当你换用另一只手时又如何呢?—些经典的回答有“很慢”、“别扭”、“困难”、“发酸”、“很累”、“要花很长时间”、“花费更多精力和心思”。职业规划师认为用手的习惯可以很好地说明，找到与性格匹配的职业的重要性。使用你惯用的那只手时，你会感到舒适和自信；若强迫使用另一只手，这当然可以拓展你的能力—但却绝不会像先前那样灵活自如，收到的效果当然也就不那么令人满意了。

（2）在职业发展上，性格比能力重要：用人单位在选人上逐渐认识到性格比能力重要。这种认识在国外已经相当普及。其原因是，如果一个人能力不足，可通过培训提高，一年不行，两年；两年不行，三年，总可以开发出来。但一个人的性格与职业或岗位不吻合，要改变起来，可就困难了。所以，公司在招聘新人时，将性格的测验放在首位，当性格与职业或岗位吻合了，才对其能力进行测验考察。如果性格与职业或岗位不吻合，再高的学历，再高的能力，也不予录用。

（3）性格无所谓好坏，关键看是否放对了地方，每一类性格都有与之相适应的职业范围。职业心理学的研究表明，不同的职业需要具有不同性格的从业者，某一类职业工作能够体现出某一类共同的职业性格。

例如，敏感型的人，精神饱满，好动不好静，办事喜欢速战速决，但行为常有盲目性，有时情绪不稳定。这类人的职业范围包括运动员、行政人员及一般性职业。情感型的人，感情丰富，喜怒哀乐溢于言表，不喜欢单调生活，爱刺激，爱感情用事，对新事物很有兴趣。这类人合适的职业范围包括演员、导游、活动家、护理人员等。思考型的人，善于思考，逻辑思维发达，有比较成熟的观点，生活、工作有规律，时间观念强，重视调查研究的精确性，但有时思想僵化，缺乏灵活性。这类人合适的职业范围包括工程师、教师、财务人员和数据处理人员等。想象型的人想象力丰富，憧憬未来，喜欢思考问题，有时行为刻板，不易合群。这类人合适的职业范围包括科学工作者、技术研究人员、艺术工作者和作家等。还有多种多样……

思　考　题

1. 认识自我的途径有哪些？

2. 什么是能力？分析一下自己现在具备哪些能力？

3. 什么是价值观和职业价值观？根据《职业价值观测试量表》你的价值观类型是什么？对今后职业规划有哪些启示？

案 例 分 析

三个迷茫的大学生

孙一瀛像许多大学生一样，在高考填报志愿选择专业的时候是懵懵懂懂的，不知道该选什么专业好。别人告诉她“选你自己喜欢的”，她却发现自己并不了解真正喜欢什么。她听从大人的意见，选了“女孩子比较适合”的外语专业。她对自己所学的专业谈不上非常喜欢，但也不是特别烦。她很在意别人的看法，如她所学的专业是否有前途，其他专业怎样好，等等。每当这时候，她都会陷入困惑和迷茫，疑惑所学的专业究竟是否适合自己，不知道什么样的职业才是自己最喜欢的。

赵子明则为他的兴趣太多而苦恼。他的兴趣十分广泛：从小到大，他学过武术、绘画、唱歌、打乒乓球，收集过邮票，研究过昆虫、兵器乃至鞋子……在某些方面还得过奖。可就是没长性，过不了多久就扔一边儿了。面对职业选择时，他想知道：到底什么才是自己真正的兴趣？

李疏影喜欢文学，当一个作家是她的梦想。可父母认为学电脑做 IT 精英才有前途。她现在某大学的计算机专业读大二，成天都感到郁郁寡欢。无论自己怎么努力，都没法喜欢学数学、计算机这些理论性很强的课程，所以学起来有些吃力。想换专业又很难实现，对自己也有些失去信心了。

讨论分析：针对上述三人的经历，谈一谈你的看法。

实践项目

自我探索检视

完成本章推荐的各种自我探索的练习之后，回答如下问题：

• 通过自我探索，你是否增强了对自我（兴趣、性格、能力、价值观等）的了解（满分 10 分，你给自己打几分）？如果你想要提高 1 分，你打算怎么做？

• 你的兴趣是什么？有没有做相关的兴趣测验（请如实作答）？你是如何理解兴趣的？

• 你完成成就故事的练习了吗（至少写出三个成就故事，请如实回答）？从这几个故事中，你表现出了哪些能力？

• 你完成性格测试了吗？你完成的是哪个性格测试（请如实作答）？通过测试，你是否增强了对自己性格的理解？你如何理解自己的性格？

• 你完成价值观的练习或测验了吗？你完成的是哪个价值观测试（请如实作答）？通过测试，你是否增强了对自己价值观的理解？你如何理解自己的价值观？

【扫一扫●过来人说】扎克伯格写给初生女儿的信

扫描上方二维码，查看文章

【扫一扫●生涯故事】现在，请帮助老罗发现自己的优势

扫描上方二维码，查看文章

第五章　大学生职业生涯规划中的外部探索

本章导读

在本章中，我们对生涯的探索视角将从内部转向外部。职业世界是一个人实现生涯理想的外部平台。如何能够更好地利用好这个外部平台，帮助个人实现其理想，是职业生涯中很关键的一部分内容。职业探索是了解职业世界的有效方式。

第一节　外部探索的意义

目前大学生在职业发展中面临诸多问题，如较高的失业率，“啃老族”、“三年之痒”及频繁跳槽等现象，这些问题的发生都与缺乏足够的、有效的外部职业世界探索，未能认清职业发展前景有一定的关系。

职业探索研究始于 20 世纪 60 年代早期，它被看成是人类探索活动中的一种，其目的在于职业目标的定位。职业探索，狭义的概念仅仅是对具体的一个职业进行探索；广义的涵义是指对专业、职业、行业、企业、职位等职业世界进行的探索，包括理论分析和实际调研的过程，目的是对目标职业世界有一定的了解，并在明确与职业目标的差距后制定发展策略，从而有效地规划大学生活。

大学生在进行生涯发展规划时，要做到知己知彼，方能百战不殆，实现“自我”与“职业”的完美匹配。职业探索是了解职业世界的有效方式，大学生开始职业探索越早越受益，职业探索的意义尤其重大。一方面，职业世界日趋复杂，职业的演化速度日益加快，另一方面，当前的教育并未能使大学生为适应这种复杂性和变化做好准备。

一、职业世界日趋复杂，演化速度日益加快

职业世界随着经济的发展和社会分工的细化而不断分化，变得越来越复杂。职业从最初的农、牧、工、商等大的行业门类的形成，到各门类内部由粗到细、由浅入深的分化而形成越来越多的具体职业。职业内部分化和扩展的速度呈“ 裂变” 态势，社会职业种类呈现膨胀式递增。2005 年《中华人民共和国职业分类大典（2005 增补本）》比 1999 年版就增补了 77 个新职业，而这只是新增职业的一部分。

职业结构随着我国社会和经济的转型而迅速演化。随着知识经济的到来，一批新的产业兴起，一些新的职业诞生，例如近年来伴随网络经济的发展衍生出大量新兴相关职业。与此同时，由于新产业的兴起，某些旧产业将日趋萎缩、被取代甚至消亡。这种演化的速度、广度和深度都有进一步扩大的趋势，有专家预测，21 世纪的职业变化将是前一个世纪的几倍。为了在快速变化和不可预测的职业世界中生存，青年必须具备更强的职业适应性。职业探索就是适应种种不可预测的变化的一个非常有用的工具。

二、当代大学生并未对职业世界的变化做好必要准备

不容乐观的是，当代大学生并没有为职业世界的快速变化做好充分的准备。传统上，我国的中小学教育重视智育，而轻视其他教育，职业教育与中小学教育实际是脱离的。在义务教育阶段，几乎没有什么职业教育，学生对职业知之甚少，缺乏职业探索的意识，更谈不上探索的行为。巨大的升学压力，使学生们根本没有时间思考未来的职业，职业教育往往要等到高中毕业或上大学后才开始，这使得职业探索的时期往往变得非常短暂，而个人的职业探索能力又未得到培养和发展，从而使职业探索面临着更大的挑战。

据最新统计，中国目前有 1838 种职业，这么多职业到底做什么职业、自己适合什么职业，是不能仅仅依据自己学什么专业就能确定的，而且人的时间、经历是有限的，我们不可能为确定自己喜欢什么职业，而去对职业一一实践。大学四年的时间是相对自由的，而且大学也是步入工作世界的最后一个集中学习阶段。因此职业探索对于大学生来说显得十分必要和紧迫。

第二节　外部探索的内容和方法

一、外部探索的内容

对于大学生而言，通过求职获得一定职位，等于获得了一个借以加入社会资源的生产和分配体系、并建立相应社会关系的社会位置，其意义是多方面的。因此外部探索，主要是对职位的探索也应该是多方面的，至少应该涉及三类。第一，入职机会与竞争条件，前者指客观的机遇及制度因素，后者指自身的素质条件与职位要求的匹配性。这类因素平时只需稍加关注即可，但在谋职阶段，对意向性职位的机会与要求需要特别注意，如果无法入职，其他的一切就无从谈起。第二，工作实况，实在而具体地了解在某个职位上要求做什么，怎么做，怎么评估等等，对工作对象、内容、任务、责任及过程的了解可以说是职位探索的关键。工作过程是否喜欢，是否能发挥能力特长等，对于长久的工作满意感具有很大的影响。第三，工作的所得所感，也即通过工作可以获得的报酬及相关的心理感觉。工作给人带来的不完全是物质收入，还有很多心理感受以及情感体验。三大类因素的具体条目见表 5-1～表 5-3。

表 5-1　职位探索表之一：入职机会与条件

评价条目			栏目内涵
入职机会	招聘人数		岗位招聘的人数
	招聘政策		招聘的灵活程度以及招聘途径等
	用工制度		聘用后是否有签约合同以及签约年限等
入职条件	基本条件	性别	对应聘人员的性别有何要求
		籍贯	对应聘人员的籍贯有何要求（特别是户口所在地）
		外形	对应聘人员的身高、容貌、裸视视力等有何要求
		年龄	对应聘人员的年龄有何要求
		婚否	对应聘人员的婚姻状况有何要求

续表

评价条目			栏目内涵
入职条件	基本条件	政治面貌	对应聘人员为党、团员有何要求
	教育培训要求	毕业院校	对应聘人员的毕业院校有何要求
		专业方向	对应聘人员的专业方向有何要求
		学历程度	对应聘人员的学历程度有何要求
		外语、计算机	对应聘人员的外语、计算机水平有何要求
		培训经历	对应聘人员接受过的与工作有关的培训有何要求
		资格证书	对应聘人员所应取得的职业资格证书有何要求
	心理要求	性格	对应聘人员的性格特征有何要求
		能力	对应聘人员的总体能力水平及强势能力有何要求
	工作经验		对应聘人员的相关工作经验有何要求
	社会关系		对应聘人员的社会关系网有何要求

表 5-2　职位探索表之二：工作实况

工作实况	工作内容	对象		职业行动的直接动作对象以及为了完成岗位职责所需的活动指向领域
		任务、责任		需要做什么、达到什么目标
		设备		工作所借助的仪器、工具等
	工作强度	工作时间	上下班	从事该岗位工作的上下班时间
			加班	从事该岗位工作需要加班的时间或加班频率如何
			节假日	从事该岗位工作是否影响节假日休息
			出差	从事该岗位工作需要出差的频率和时间长度
		工作量		被访人员需要根据实情说出工作任务的饱满程度
	工作环境	物理环境	工作设施	工作场所的办公设备、办公用品、设施等
			工作空间	工作场所的照明、空气、温度以及户外作业所占的时间比例等情况
		社会环境	人际关系	工作场所的人际氛围、同事间的关系等
			工作气氛	工作场所员工的工作积极性、配合性等
			学习氛围	员工的学习积极性、谋求再培训再发展的积极性
	工作控制	直接上司		分管领导的风格、喜好、能力水平及价值倾向等
		监督与管理		对该岗位工作进行监督、管理的方式及严格程度等
		绩效考评		如何对该岗位工作进行考评

表 5-3　职位探索表之三：所得所感

所得所感	薪酬福利	工资	根据职务等级、岗位测评结果以及工龄、学历及资历等因素确定的报酬
		奖金	根据员工的业绩及单位的经济效益而支付给职工的额外报酬
		津贴	薪酬的补充，一般不与员工的业绩直接挂钩而作为政策性的报酬
		福利	由单位及职位带来的所有非货币报酬
	个人发展	培训、进修	岗前职后所能接受的培训、进修项目以及培训、进修的频率与机会
		晋升	从事该岗位工作能得到的晋升空间与机会
		职业变通	横向转换职业或岗位的机会
	社会资源	人际关系资源	从事该岗位工作能获得的人际关系网

续表

所得所感	社会资源	社会地位	社会上对该岗位的认识和尊重程度
	工作满意度	公平感	与其他岗位或工作相比，从事该岗位工作的付出与得到的合理性
		成就感	完成该岗位工作任务所能得到的满足感的程度
		社会实现	从事该岗位工作所能发挥个人潜能、实现自己理想的程度

从上述表中，可以发现职位所涉及的因素还是很多的，影响着人生的方方面面，到底哪些是核心因素，不同的人有不同的看法。但通常来讲，对于入职后干什么、有多少报酬、未来发展怎么样等几个因素是我们大学生都比较关心的。

（一）工作内容

工作实况中尤以工作内容最为关键，大学生需要了解进入某个岗位后做什么（对象、任务）、怎么做（工作是独立、连续还是协作完成的，采用什么设备）、做到什么程度（责任）。这部分的探索是为了澄清三个问题：一是工作内容是不是自己比较喜欢的，二是这类工作能否发挥自己的长项，三是这类工作属于什么职业类别、发展前景如何。

（二）工作环境、能力和技能要求

环境造就人，环境影响人。良好的工作环境，和谐的人际环境，良好的工作氛围是员工工作必要的条件。大学生即使知道了什么工作适合自己，也还是要找到适合自己的环境和氛围，才会心情愉悦，才能充分发挥自己的优势并取得成功。因为工作设施、工作空间等，是都可以影响工作情绪。而和谐的人际环境是指同事间团结、互助、协作、热情、友爱的人际氛围，这样的人际氛围能够让新员工很快融入团队产生归属感，从而激发工作热情，继而有效地开展工作。良好的工作氛围是自由、真诚和平等的工作氛围，是员工在对自身工作满意的基础上，与同事、上司之间关系相处融洽，互相认可，有集体认同感、充分发挥团队合作，共同达成工作目标、在工作中共同实现人生价值的氛围。在这种氛围里，每个员工在得到他人承认的同时，都能积极地贡献自己的力量，并且全身心地朝着组织的方向努力，在工作中能够随时灵活方便地调整工作方式，使之具有更高的效率。同时，大学生还应该看重单位部门内的学习风气，倘若单位有着良好的学习风气，那么单位员工在做好本职工作的基础上，会不断创新，对原有工作进行改善，在这样一种持续改进工作动力的驱使下，必会激发出团队成员积极努力地工作，消除惰性，增加工作兴趣。

大学生在谋职阶段，对意向性职位的能力与技能要求需要特别注意，如：毕业院校、学历程度、计算机及外语水平、资格证书以及工作经验的要求等。如果达不到职业要求，将无法入职，其他的一切就无从谈起。大学生提前了解意向性职位的能力与技能要求，将其作为大学努力的目标，有助于大学生调动学习积极性。

（三）从业人员共有的人格特征

人格是人类独有的、由先天获得的遗传素质与后天秉承的内外信使相互作用而形成的、能代表人类灵魂本质及个性特点的性格、气质、品德、品质、信仰、良心以及由此形成的尊严、魅力等。人格特征指的是在个人自然素质的基础上，由于社会的影响，通过人的活动而形成的稳固的心理特征，它一经形成便对人的行为效率、行为风格及行为方向产生长久而广泛的影响，在很大程度上决定着一个人的学习、工作绩效和社会适应状况。一个人的人格是在遗传、环境、教育等因素的交互作用下形成的。不同的遗传、生存及教育环境，形成了各自独特的心理点。人与人没有完全一样的人格特点。所谓“人心不同，各有其面”，这就是人格的独特性。但是，人格的独特性并不意味着人与人之间的个性毫无相同之处。在人格形成与发展中，既有生物因素的制约作用，也有社会因素的作用。人格作为一个人的整体特质，既包括每个人与其他人不同的心理特点，也包括人与人之间在心理、面貌上相同的方面，如每个民族、阶级和集团的人都有其共同的心理特点，对同一职业的从业人员来说，他们有着共同的人格特征。

从业人员共有的人格特征可以反映出该职业的职业特点，了解意向性职业从业人员共有的人格特征，有助于大学生判断自己的人格特征是否与职业特点匹配，使大学生做出正确的职业抉择，也可帮助大学生有意识、有目的地调试自己的职业性格，逐渐使原有不适应职业要求的性格得到改变或掩饰，最终适应职业。

（四）未来发展前景

大学生寒窗苦读，术有专攻，总希望学有所用，因此，在求职时非常关注个人的发展。但个人的发展，事实上是很多因素综合作用所成，包括一些偶然因素或者说外在机遇的影响，与单位整体的发展更是息息相关，所谓大锅有饭小碗才能不空。因此，大学生应该关注单位未来的发展前景。

要推测单位的发展前景，应当首先调查了解单位当前的发展状况。

表征一个单位发展现状的指标有很多，有些指标虽然很关键，但对大学生而言是不太容易了解到的，如单位的财务情况等，因此，我们大学生需要从一些经过努力可以挖掘到的指标去判断一个单位的发展状况，如单位的发展阶段、发展规模、业内的排行等。

有些类型的单位相对比较稳定，人员的更替对单位的整体发展影响并不很大，如军队、国家机关、学校等，而有些单位的发展变动比较快，周期相对较短，阶段性比较明显，如一些企业，具有明显的初创期、拓展期、守成期及衰退期。单位处于不同的阶段，发展的侧重点会有所不同，可以给个人提供的发展空间也是不同的，给什么样的人才提供更多的发展机会是以单位的发展重心为转移的。

单位的发展规模虽然与单位实力并不能完全画等号，但可以说是单位实力的重要外显指标。业内排行是单位实力的社会认可，它可以是指单位的整体水平排行，也可以是局部项目的排行。如某师范大学教育科学学院有教育学、学前教育学、心理学三大研究与教育领域，我们既可以关注教科院的整体排行，也可以考察三大门类的各自排行，特别是自己未来从事的相关领域。

单位发展本身是动态的，今天的发达并不代表明天的兴旺，因此我们大学生考察单位的发展现状只是了解单位的发展基础，而无法从单位现在的状况直接去推测单位的发展前景，需要统合其他因素综合考虑。除了体制因素以及一些偶然因素外，所属行业乃至产业的发展状况是影响单位发展的重要外在因素。

个人的发展前景与单位发展有关，同时也与所从事的职业类型有关。如果所从事的职业是社会需求较大的、国家重点扶持的，那么，即便是转换单位也比较容易。因此，关注个人职业发展空间，除了关注单位外，也要关注职业类型。此外，所在职位可以获得的培训机会、晋升机会也是影响个体发展的重要因素。

（五）薪资待遇

关注薪资待遇无可厚非，但不少大学生由于不了解报酬系统的构成，使得自己的关注点往往仅限于薪酬，片面地将薪酬等同于报酬等同于工作的全部回报，容易使自己对关乎切身利益的因素做出片面的判断。因此，我们大学生在与用人单位交涉相关事务以前，首先需要了解一些报酬方面的基本知识，以使自己的交涉言之有据。

报酬是指员工用时间、努力、与劳动获得的一切回报。一般来讲，对于报酬，我们比较关注的是报酬水平，即报酬的高低，但我们也需要了解报酬结构。报酬结构主要指报酬主要由哪些成分构成。报酬包括物质的和非物质的两种类型。就物质形式而言，所含内容见表 5-4 所示。在报酬结构中，薪酬是单位以货币方式支付给劳动者的劳动报酬，包括工资、奖金及津贴。三类的具体构成比例与单位薪酬政策有关。福利是指企业为员工提供的除货币形式以外的、具有公益性质的待遇，一般不与业绩挂钩。福利由于是以非货币形式支付容易被我们大学生忽略。但事实上福利也是个体收入的重要部分，而且不同单位的福利悬殊较大。

表 5-4　物质报酬结构表

类型	方式	具体内容
货币报酬	工资	基本工资、计时工资、计件工资、职务工资
	奖金	超时奖、绩效奖、建议奖、特殊贡献奖、佣金、红利、职务奖、节约奖等
	津贴	住房津贴等
非货币报酬	生活福利	法律顾问、心理咨询、托儿所、托老所、内部优惠商品、搬迁津贴、子女教育费等
	个人福利	养老金、储蓄、辞退金、住房津贴、交通费、工作午餐、海外津贴、人寿保险等
	公共福利（依法规定的福利）	医疗保险、失业保险、养老保险、伤残保险等
	有偿假期	培训、病假、事假、公休、节日假、工作间休息、旅游等

（六）对生活的影响

对你的生活方式影响最大的是你的职业。它不仅决定你每天做什么，而且极大地影响你如何生活，交什么样的朋友，穿什么样的衣服，你什么时候度假，每天挣多少钱和你不必工作多长时间。——（美）戴维•坎贝尔《人生道路的选择》

职业对人生有着一定的影响，对你自己的生活，对你的家庭，对别人，对朋友都有着一定的影响。而从事的职业不同，也会对一个人的性格有所影响。这种影响是发生在大多数人的身上。

1. 生活　你所从事的职业，确定了你的收入来源。虽然你可以从其他方面获得收入，但你的主要收入来源于你的职业收入。而收入的多少确定了生活的情况，从而对你个人的人生有所影响。

2. 朋友　你所从事的职业，让你选择的朋友圈大都是与你职业所相同或者相关的职业。这样你的朋友圈也就来自这些人，或者通过这些人来了解更多的朋友。

3. 性格　你所从事的职业，会对个人性格有一定的影响。例如一个从事会计的人，对于数字方面比较敏感。而从事电脑程序的人，大都比较冷静，在交谈的时候，他们就算比较喜欢交谈，但谈话方面的细节也是相对比较注重。

4. 家庭　你从事的职业，也会对你的家人产生一定的影响。你从事的职业可能使你结识意趣相投的另一半，这可以让你们有共同的目标和追求，同时你的家人会通过你来了解社会，而你也可以通过你的知识让你的家人了解你所从事的职业。

5. 认可　一个人的职业，能够让别人认可你的能力。而所在职业上的职位，能够反映出在这个职业中你的能力大小。

对职业的探索，一般来讲，特别需要关注三大问题：第一，通过这个职位，可以获得什么，特别是报酬的高低，直接影响到人们生活水准；第二，所从事工作的发展前景如何；第三，所从事的工作对于自己的适合程度如何。

二、外部探索的方法

（一）专业探索

首先大学生要针对自己所学的专业（或者喜欢的其他专业）进行探索。专业探索的目的是为了明确学习的方向和动力，如果专业所决定的工作你不喜欢，那么即使你很用心学习，你的专业成绩很好，那么其实对你毕业后的工作也是不相关的，比如说你学临床医学专业的，即使你考取了执业医师等证书，但你在毕业时却不愿意做医生，那相对来说你就没有必要考取执业医师证，或者说你可以把更多的时间用在你所喜欢或你所从事的工作方面。

专业信息的搜集工作其实应该在上大学前完成的，但是很多学生即便到了要找工作的时候，对自己的专业还是一知半解。虽然大学是通识教育，但是对大学毕业生来说，专业依然是自己在求职时的最重要的资源之一。如果对专业的认识不清，看不到专业对自己未来职业发展的意义，很难在专业学习保证积极、主动的态度，更难以保证充分利用自己的专业，争取更好的职业起点。

在探索自己的专业时，可以按照以下的提纲进行信息搜集的工作：

（1）读了这个专业，要学习什么课程？

（2）我读了这个专业会有怎样的职业发展？

（3）我可就业的行业有哪些？

（4）我可就业的职位有哪些？

（5）我可就业的企业有哪些？

（6）我这个专业已经毕业的学长就业去向如何？

（7）在这些领域就业需要具备怎样的知识结构？怎样的技能？怎样的品质？怎样的经验？

（8）我在这个领域有没有人脉资源？如何拓展？

对专业有更深层次的了解，结合自我认知的结果，可以帮助我们确定感兴趣的方向和领域。职场世界中行业和职业种类繁多，去了解全部的信息是不可行也不可能的。如果能以自己专业涉及的领域为基础，尽可能地在专业范围内发展，不但有利于缩减范围，减少信息搜集的工作量，也能更好的整合自身资源，追求利益最大化。

在了解专业的同时，结合自己在专业上的表现，比如对什么专业课程感兴趣、对什么课程没有兴趣，参与过的学术活动等等，也可以进一步了解自己的职业兴趣和能力。

在专业探索的基础上初步锁定感兴趣的行业和职业，给自己的未来发展定一个初步方向，并在这个大概方向下进行行业、企业、职位的信息搜集。

（二）行业探索

接下来要进行行业探索。行业是社会的分工，行业是工作的大方向，三百六十行就是这个道理，而相对的集中在一行发展会让你能取得更大的成就。所谓行业，一般是指按生产同类产品或具有相同工艺过程或提供同类劳动服务划分的经济活动类别，也就是说一个行业是从事相同性质经济活动的所有单位的集合，如饮食行业、服装行业、机械行业等。产业是行业的上位概念，一类产业往往包含若干类行业。

产业，英语为“industry”，但现在已经不仅仅是指工业。依据国际上通行的惯例，把产业的范围界定为国民经济的各行各业，大至部门，小至行业，从生产到流通、服务以至文化、教育等，都可以称为产业。

产业分类介绍 产业的分类有多种角度。新西兰经济学家阿·费夏（A.G.Fisher）最早提出了根据社会生产活动历史发展的顺序对产业结构进行划分，产品直接取自自然界的部门称为第一产业，对初级产品进行再加工的部门称为第二产业，为生产和消费提供各种服务的部门称为第三产业。英美经济学家对其进一步发展、充实之后，成为世界上较为通用的产业结构的分类方法。

在我国发布的《国民经济行业分类与代码》中三次产业划分范围如下：

第一产业是指A（农、林、牧、渔业）。

第二产业是指B（采矿业），C（制造业），D（电力、燃气及水的生产和供应业），E（建筑业）。

第三产业是指除第一、二产业以外的其他行业。具体包括：F（交通运输、仓储和邮政业），G（信息传输、计算机服务和软件业），H（批发和零售业），I（住宿和餐饮业），J（金融业），K（房地产业），L（租赁和商务服务业），M（科学研究、技术服务和地质勘查业），N（水利、环境和公共设施管理业），O（居民服务和其他服务业），P（教育），Q（卫生、社会保障和社会福利业），R（文化、体育和娱乐业），S（公共管理和社会组织），T（国际组织）。

按照地位对产业进行分类也是人们的习惯分类法。由于对产业地位理解的不同，又可以从多种角度进行分类。依据是否在产业结构体系中为其他产业的发展提供基本条件并为多数产业提供服务，可以把产业分为基础产业和非基础产业。依据在产业结构体系产出中是否占到较大比例，可以将产业划分为支柱产业和非支柱产业。依据是否在产业结构中处于主体地位并引导和支撑其他产业的发展，可以将产业分为主导产业与非主导产业。基础产业、支柱产业、主导产业等也是媒体报道的常用术语。了解这些内容，对于我们大学生及时捕捉信息分析产业发展前景是有帮助的。

我们大学生在确定自己在哪一行业领域发展时，很自然地要考虑行业发展的前景如何。分析前景，需要把某个具体的行业放到整体中去看，看看它所处的地位，这就涉及产业结构问题。人们通常用资本、劳动力在各产业之间的分配比例关系以及各产业所创造的国民经济收入及其在全部收入中的比重来研究、分析产业结构，评价具体产业的发展状况。用这些指标衡量我国的产业发展可以比较清晰地看出我国产业发展的轨迹。大学生可以根据产业结构发展的历史轨迹及现状，并且结合地方特色分析一下意向性产业、行业的地位及发展状况。

（三）职业探索

第三步是对具体的一个职业或一类职位进行探索。职业、职位就是你的能力体现和工作战场了，能做什么位置全在于你能做什么？所以了解职业、职位能让自己进一步定位，明确努力的具体因素。

职业是指从业人员为获取主要生活来源所从事的社会工作的类别。职业必须具备下列特征：①目的性，即职业活动以获得现金或实物等报酬为目的；②社会性，即职业是从业人员在特定生活环境中所从事的一种与其他社会成员相互关联、相互服务的社会活动；③稳定性，即职业在一定的历史时期内形成，并具有较长生命周期；④规范性，即职业活动必须符合国家法律和社会道德规范；⑤群体性，即职业必须具有一定的从业人数。

职业不同于行业，其区别在于前者所标示的主要是工作内容，而后者所标示的是单位所涉及的经济活动领域。如建筑设计人员是一种职业，主要工作内容是设计建筑作品　而建筑业是一种行业。职业和行业又是交叉的。同一职业可以存在于不同行业，如设计人员既可在建筑业，也可以在服装业、汽车制造业等，反过来讲，同一行业也包含很多不同职业，如建筑行业，既需要设计人员，也需要是施工技术人员、施工工人，甚至司机等。当然，职业分布也各有侧重点，如教育行业以教师为主，建筑行业以建筑设计及施工人员为主。

1. 职业类别　职业分类是以工作性质的同一性为基本原则，对社会职业进行的系统划分与归类。而工作性质，一般通过职业活动的对象、从业方式等的不同予以体现。每个国家都有自己的分类标准，学者们出于方便科研的考虑　也提出了自己的分类标准，有些专家的分类方法也得到了世界范围的认可。

2. 美国的相关分类　美国劳工部依据工作对象与任务倾向将职业粗略地分成三类　即与人打交道的职业、与物打交道的职业、与数据打交道的职业。

工作对象，宽泛地讲，既包括职业行为的直接受动体，也包括为了完成工作职责所需的间接的行为指向对象。如高校教师，直接受动体是大学生，但为了完成教学，教师需要收集、综合很多资料。所以大学生以及资料都可以说是高校教师的工作对象。各个职业所涉及的工作对象差异很大，但大体可归为三大类，即数据、人和物。

所谓数据，是指通过观察、调查、解释、想象和创造而获得的有关人、事、物的信息、知识和概念。可以是书面形式的，也可以以思想、概念或口头语言形式出现。所谓人，主要指人本身，有时也指动物。所谓物，指区别于人（或动物）的无生命事物。主要涉及物质、材料、机器、工具、设备、产品等。物与数据的主要区别在于，物是可以触摸到的，具有形状、大小、式样等物理特性。

随后，从事“美国大学测试（ACT）”项目的心理学家戴尔·普雷迪格（D.J.Prediger）及其同事又将“数据”一项分为两类：数据和观念。这样，工作对象的分类更为细化，包括数据、观念、人和物四项。普雷迪格还将四分法与霍兰德关于职业的六分法相结合，形成工作世界地图，如图 5-1 所示：

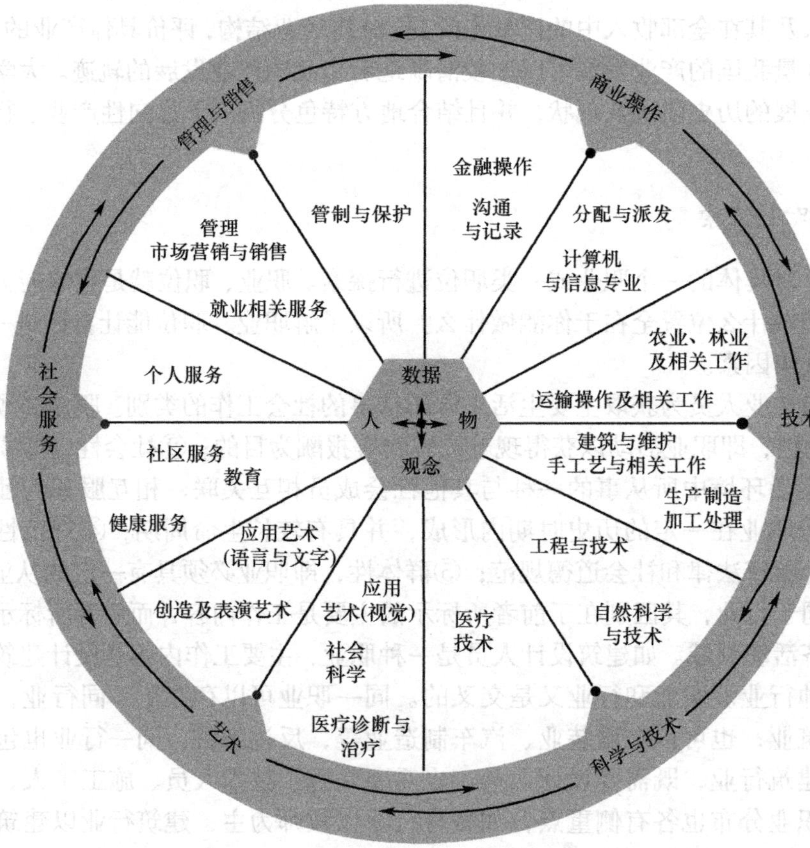

图 5-1 工作世界地图

图中圆圈的边缘表示霍兰德所划分的六个工作领域。工作图将所有工作类划为 12 个区域。它们基本覆盖美国的所有工种。尽管每类中的工种有所不同，但大致处于本图所示的对应点处。

工作类的坐落点主要取决于它的主要对象——是与事物打交道还是与人、观念或数据打交道。

无论哪种职业，需要或多或少地与上述几类对象打交道。但是主要对象以及对于主要对象所要完成的任务是有差异的。有的职业需要更多地与人打交道，而有的需要更多地接触物体。同样是与人打交道，有的职业需要更多地进行指导、教育，而有的职业需要更多地进行接待、服务。我们大学生需要了解意向性职业与各类对象打交道的比例，看看工作的主要对象是人、物还是数据，同时也要了解与各类对象打交道时主要完成什么任务，分析一下与自己的职业兴趣是否吻合、能否发挥自己的特长。

3. 我国的相关分类 根据《中华人民共和国职业分类大典》，职业结构划分为 8 个大类、66 个中类、413 个小类和 1838 个细类（职业）。除去起延续功能的“其他”职业，实际职业总量为 1496 个，分属“国家机关、党群组织、企事业单位负责人”、“各类专业技术人员”、“办事人员及有关人员”、“商业及服务业人员”、“农、林、牧、渔、水利业生产人员”、“生产、运输人员及有关人员”、“军人”以及“不便分类的其他人员”8 个大类。其中，除未分类的“军人”以及“不便分类的其他人员”外，职业数量最多的是“生产、运输人员及有关人员”共计 1119 个职业，占实际职业总量的 74.8%，职业数量最少的是"国家机关、党群组织、企事业单位负责人"，共计 25 个职业，占实际职业总量的 1.67%。

从职业结构看，职业的分布有三个特点：第一，技术型和技能型职业占主导。占实际职业总量的 60.88%的职业分布在"生产、运输设备操作人员及有关人员"这一大类，它们分属我国工业生产的各个主要领域。从这类职业的工作内容分析，其特点是以技术型和技能型操作为主。第二，第三产业职业比重较小，仅占实际职业总量的 8%左右。三大产业中的职业分布，以第二产业的职业比重最大。第三，知识型与高新技术型职业较少。现有职业结构中，属于知识型与高新技术型的职业数量不超过总量的 3%。

国家的正式分类，常常是社会对各类人才及劳动力需求统计的重要依据，对这些统计数据及相关政策进行分析，有助于大学生推测意向性职业的社会需求状态。在探索职业时，我们一方面要关注自己究竟对什么样的工作对象感兴趣、对什么样的工作任务比较得心应手。如果工作过程本身能带来愉悦感、成就感，那么，职业活动收获的就不只是报酬，还有一份好心情。另一方面，要根据国家分类，根据国家的统计数据，尝试着分析意向性职业的发展前景。

4. 职业信息搜集的方法 职业信息的获得与应用，是职业规划中重要的部分。对工作世界的认识，是进行正确而合理的职业选择的基础。从心理认知层面上，职业信息的获得与应用可以引发来询者探寻职业生涯的动机；在对职业信息进行分析、判断时可增进对自我及职业世界的了解，甚至造成认知或态度上的改变。所以职业信息的取得与应用具有重大意义。

择业决策的过程实质上就是一个与择业有关的信息收集、处理和转换的过程。在择业过程中，无论是职业目标的确定、求职计划的设计还是决策方案的选择，就业信息的搜集和处理都是基础。

目前国内没有清晰的职业信息体系，各种信息庞杂错乱，逻辑性和可靠性较低。面对当今纷繁复杂，瞬息万变的信息时代，谁能够以最快捷的方式拥有最广泛、最准确、最有效的信息，谁就掌握了成功的最大机遇。求职择业也莫非如此。积极主动地通过各种渠道去获取大量的求职择业信息，我们就能把握选择的主动权和占有回旋的余地，就能抓住最佳就业机会。然而面对大量的千变万化、甚至是鱼目混珠的就业信息，你常常会感到茫然无措，要么陷入"盲目"，四方奔走，耗费大量的时间、精力和财力；要么陷入"盲从"，人云亦云，没有主见；或者走极端，寻找"捷径"。

Thompson 将职业信息的获得方式按求职者参与程度分为四类，即静态资料的接触，动态资料的接受，参与模拟情境和参与真实情境。

（1）静态的资料接触

1）出版品：通过出版品获取职业信息的途径包括：文学作品、专业书籍、报纸（报道与招聘广告）、期刊、名人传记、行业协会的报告、社会调查、论文等。

在你成长的经历当中可曾有哪些书给你留下了深刻的印象，甚至影响到你今后职业的选择?生于 20 世纪 70 年代的人可能还记得三毛，她的作品在很多人的心中植入了旅游、自由职业的梦想。有很多文学作品或人物传记都充满这样的魅力，你从中不仅可以了解一种职业是什么，更多的可以看到相关的从业者的特质和借鉴他们的从业历程。但也不可否认，在文学著作和名人传记中艺术色彩多少会影响职业信息的客观性，警察或侦探故事通常强调危险和动作，而可能会忽略了工作中的常规方面，例如辛苦的调查和书写报告等。

另外，在文学作品中往往过分强调专业性的职业，通俗文学几乎不涉及技能性、半技能性、文书类和服务类行业（Norris，Hatch，Engelkes，and Winborn，1979）。这些都是你通过这种途径收集信息时应注意的地方。

目前国内也有少量描述职业方面的专业书籍，对具体职业的历史、要求、教育背景、就业范围、薪酬标准等做了介绍。如劳动部《中国职业分类大典》。报纸和期刊关于职业方面的资讯会多一些，像《前程无忧》和《中国大学生就业》是专门的求职招聘类报纸、杂志，而类似于《哈佛商业评论》、《IT 经理人》这样的商业期刊会有助于你进一步了解一些工作的细节和发展，甚至行业的信息。

2）视听资料：包括电影、录像以及各类有关的电视节目等。在媒体空前发达的时代，利用影视媒体来丰富自己对劳动力市场的了解，加强对各种技能的学习，以及启发个人创业的思路是职业信息探索的重要途径。

视听资料中最直接的是关于专门职业技术培训的光盘和录像带。如机械、气焊、家庭装饰设计、化装等。除了各大书店、音像店及培训机构有售之外，一些培训网也会提供相关资源，只要你为自己定好职业方向，认真寻找就会有所发现。

从电视节目方面，关注就业创业问题、职场发展问题的栏目越来越多，提供的角度和机会也越来越多。如中央 2 经济频道的《劳动-就业》栏目就按照星期规律安排了《就业报道》、《劳动话题》、《职业生涯》和《激情创业》等专栏；同样是这个频道的《绝对挑战》栏目则为我们提供了许多直面供职者展现才华，竞争一流职业的机会。地方电视台根据本地现实状况也推出了相关节目。如延边广播电视总台经济频道 YBTV2 的《就业劳动保障》栏目，其口号是打造从业平台、构筑职业人生；山东卫视的《从头再来》则将目光集中向了白手起家，小有成绩的创业明星；宁夏电视台的《宁夏劳动就业》集中了新闻性、政策性和服务性，不仅提供信息，还帮助大家分析相关政策；上海电视台生活时尚频道的《品牌故事》则从不同知名品牌的发展故事入手，展现创业过程中的种种智慧和艰辛。

虽然说从电影的角度看待职业往往带着一定的粉饰和夸张。但是，从电影人物跌宕起伏的生活故事来感受职业，则会给我们的心灵带来不同的冲击。因为电影所反映的不仅仅是一种职业，而是更多地蕴涵了主人公对职业的情感。在这种情感的带领下，你会对他的职业意义产生新的认识。比如《电子情书》中的书商，比如《骄阳似我》中的心理医生，再比如《本能反应》中的野外动物专家。当然，如果你不打算深入探索主人公和职业之间的关系的话，那么单只是从电影表面你也能够对一种职业有个基本感觉。比如《爱是妥协》中的作家，《永不妥协》中的律师等。

3）行业展览会和人才交流会：在一些行业展览会和人才交流会上，你可以获取很多企业和工作的具体情况。每一年都会有许多的行业展览会，向社会宣传自己生产的产品。通过这样的展览会你可以了解相关行业的一些东西，同时也可以对同种行业不同公司之间的状况进行比较。比如公司规模的大小、具体的产品特点、人员状况、文化品牌。

另外，每年也会举办许多的人才交流会。你可以从中获得用人单位的直接招聘信息，也可以通过这样的交流会来判断人才市场的状况。同时，你也可以通过这样的机会和各公司的招聘人员直接对话。正因为如此，人才交流会不只是在求职的时候才光顾的地方，它也可以成为你了解人才市场需求的一条重要途径。

4）网络：IT 科技高度发达，网络已经成为我们生活中不可缺少的部分，各类资讯在网络社会中的交流相当频繁和密切。因此，网络成为获得职业资讯的一种重要手段。例如万维网（the World Wide Web，WWW）中的职业信息越来越多，而类似于中华英才网这样的职业网站内容都会涉及职位空缺、简历、公司简介——主要是求职方面的信息。

专业网站、各企业网站，各大部委的网站都可以提供相关的人才需求信息。在各公司的网站，你可以了解到公司的宗旨、风格和文化，以及它所提供的服务项目等。这是个人决定向公司投递简历和求职面试之前需要做的。

各类学校和很多培训机构也有自己的网站，也可以通过这些渠道了解他们的相关信息，以选择培训专业或了解行业信息。

随着网络的普及，越来越多的人懂得利用网络寻求职业信息。但是网络讯息也有其局限性，比如，没有人向网络族保证，他们在网络中所查到的所有职业信息全部是及时有效的。

在网络搜索时，技巧非常重要。一些小技巧可能是致命的，也有可能起到事半功倍的作用。比如说人才测评人员可能被称为心理测量人员、测评顾问、职业测评人员等。所以，在搜寻过程中关注同一职位的不同表达方式非常重要。

5）机构：提供职业信息的机构，如学校、政府和相关的公司等。

很多高校都有自己的就业指导中心，为学生、甚至社会各界提供就业服务。如招聘信息、政策法规、就业辅导等，都可供你考虑。

一些专业性较强的培训机构则对于本专业的了解会有一定的促进作用。如某些模特职业培训学校就是针对时装模特专业开设，由著名模特开办，具有一定专业水准，也很自然地会带来一些前沿信息。另外各地一些职业培训学校也都开设了各种针对社会需求性较强的热门专业，可以供参考。另外，现在有许多专门的职业咨询公司，一般都会提供面对面的个人职业咨询服务，是比较深度的职业信息获取方法。还有猎头公司的服务对象多为中高级管理或专业人员，而且各有行业偏向，你在寻求猎头公司帮助之前需要了解清楚他们的服务范围。

还有值得你关注的是一些固定的职介所，比如地方的人才交流中心，专门为外企人才服务的机构，如外企人才服务中心等，都是提供职业信息的专业机构。

（2）动态的资料接受

1）专业俱乐部：说到俱乐部，我们往往首先想到的是各种体育竞技俱乐部，比如足球俱乐部、羽毛球俱乐部等。但是，随着经济的发展和信息交流开放形式的需要，各种非体育类的职业俱乐部也应运而生。如“行政秘书俱乐部”等。同时，俱乐部培训也正在成为职业资格认证培训的新趋势。如 2004 年 6 月，信息产业部国家信息化工程师认证考试管理中心就与中关村人力资源经理协会合作成立 NCIE（国家信息化工程师认证考试）中关村人力资源俱乐部。因此，在搜寻劳动力市场信息时，对于各种职业、培训俱乐部的信息是不可忽视的一块。

目前的职业、培训俱乐部所跨的行业非常丰富。有个人倡导的，也有某些机构发起的。如“环保工程师俱乐部”、“中国广告俱乐部”等。这些俱乐部可以提供专业技术和培训，扩展同行间的人际交流与合作，还开办相关讲座等。

各种俱乐部都会有相应的行业最新信息和动态通报，也会有俱乐部自己的论坛。在搜索劳动力市场信息的过程中，如果可以根据自己需要进行探询，相信会有不少收获。

2）专业协会/学会：专业协会与学会是由专业人员组成的、具有公益性的和学术性社会团体。专业学会可以从参与人数的多少、会员的来源及所包含的专业广度分为国际性专业学会、国家级专业学会和地区性专业学会。通常，在各专业学会之下，还有更具体分会。如中国心理学会下属的发展心理学专业委员会、教育心理学专业委员会、心理测量专业委员会等。通过专业学会，不仅可以对不同行业的信息有比较专门化的了解，可以了解一个学科或者行业的比较全面的信息，而且专业学会还是专业同行之间彼此沟通信息的桥梁。通过了解专业学会，可以知道相关人员所从事工作现状及未来发展，而且还可以通过专业学会，找到知音和专业归属。

3）生涯人物访谈：一般找一位以上从事相关职业的资深或至少工作三年以上的工作者。在进行职业探索时，与别人谈论他们的工作是一种很好的方法。这种获取工作信息的方式有很多好处：通过与从事相关行业的人员的交流，可以检验以前通过其他方式所获取的信息是否正确、及时，还能够了解到人们对于自己工作有什么样的感受——而这些信息是在其他职业信息文献里所找不到的。如果是在人们工作的地方和他们进行交流，则能够直观地获取他们工作的信息并了解他们的工作环境，这也是其他方式所达不到的。并且还可以和自己感兴趣的领域内的从业人员建立个人联系，而这样的联系在以后求职时有可能助你一臂之力。

另一方面，访谈对象的经历和感受在该行业中可能并不具有典型性或代表性，也可能过于主观，因此这样得来的信息有可能比通过别的渠道得到的信息更片面或偏激。可以通过多采访同一行业内的人员来弥补这一不足，也可以通过查询其他渠道的信息来进行验证。同时应注意克服在进行生涯人物访谈时的紧张和畏难情绪，如确认有哪些人是可以采访的，可以先从熟悉的人开始等。

在访谈中内容可以从以下方面考虑。

职业资讯方面：

·工作性质、任务或内容

·工作环境、就业地点

·所需教育、培训或经验

·所需个人的资格、技巧和能力

·收入或薪资范围、福利

·工作时间和生活型态

·相关职业和就业机会

·组织文化和规范

·未来展望

在访谈前需要准备所需的问题：

·在这个工作岗位上，每天都做些什么?

·最近，这项工作因科技、市场、竞争等发生变化了吗?

·你是如何找到这份工作的?

·你是如何看待该领域工作的将来变化趋势的?

·你的工作是如何为实现组织的总体目标或使命贡献力量的?

·你所在领域有“职业生涯道路”吗?

·本职业需要什么样的人?

·到本领域工作所需的基本前提是什么?

·就你的工作而言，你最喜欢什么?最不喜欢什么?

·什么样的初级工作最有益于学到尽可能多的知识?

·本领域初职和略高级别职位的薪水是多少?

·采取工作行动和解决问题的自由度如何?

·本领域有发展机会吗?

·本工作的哪部分让你最满意，哪部分最有挑战性?

·什么样的个人品质或能力对本工作的成功来讲是重要的?

·你认为将来本领域潜在的不利因素是什么?

·依你所见，在本领域工作你遇到了什么样的问题?

·对于一个即将进入该领域的人，你愿意提出特别建议吗?

·本工作需要特别的知识、技能和经验吗?

·这种工作需要什么样的教育或培训背景吗?

·公司对刚进入该领域的员工提供哪种培训?

·哪个职业杂志或组织能帮助我深入了解该领域?

·你的熟人中有谁能够成为我下次采访的对象吗?当我打电话给他／她的时候，可以用你的名字吗?

·根据你对我的教育背景、技能和工作经验的了解，你认为我在做出最终决定之前还应在哪个领域、什么样的工作上进行深入调查研究呢?

（3）参与模拟情境：参与模拟情境的方法主要有角色扮演，如果你想从事一份从未接触过的工作，虽然你收集了大量的相关信息，但还是不能确定这是一份什么样的工作，它将带给你何种感受，你可以尝试角色扮演。你可以分别扮演某种工作中的不同角色，模拟工作中的一个场景或典型日常事务，体验在真实工作中的感受。角色扮演可以带给你比较真实的工作中的感受，从认知层面加深对工作的了解。

（4）参与真实情境

1）直接观察：如参观工作场所，你可以去工作场所直接观察感兴趣的工作。通常，接受参观的企业或机构会有一名联系人，专门负责接待，向你介绍自己所从事的工作或所在的机构等。现场观察的时间不等，一般来说是几个小时至一天。它使个人有机会去熟悉、观察工作，亲眼看一下实际生活中的工作是什么样子的，并借此结识业内人士。这一方式尤其适合于没有工作经验、对工作世界感到陌生的在校学生。当然，还要自己去积极寻找机会——通过父母、亲戚或朋友联系安排这样的实地考察。

2）直接工作经验：当然，最直接有效的方式就是亲自参与实践、实际了解具体行业和职业中的酸甜苦辣并不一定要通过正式工作才可以这样做，比如实习、兼职以及参加志愿活动都是很好的实践方法。通过这些活动，你不仅能对实际工作有第一手的认识，并且还能增加工作经验、结识业内人士，为以后正式求职做好准备。

（5）其他职业探索方法：对历史悠久或已消失的职业进行探究。

在我们的世界上任何事情总是存在一些极端，以至于不会出现在大众的视野里，对于职业来说，就是指历史悠久的甚至消失的职业以及刚刚出现的职业。除了从业者自己，几乎没有人了解这些职业的信息，但是对于这些职业的研究，无疑对你是非常有参考价值的。因为从这些职业变迁过程中，我们可以看到职业发展的某种趋势，也可以了解影响职业的种种因素，对我们预测未来职业的发展和选择个人的职业起到参考和借鉴的作用。

最老的职业包括：厨师、传统手工艺者、翻译、理发等，这些职业有的不断发展分化，有的逐渐衰落，也有一些一成不变，比如：手工艺者的产品现在被当作艺术品和纪念品出售，而以前这种手工产品可能是某种消费品的主要生产方式；消失的行业可能被新兴的行业所取代，比如：马车夫被现在多种交通工具的驾驶员所取代。新兴职业的例子也有很多，比如：职业电子游戏玩家、短信写手、网络游戏管理员等。职业的变迁，是社会变迁的缩影。了解社会的变迁有助于职业的选择。

（四）企业探索

最后是对企业探索。企业是你要工作的平台，你找到工作的一个象征就是有某个企业同意要你，同意和你签约了，所以了解并确定那个企业也是很重要的。

1. 企业类型 单位的类型是我们考察单位时的重要关注点，它对单位的管理方式、组织文化等都具有较大的影响。目前根据经济核算方式的不同 通常将单位分成下列类型：

（1）企业单位：企业单位是指从事生产经营和社会服务等经济活动，具有法人资格，实行独立核算的营利性组织，是国民经济的基本单位。

按其所有制性质，可将企业分为下列几类，即国有企业、集体企业、乡镇企业、私营企业、三资企业、股份制企业等。国有企业，也即全民所有制企业，指产权属于国家，从事生产、流通、服务等各种经营性活动，以盈利为目的的独立核算单位。主要包括关系到国计民生的关键部门的企业，如铁路、邮电、银行等，以及大型厂矿企业、公司等。

（2）事业单位：从广义上讲，凡是不履行党政群机关职能，以非生产劳动为主，靠国家财政拨款为主要经济来源，不以营利为直接目的，把创造出来的物质和精神产品直接或间接服务于整个社会的单位统称为事业单位。

就经费来源而论，事业单位可根据其接受国家拨款的程度分为三类：1）全额拨款类。许多事业单位享受国家全额拨款，是非营利性组织，如公办学校等；2）差额补贴类。有一部分事业单位是国家非全额拨款，享受差额补贴，单位自身在业务活动中收取一部分业务费用 如科研院所等；3）自收自支类。有一些事业单位已经实行“事业单位企业化管理”的体制，完全靠自收自支维持活动，如设计研究院等。

就专业性质而论，事业单位可根据其服务领域分为十三类，即科学研究事业单位、勘察设计事业单位、教育事业单位、文化艺术事业单位、新闻出版事业单位、体育事业单位、卫生事业单位、农林水牧事业单位、社会福利事业单位、城市公用事业单位、综合服务事业单位、机关服务事业单位以及学会、协会及其他事业单位。

事业单位一般属于第三产业的范畴，主要职责是对全社会的某些专门领域提供服务，其职责要求使得这类单位对人员的专业性要求较高，职业岗位以各类专业技术人员为主。

（3）机关单位：机关，泛指国家政党或团体为实现其职能而设立的、负责指挥和控制行政活动的机构。主要分为下列几类，即中国共产党的各级机关、人民代表大会机关、政府机关、中国人民政治协商会议的机关、社会团体的机关。

社会团体是社会上各种群众性组织的总称。包括工会、团委、妇联、青联、科协、各类学会、各行业协会等。社会团体种类繁多，拥有一定数量的就业岗位。这些单位对从业者的要求除了通常的专业知识以外，较为突出的要求是政策水平、工作能力。

2. 企业探索因素表 究竟从哪些维度去分析一个单位、评估一个单位呢，每个人的价值取向不一样，很自然地认为需要探索的维度也会有所差异，其实有些评价维度还是具有普遍性的。表 5-5 中所列的维度可以提供一些思路，在具体的操作过程中，也许你会发现更多值得关注的维度，这种发现本身也是一种收获，因为我们此阶段的主要任务就是寻求维度，更多维度的评估、分析可以让我们对单位、职位的评价更为准确全面。而准确全面地评价单位、职位也为以后用人信息的甄别奠定了基础。

表 5-5　单位探索因素表

单位全称			地理位置	
管理性特征因素	单位类型	事业、企业还是机关单位等		
	组织架构	单位的部门构成及相互关系		
	组织文化	单位在其发展过程中形成的共同的价值观、行为准则等		
	人员结构	单位员工的性别结构、年龄结构、学历结构等		
	人员流动	单位人员流动率以及造成人员流动的主要原因等		
	新手现状	单位新进员工的发展现状等		
发展性特征因素	所属主管部门及行业	单位的上级部门或主管部门、单位所属行业的背景		
	业务范围	从事的业务或服务		
	发展阶段	单位前身、成立时间等		
	发展规模	单位的员工人数、有无分公司、营业状况等		
	业内排行	单位在同行业内的地位		

表 5-5 中并未包含与单位有关的所有因素。表中因素的构建主要参照两个标准：第一，我们大学生为了顺利求职及适应职业需要了解的内容；第二，大学生通过努力可以了解的内容。有些内容虽然重要但没有真正融入情景无法了解。

组织文化也是我们大学生评价单位的一个重要方面。一个人的价值观如果与组织文化能够契合，比较容易获得心理上的认同感。出现在墙上的标语、单位宣传手册中的口号以及领导在会议上一再强调的内容，并不等于组织文化，真正的组织文化应该是单位中大多数人接受并在没有任何掩盖的时候依然推崇并且坚持的理念及行为准则。

除了上述因素外，我们还需要了解以下一些因素。如人员结构，这主要指单位在职人员的学历、性别以及年龄分布状况，对它的了解，与了解组织架构一样，可以帮助大学生估计自己在未来组织中的大体位置，学历是高于还是低于总体水平，性别、年龄在组织中处于优势还是劣势等等。而人员流动，主要指人员的引进与员工离职的数量，其中离职既包括员工的主动辞职、也包括单位辞退、裁员等原因造成的离职。大学生最为关注的应该是员工主动辞职的情况。人员流动从侧面反映了组织的稳定性，流动率高还是低，流动原因是什么，这些原因如果发生在自己身上是否会促动自己辞职等，这些问题的考察与分析可以使我们大学生深度了解单位的用人理念、行事风格等，有助于我们减少入职后的频频跳槽现象。新手状况一般是指入职 3 年以内的员工的职业状况，他们的状况往往是大学毕业生入职后的境遇写照。对于新手状况的了解可以使你降低对于未来单位的幻想，使自己的职业生涯定位与规划更贴合现实。

工作单位是我们大学生入职后朝夕居于其中的场所，它的点点滴滴很可能会影响我们的工作感觉，因此，我们大学生对工作单位的探索务求实在而细致。表5-5只是列出了一些通用因素，我们还可根据自己的偏好及单位的特性做更详尽的了解。某大学生对某师范大学教育科学学院的探索结果或许对你有些参照作用，见表5-6。

表5-6 某师范大学教育科学学院探索结果

单位全称		某师范大学教育科学学院	地理位置	该区有很多高校及知名中小学
管理性特征因素	单位类型	事业单位		
	组织架构	三系（教育学系、学前教育系、心理学系）、三所（教育研究所、学前教育研究所、心理学研究所）、一个基地（德育研究基地）及职业指导研究中心、农村教育研究中心等若干个研究中心		
	组织文化	严谨、朴实、奋发		
	人员流动	近年新进人员较多。一般人员中期离职较少，但到外地攻读博士后需先申请离职		
	人员结构	性别比例、年龄比例均衡，无特殊要求。学历结构中博士学位占专业人员的50%以上		
	新手现状	新进人员以博士及博士后为主　工作压力较大		
发展性特征因素	所属主管部门及行业	省教育厅　文化教育行业		
	业务范围	教育学、心理学、学前教育学的研究，及相关领域本科生、研究生的培养。现有300余名在读硕士生、博士生，200余名本科生		
	发展历史及所处阶段	百年老系；学院建设处于成熟阶段		
	发展规模	120余名正式职工		
	业内排行	学科建设在学校排名居前，教育学、学前教育学及心理学史学科建设全国名列前茅。其中教育学为一级学科。心理学为省级重点学科		

教育科学学院探索感悟：学科建设强，研究氛围浓，工作压力大。

专业、行业、企业、职业四个方面是非常相关的，这些都是影响大学生就业的核心因素。专业和学业是相辅相成的，学业规划不好专业就学不好，专业学不好就会影响日后的工作，而工作又取决于行业、企业、职业三者的确定。

思 考 题

1. 什么是职业探索？职业探索包括哪几个方面？
2. 大学生为什么要进行职业探索？

案 例 分 析

职业探索的重要性

小张是某高校生命科学学院的大二学生，经历了一年的大学生活后，他不知道下一步要前往何方，也不知道自己该怎样为未来做准备。每天机械式的上课、吃饭、休闲、看书成了不变的四部曲，同学们分化也很大，准备出国的，整天忙着备战托福、GRE；打算保研的，鼓足了劲天天上自习；还有一些自暴自弃的，游戏玩的天昏地暗。面对现状，小张很是迷茫：未来该何去何从？

小张的烦恼其实也是很多大学生的烦恼：无目的的学习和生活，不知道自己要做什么，不知道自己喜欢什么，也不知道自己能做什么。

小张找到辅导员老师来谈心。老师没有告诉小张能干什么，因为这个问题只有他自己能知道。旁人只能从旁边引导他发现自己的能力或优势。

“我是谁？”“我是一个怎样的人？”“我喜欢做什么？”“我擅长做什么？”老师让小张思考这一连串的问题。

面对这些问题，他显得有些疑惑。他说，自己也从来没有认真思考过这些问题，也不太清楚自己究竟喜欢什么，擅长什么，好像各方面都很平平。老师告诉他，如果你对自己不是很了解，又怎么能知道未来什么样的工作适合你呢？于是，老师拿出了一张白纸，让他在10分钟内写出20个“我是……”，再花20分钟的时间列出10个发生在他生命不同阶段的成功事件，并和他一起进行了分享和交流，帮助他认识自己。

随后，借助MBTI人格测量表、霍兰德执业兴趣测量表和职业锚测量表，小张对自己有了一个客观的认识：胸怀大志，有明确的目标，成就动机强烈，希望能干出自己的一片天地，兴趣爱好广泛，喜欢潜心研究，做事特别认真，一旦确定了目标就义无反顾的去努力实现；性格偏内向，不太爱与人打交道，社交范围不广，遇事很谨慎，有点优柔寡断，动手能力稍微欠缺。

在完成自我认知后，老师给小张布置了家庭作业，通过查阅资料、生涯人物访谈等来进行自己的职业探索。

讨论分析：针对小张的经历，谈一谈你对职业探索重要性的认识，应该如何进行职业探索呢？

实 践 项 目

探索你感兴趣的职业

除了通过网络搜索查找信息之外，通过采访资深从业者是了解一个职业很有效的方法。结合你之前拟定的生涯人物访谈计划，参考以下的提纲，对一位以上从事你意向性职业的资深（至少工作三年以上）工作者进行访谈：

1. 你现在的职位需要承担什么样的责任和义务？
2. 每天的工作内容大概是什么样的？
3. 工作要求个人做怎样的配合？
4. 工作变化性大吗？
5. 同事都是些什么样的人？
6. 领域的成功人士必须具备什么样的专业知识，普通员工需要什么样的素质？
7. 根据你注意到的，这个行业的佼佼者，都具备了何种人格特质？
8. 这份工作需要具备什么样的技术及能力以及资格（教育程度、专业训练、经验、证书或执照）？
9. 估计一下，刚进入这个领域的新人，起步底薪是多少？
10. 工作的未来发展趋势如何，可能有怎样的变化？
11. 换工作时，目前的经验和专业训练会帮助你准备下一个工作吗？大致是什么行业？

访谈结束后，综合分析访谈结果，对照之前自己对该职业的认识进行比较，找出主观认识与现实之间的偏差，确定自己是否适合这一行业、职业和工作环境，是否具备所需能力、知识与品质，形成书面总结报告，进而详细制定大学期间的自我培养计划。

【扫一扫●过来人说】乔布斯在斯坦福大学毕业典礼上的演讲

扫描上方二维码，查看文章

【扫一扫●生涯故事】现代医学之父威廉·奥斯勒的生涯故事

扫一扫上方二维码，查看文章

第六章　大学生职业生涯规划的制定与实施

本章导读

古语说：凡事预则立，不预则废。大学生最终要步入社会、进入职场，因此，是否有自己清晰而明确的职业发展方向、发展目标和发展战略，是关系到大学生能否立足于社会和人生事业成败的关键，所以，认真、科学、合理的做好职业生涯规划是非常重要和必要的。

第一节　大学生职业生涯规划的确定

一、大学生职业生涯规划目标确立的原则

1953 年，有人对美国耶鲁大学应届毕业生进行了一份“你毕业后的目标是什么”的问卷调查，统计结果有 3%的学生有明确的目标（97%的学生基本上有明确的目标）。20 年后，有人追踪调查所有参加了问卷调查的学生，结果令人吃惊，那 3%的人拥有的财富总和比另外 97%的人拥有的财富总和还要多得多。

美国哈佛大学也有一项关于“目标对人生的影响”的跟踪调查，其调查对象为一群智力、学历、环境等条件大体相同的年轻人。调查结果是 3%的人有清晰的长期目标，且 25 年中从未改变过，25 年后他们成为了创业者、行业领袖、社会精英；而 27%的无目标的人，他们生活社会底层，常失业，靠救济为生，常常抱怨社会。

由此可见：目标对人生有巨大的导向作用。我们可以用下面的 4 句话来概括这个例子，“目标清（晰）长（远）达成功，目标清（晰）短（期）步步升，目标模糊无成就，目标缺失在底层。”有了目标，人才会坚定、勤勉、不畏艰险，促使自己努力实践；有了目标，人的生命才能在有限的时空里，最大限度地释放能量。由此可见，成功者必定是目标意识强者。

（一）确定目标的三定原则

对大学生来说，职业生涯目标的确定是复杂而艰苦的过程，有时甚至是痛苦的过程。实际是解决大学生职业生涯规划的目标确立问题，而解决大学生职业生涯规划的目标确立问题，必须遵循“定向”、“定点”、“定位”的“三定”原则。

1. 定向原则　大学生职业生涯首先要“定向”，此为“一定”。方向定错了，则南辕北辙，距离目标会越来越远，还要重新走回头路，付出巨大的代价。因此，职业生涯决策，决不能犯“方向性错误”。通常情况下，职业方向由本人所学的专业确定，但现实的情况是，很多人毕业后，并不能完全按照自己所学的专业来选择工作，有的甚至与专业风马牛不相及。“学非所用”、“用非所学”、“专业不对口”的情况比比皆是，已不足为怪。这种情况下，就需要认真考虑，选择适合自己的职业岗位。

2. 定点原则 所谓“定点”就是定职业发展的地点。比如，有些人毕业后选择去南方，有些选择到上海、沪宁线一带发展，有的则选择去边疆、大西北，选择到祖国最需要的地方，这都是无可非议，俗话说“人各有志”，但应当综合多方面因素考虑，不可一时冲动，心血来潮，感情用事。比如，有的人毕业去了南方，认为那里是改革开放的前沿，经济发达，薪资水平较高，但忽略了竞争激烈、观念差异、心理承受能力，甚至气候、水土等因素，结果时间不长又跳槽离开，如果一开始就选准方向，就可以在一个地方，围绕一个职业长期稳定发展，对自己资历和经验的积累有益，时间加努力，有望成为某一领域的资深人士。频繁更换地点，今天在这，明天到那，对职业生涯成长肯定弊多利少。

3. 定位原则 择业前要对自己的水平、能力、薪资期望、心里承受度等进行全面分析，做出比较准确的定位。成多大的事情，要有多大的打算；要成就什么样的事业，就要作什么样的打算和计划，在技术、管理、科研等不同的领域要有不同的发展规划，不同的发展道路。如果深入的学习技术，我会成为一个专家；在护理学方面的学习研究，我会成为一个临床护理专家；学习研究金融财务，我会成为一个理财专家。

在定位过程中，既不可悲观，把自己定位过低，更不要高估自己，导致期望值过高，一旦不能如愿，失望也就越大。刚毕业就被知名大公司选中，而且薪资福利不菲，当然是你的运气。如果没有这种好运气，也无需气馁。不要过分在意公司的名气，薪资的高低，只要这家公司、这项专业岗位适合我，是我所向往和追求的，就应该去试一试，争取被录用。确立从基层做起，逐步积累经验，循序渐进，谋求发展的思想理念，这对你的一生都会有好处的。

除了这“三定”，其实还有很重要的“一定”，就是“定心”，心神不定，朝三暮四，就无法准确地“定向、定点、定位”。不论做什么，都需要“定心”。

从哲学角度看，“三定”实际上就是解决大学生职业生涯规划中“干什么”、“何处干”、“怎么干”这三个最基本的问题。这三个问题解决好了，职业生涯发展就会比较顺利。

（二）长远目标的五个标准

职业生涯目标按时间可以分解为短期目标、中期目标和长期目标。我们常说的“我打算本学期通过英语四级考试”是短期目标，而“我打算大学毕业后继续攻读医学博士学位”则是中期目标，成为一名著名的外科医生则是长期职业目标。

短期目标是一些具体的、操作层面的为实现中、长期目标而采取的步骤。短期目标要切合实际，有明确具体的完成时间，越具体越具有操作性。

中期目标是许多短期目标完成的结果，又为实现长期目标打下基础。中期目标有比较具体的完成时间，也可做适当的调整。

长期目标是自己认真选择的，符合自己的价值观，与自己的未来发展相结合的愿望。长期目标有实现的可能性，又具有挑战性。

一个长远目标的五个标准：

（1）经由自我认识选择的。个人能够意识到自己的需要，具备了职业生涯规划的意识，产生了这方面的需求。没有来自任何人和任何方面的压力，也是从众多的价值观中挑选出来的。

（2）每种选择结果都一一做过评估。

（3）你为自己的选择感到骄傲，并充满信心，且愿意公之于众。真爱自己的价值观，并愿意公开向其他人承认自己的价值观。

（4）承诺并付诸行动来完成。

（5）适合你整个生活模式，符合你的价值观。

二、大学生职业生涯规划目标的确立

大学生涯最常见的目标就是就业、考研或出国深造、三种选择各有各的精彩，无所谓优劣高低之分，实在没必要给硕士博士涂太多神圣的色彩。学历只是社会评价的标准之一。读研深造，还是直接就业本身无所谓优劣，这主要看个体的约束条件。考研、出国、还是就业，要根据自己的实际条件，看哪一条路更合适。

（一）顺利就业

除了一流名牌大学（如清华、北大）的本科毕业生毕业后有半数继续读研或出国深造外，一般本科院校的本科毕业生，硕士研究生毕业后绝大多数还是直接进入社会参加工作，可见，就业是在校大学生的最常见目标。

据统计，2013 年全国高校毕业生人数为 699 万人，比 2012 年增加 19 万人。2014 年全国普通高校毕业生人数达到 727 万，比上一年多出 28 万人。毕业生总量压力进一步增大，同时，用人需求结构性矛盾突出，毕业生就业观念仍需进一步转变。教育部部长袁贵仁强调，要破除影响高校毕业生就业的体制机制障碍；深化教育综合改革，增强高等教育与社会需要的适应性；健全就业政策体系、服务体系和市场体系，推进强化政府积极扩大就业的公共职能。

智联招聘结合百度数据针对 2014 年高校毕业生就业问题进行了全盘分析与解读。《2014 高校应届毕业生就业形势报告》中指出，从整体需求来看，智联招聘数据显示，2014 年面向毕业生的职位发布量相比去年增长 10.14%，毕业生就业竞争指数有所下降。随着民营企业、第三产业等对大学生的吸收能力和欢迎程度有增无减；二、三线城市快速扩张对拓展市场的需求日益增强，都为毕业生带来了职业发展的机会。“就业难”并不是难在岗位的缺乏，而是难在毕业生对未来方向、社会需求的认知错位及自我缺乏了解产生迷茫。

中国青少年研究中心最新发布的《未就业大学生群体研究报告》指出，未就业大学毕业生求职有“六盼”，即，最期盼增加就业岗位、建立全国大学生就业动态信息系统、提高素质能力、提供就业见习机会、转变就业观念和政府提供就业专项扶助资金。《中国企事业单位对大学毕业生职业技能需求报告》中认为，在近 20 年的经济高速增长中，中国的职业结构已经发生巨大变化，但中国大学毕业生的就业观念仍很陈旧。比如，绝大多数大学毕业生都以留在大城市，进入国家机关，国有企业，外资企业和各种大型机构为第一就业选择，只有 1.3%的毕业生选择去私营企业。因此，打破传统求职观念，多一双善于发现机会的眼睛，并愿意开动勤于思考的大脑，就能开创求职新思路，为实现人生目标做好准备。

要做好准备，首先要拓宽视野，选择可以发挥自己能力的天地。许许多多的大学生还在为了挤入北京，上海，广东和深圳这几个大都市而竞争得你死我活；有些为了留在这些所谓的“宝地”而求职无果，为生计发愁；其他的一些为了得到这些城市的户口，甚至去做一些无任何技术含量，只是体力劳动的工作，抛开薪水，舍弃原来自己的职业生涯规划，荒废了专业知识。最后才发现，一直在不停追求的东西不仅没有得到手，反而失去了更为珍贵的东西——经验和能力的提高。数据显示，毕业生对一线城市的“围剿”，被近几年不断升温的二线明星城市所打破，毕业生选择一线城市就业的趋势有所下降，“逃离北上广”的流行口号正逐渐成为现实。随着三星、阿里巴巴等企业知名度提升，加上近几年“人才回流”的热潮，毕业生转而关注如杭州、西安、天津、苏州等二线明星城市。与此同时，“逃回”北上广的现象依旧存在，即北上广本地求职者逃离到二线明星城市，而外地求职者依旧向往一线城市。“围城”效应造成北上广与二线明星城市双双“就业难”。反观其他二、三线城市，就业缺口仍然存在。但与此同时，已经有人慢慢向外围发展，为了自己的目标去寻找合适的地方。随着近几年无锡、合肥、重庆、青岛等二线城市大力发展高新技术产业、众多大型企业入驻，对人才需求量暴增，具有平台高、晋升机会大、生活成本低等优势，就业前景良好。

其次，改变对职业的认识，不断寻找新的职业领域。随着我国三十多年来的高等教育改革，本科生入学比例从 1977 年的 4.8%逐年升高至 2010 年的 69%。研究生规模也“跨越式发展”，招生人数从 1994 年的 4.2 万人激增到 2012 年的 51.7 万人。高等教育已经从精英化全面走向大众化。事实上，多年教育体制的改变并没有给毕业生及家长的认知带来变化。这些从小被家长期望成为“天子骄子”的孩子们，一路被灌输“精英”式定位，过分强调自身价值而忽视社会需要，不良的就业心态和择业观念与经济发展的现实不相吻合。多数家长仍然认为，蓝领技工、第三产业又苦又累，报酬相对较低的工作不适合手握大学文凭的毕业生；多数毕业生简历投放仍然瞄准政府部门、国企、外企等中端职位，而这些单位招收的人数却在不断减少。

从智联招聘应届生招聘数据库的数据显示来看，毕业生仍然扎堆财务、人力、贸易、高级管理等看上去“轻松”且“高大上”的职位。而忽视需求不断增加的服务类、销售类岗位。原因在于，一是对服务类、销售类岗位的误解，认为此类职位门槛低、工作压力大、职责不规范。二是对职位的发展前景缺乏了解。职能性岗位往往上升通道短，有一定职位“天花板”；而看似低端的业务类、销售类岗位能够提供较高的绩效提成，增加收入，职位发展通道也相对宽广。智联招聘调查也显示，67%的企业高管由销售、业务岗位晋升，服务、销售等岗位能够帮助个人综合能力快速提高。数据显示，传统“精英”企业如国企、外企、上市公司、明星企业的竞争力居高不下。而市场需求量大的中小企业、民营企业鲜有人问津。长期以来毕业生对民营企业存在薪酬福利待遇低、工作环境差、发展空间小等错误认知。事实上，经过多年发展，多数民营企业已经走过创业阶段，资本积累和业务基础都在不断地提高。面对人才荒的瓶颈，也在不断提升自身管理组织水平及薪酬福利待遇。“大众化”的民营企业对大学毕业生的渴求有增无减。当村官逐步进入了大学生的脑海中的时候，当越来越多的大学生选择为了农村的发展而进入这个行业的时候，人们逐步意识到：现在有越来越多兴起的职业名称。随着职业面的拓展，为大学生们提供了更多的求职机会。因此，大学生们应该对这些新的职位给予多些关注，来缓解激烈的竞争压力。同时，也不要盲目的追寻，在选择这些职位的时候，应该收集相关职位信息，看和自己的性格、专业是否匹配，在新的领域，发挥自己的潜力。

毕业生们受到家庭的和社会的影响，扎堆所谓的朝阳产业。主要集中在 IT、环保、能源、信息产业等产业，传统医药、制造、加工行业遇冷。从百度指数 2013 年 12 月毕业生搜索最热门公司来看，TOP20大多集中在互联网、金融两大行业。腾讯、华为、百度等成为校园招聘最受关注的公司。而招聘上升最快的企业当中，汽车、科技、制造成为校园招聘潜力行业。

以往以高薪、高职、明星人物频出为优势的IT、信息、电子等行业，近年来受到广大求职者追捧。“人才热”现象导致朝阳产业人才局部饱和。“程序猿”、“IT民工”、“码农”等网络名词的出现，也体现了这些行业人才过剩、职位低、压力大等特点。

从2010年至2014年的薪酬趋势来看，朝阳行业的高薪优势明显丧失，而企业淘汰率高、人员流动过快等不安定因素在一定程度上影响职业发展。反观医药、制造、加工等传统行业出现技术、生产人才巨大缺口，近年来薪酬增长速度惊人，正成为高薪人才的“摇篮”。

最后，不是选择最好的而是选择适合自己的职业。好的东西不一定适合自己。大学生在选择目标企业的时候最大的疑惑是到底去大企业还是小企业，大部分学生倾向于大企业，觉得规模大，机制健全，可以学到更多的东西。但在大规模的企业，尤其刚刚走出校门的大学生，很少能和公司的高层领导交流，在人才济济的公司里自己也是很少得到重视，发展的步伐也会因此受到一定的阻碍。而在规模相对小的企业，员工们有着更为和谐的工作环境，并且更容易得到老板的关注。遇到问题也可以随时交流，一般工作的覆盖面也相对广些，可以扩大知识面，做个多面手，对自身素质和能力的提高有很大帮助。

要选择适合自己的职业要注意两个方面。一是找到合适的支点。在强大的就业压力面前，越来越多的大学生或感慨自己怀才不遇，或感慨自己能力太差，其实如果能够找到合适的支点，大学生也可以找到满意的职业，且看专家们给出的具体分析。首先，眼光不能过高或过低，目标要切实可行。有的大学生觉得以后跟别人打工没有希望不如自己当老板，对自己和社会环境过于自信，目标脱离实际；还有的大学生认为自己家庭条件不错，找份公务员的工作不成问题；更有甚者，认为就业形势严峻，研究生尚且找不到工作，本科生有份工作就不错了，对自己自暴自弃，完全没有目标。大学生要客观看待周围和自身条件，树立切实可行的目标。其次，避免过于执著和盲目跟风。把事情理想化，追求高薪是年轻人择业的盲点。自己的目标还是第一位的，不要盲目跟风。年轻人还是要以提高自身素质为前提，不要盲目追求利益，理想也需要有能力来实现。

作为大学生来说，自己的职业还是一片空白，首先要为自己定下职业目标，该往什么地方发展。刚毕业的大学生不应该把金钱等作为好工作的首要标准，而是要更快地提升自身素质，积累自己的工作经验，对丰富自己工作经历打下良好基础。世界上没有完美的工作，每个工作都有他好与坏的两面，要学会平衡和知足。同时也不要在一棵树上吊死，如果不能直接实现自己的既定目标，就可以寻找别的工作机会，同时为以后的求职充电，作准备。

二是拓展就业门道，树立合适就业目标。为了顺利就业或在激烈的竞争中有一席之地，越来越多的大学生采用以下方式拓展就业门道，树立合适就业目标。

首先，参加职业资格考试，掌握求职第二块“敲门砖”。参加职业资格考试是现在大学生比较热衷的“充电”方式之一。资格证书的热度间接反映了对应职位的热度。房地产行业、金融行业的繁荣，刺激了对应资格证书考试的热度。资格证书从近两年的搜索热度来看，建造师、会计、司法考试是最热门的三类资格/职称考试，但是，人才市场上对初级人才的需求逐渐饱和，会计从业资格和初级会计证的热度相比2012年9月～2013年8月，有大幅下降。有很多学生把职业资格认证视为大学毕业证之外的第二块“敲门砖”。如心理咨询师、营养师、教师资格认证考试、雅思考试，为了给自己找到出路，很多学生抱着

“这山不亮那山亮”的态度，报考很多培训辅导班，毕业时拿了很多证书，却没有用处。专家建议，大学生不要盲目地去参加职业认证考试，要有计划，结合自己的专业和目标职业发展考取相关职业资格证书。其次，辅修第二专业，增加就业砝码。随着网络的普及，慕课和其他网络公开课已经在很多大学生中普及。网络与远程大学在短短的六年时间，在册人数已经达到了 250 万人，网络教育时间、地点的灵活性成为大学生掌握更多知识的很好方式。很多大学也开设了双学位课程，学生在校期间利用业余时间按照课程设置完成相关课程学习，到毕业时还可以拿到两个都是国家承认的毕业证书。专家表示，网络大学要求学生有较强的学习能力和自制能力，大家在选择时要因人而异。同时应该选择应用范围广的专业，如英语、管理等。

其次，利用课余时间打工、积累工作经验。众多用人单位在招聘员工时，常常会要求“有从事某某工作经验两年或三年以上”。这道门槛对于应届毕业生来说，是无法逾越的。所以在校大学生应及早做准备，利用课余时间打工积累工作经验，这也是提高自己竞争能力的一种手段。专家建议，学生还是以学习为主，自己的兼职时间和学业课程安排一定不能起冲突，要分清主次，在不耽误自己学业的前提下进行社会实践。最后，参加职前培训，掌握求职技巧。很多学生的基本功很扎实，但是过不了面试的“临门一脚”，因此大学生在平时应加强求职技巧方面的知识积累。目前，学校就业指导中心和一些职前培训机构都可提供，如面试技巧、职位描述、行业知识等培训，培训费用也不用多。

随着高等教育大众化的到来，高端岗位的就业压力也随之增大，大学生必须多方面提高自己的竞争能力。每一个大学生都要据自身的条件和优势，找到适合自己的“充电”方式，再利用这个优势在市场竞争中找到适合自己的位置。

（二）考研

根据教育部门统计，2014 年全国硕士研究生报考热度趋缓。近 20 年内，考研报名人数继 2008 年首次下降之后，2014 年出现第二次下降。全国各地考研报名人数均呈现不同程度下降趋势，如北京、河北、湖北分别下降 7.6%、3.8%、1.24%。考研不比高考轻松。也是千军万马过独木桥的选择。

1. 要有正确的考研动机 今天大部分学生考研的动机是：寻找专业热门，希望增加自己以后申请工作或进一步读书的实力；也有很多人把考研当作学校升级的机会，即从二三流的本科进入一流的研究生院读硕士，再靠这个出国或进入优秀企业。客观地说，这个动机是可以理解的，其理由是中国今天的人力资源市场很畸形，竞争很激烈，出现了学历贬值的不良现象：好的公司待遇可以是普通的公司的 5 到 10 倍，这些公司每年申请者众多，可以百里挑一，根本不可能面试每一个申请者，考研变相的变成企业的一层筛选。利用这种筛选，企业在招聘时可以节约成本。于是，某些公司可能只看名校的学生，或是只挑有博士、硕士学位学生。但是如果认为考研是回避就业压力的避风港，那绝对是错误的观点。正确的考研动机应该是：对某专业有兴趣，希望学的更深。读硕士可以拓宽知识面（本科时学习的专业知识往往是基础），可以适当参加一些导师的项目以增强动手和团队合作能力。很多硕士也是面向工业界培养的，并不是研究型的。一般来说，硕士毕业生比本科毕业生有更强的动手能力和更扎实的专业基础，这也是企业为什么青睐研究生的原因之一。

2. 选择合理的考研方式 大学生其中一种读研方式是出国深造，由于国外的师资、资源、教学方式都领先于中国，所以出国深造比国内考研更能帮助你学习技术，开阔视野。

有能力出国的人（包括学业、经济和对外国的适应力），或者能申请到奖学金者，都可以试试出国读书；另一种是留在国内考研。如果决心留在国内，而又想做研究，应该尽量报考一个比你现在学校更好的学校，挑一个你有兴趣的科目，找一个值得尊敬的老师做导师；还有如果你只是决定进一个好公司工作而决定考研，应该尽量报考一个比你现在学校更好的学校，挑一个有兴趣的科目，选一些以后工作会用的课题，挑一个热门又实际的论文题目，找一个有管理或商业经验的导师就足够了。

其次是选择先就业者。就业是为考研留后路。李某是某大学护理学院一名女毕业生，她选择了考研、就业两手抓。"我想读研究生，可又担心自己考不上，所以只好边找工边考研。万一考研砸了，还有工作可以干！"据了解，由于当前就业形势严峻，大多数毕业生要找份工作已经不容易，更别提要找到自己满意的工作了。无奈之下，"缓刑"三年——先读研再就业变成为众多毕业生，尤其是女生的选择。毕竟，研究生比本专科生吃香多了！可是谁也无法预料，随着研究生招生规模日益扩大，3 年后的研究生依然还会是今天的香饽饽吗？每个人在选择读研或是就业的时候，最好是考虑一下自身的情况，包括本科就业的机会、收入、家庭的经济情况、自身的活动能力、读研后预期的情形，对这些情况做一个大概的估算，这样就可以得出你读研到底是划算还是不换算。如果你很想早点融入社会，将十几年来所学的知识在社会实践中加以利用，经受实践的考验，或者因为你的经济基础不怎么好，或是因为你的学习兴趣不怎么高，而且本科所学专业的就业难度并不大，那你的最好出路就是直接就业。

随着近两年高等教育的大幅扩招，我国人才短缺现象已经得到了根本解决，大中城市中，本科类人才已趋于饱和，而在一些地级，县级城市中本科人才需求量依然很大。另外还有一些刚刚兴起的民营企业对人才的需求量也是很大的，但由于地区、待遇等方面的问题，这些单位正是大学生们不想去的地方。现在大学生绝不是供大于求，只不过对于人才的需求重心有所改变。实际上不是就业难而是择业难。造成这种签约率不高的原因是由于毕业生的期望值过高。高校毕业生应该降低期望值，调整心态，不必扎堆大城市，先就业再择业。对于大学生而言，开始阶段就业比择业更实际和重要，你只有现有一个职位，才能谈到以后的职业策划，还要从最低的职位做起。

每个人都要面对自己的生活，都要面对工作。很多同学因为害怕就业压力，害怕工作而不得不考研。可是你终究要走上工作岗位，你不能在校园里过一辈子，工作会给你带来很多经历，这也是一种财富。

实际上，目前毕业生就业难并不是总量供给过剩，而是机构性问题。广大西部地区和中小城市对人才需求很大，但大部分毕业生的眼光盯住沿海地区和大城市。如果不转变就业观念，三年后硕士的就业形势很可能同现在一样。

最后是走中间路线者。走中间路线的人也是很多的。如果你念大四，如果没有准备考研，他人会说你没有品味；如果你上大四，而你有没有准备工作，其他人会说你不聪明。所以最合理的事实，就是能够把考研和找工作合理兼顾起来。鼓励考研的人几乎都会告诉你，考研与找工作并不矛盾。因为考研是在毕业那个学年的春节前，而且找工作可以一直找到夏天毕业时。所以花上一个学期左右的时间来复习是值得的。即使没考上，还可以在考完之后，加入到找工作大军中来。

（三）自主创业

1. 创业成为大学生生涯发展的新目标的原因 20世纪90年代末，全球性的学生创业浪潮开始波及中国，成千上万的高校学生投身其中，一时间，创业成为大学生成材的新途径。同时由于就业压力，一些人必然要面对找不到工作，或是短时间内找不到合适的工作的情况，在这种情况下选择创业也是一种无奈之举。另外大学生崇拜那些通过创业获得成功的偶像并积极追随他们；自主创业也可以为其带来良好的经济效益；而且自主创业是为自己打工，成功和失败属于自己，可以更好激发他们的热情和自我实现意识。大学生自主创业是顺应时代发展的产物，十六大报告明确指出“引导全社会转变就业观念，推行灵活多样的就业形式，鼓励自谋职业和自主创业”；十七大报告明确提出“要实施扩大就业的发展战略，促进以创业带动就业，把鼓励创业、支持创业摆到就业工作更加突出的位置”；十八大报告则提出“引导劳动者转变就业观念，鼓励多渠道多形式就业，促进创业带动就业”。由此可见，党和国家一直把鼓励、支持创业放在突出位置。

创业可以增加就业机会，是落实建设新型国家战略的需要。大学生创业既是我们教育体制改革和高新技术产业跨越式发展的动力源，也是繁荣社会主义市场经济，加速我国经济发展的动力源。大学生创业不仅可以解决自身的就业问题，而且能提供更多的就业机会，对我国经济的发展起着至关重要的作用。在全社会的共同努力下，我国大学生创业服务体系日益健全，相关保障措施日趋完善，高校也纷纷将创业教育纳入到教学大纲，部分高校还设立了自己的创新创业园或者科创孵化基地等创业平台，由专门的教师指导、扶持大学生开展自主创业。加之各省市地区政府部门积极出台的一系列扶持政策，从资金、场地、行政管理、税收等各方面为创业大学生解决一切后顾之忧，创造了良好的创业氛围，也使得大学生自主创业比例逐年提升。

2. 大学生自主创业的三大难点 首先是学生自身知识限制。许多创业者无法把自己的创意准确而清晰的表达出来，缺少个性化的信息沟通。对目标市场和竞争对手缺乏了解，反映出大学生创业知识的缺乏。系统的创业教育是大学生成功创业的重要保障。发达国家基本上都有比较完善的创业教育体系，如美国的创业教育贯穿从小学、初中直至研究生的整个正规教育过程。我国的大学生创业教育始于20世纪末，以1998年清华大学举办的大学生创业计划竞赛为开端，主要着眼于解决大学生的就业问题而不是培养创业人才，虽然取得了一定的成绩，但与国外相比仍然存在较大差距。作为当前大学生创业教育的重要基地，各个高校虽然也重视大学生创业教育，但由于受办学理念和应试教育等因素的影响，并没有将创业教育上升到应有的高度，缺乏对创业教育的正确认识。在教育对象上，很多高校只是将大学生创业教育视为就业指导工作的一部分，主要面向即将毕业的学生，而没有将其融入大学生培养的全过程；在教育师资方面，高校教师大多是学术专家出身，普遍缺乏创业经历和实践能力，难以胜任大学生创业教育的需要；在课程体系设置方面，创业教育课程所占的比重偏低，有的甚至没有列入培养计划；在教育方式上，偏重于理论教育，如向大学生灌输创业的意义以及创业的基本知识等，忽视对大学生创业技能的培养。除高校外，很多地方政府也都针对大学毕业生开展了创业培训活动，收到了一定的效果，但培训的层次总体上还比较低，培训内容的针对性也不强，而且缺乏系统性和连续性，难以收到预期的培训效果。

其次，缺乏宽松的创业环境。虽然各级政府部门和高校已经出台了一系列鼓励大学生自主创业的优惠政策，但大学生自主创业仍然缺乏一个宽松并相对稳定的创业环境。创业目标倾向于保守和稳定，缺乏冒险精神。在政府项目、政策支持、教育培训和商务环境等各方面，仍需进一步完善。很多高校都建立了大学生创业孵化基地，但入驻形式单一、软件扶持力度缺乏，学生的创业限于简单的食品、物品零售等。按照国家、各省出台的相关政策，创业毕业生可申请小额创业资金担保贷款，但实际情况是真正申请得到担保贷款支持的几乎没有。政策的制定与执行脱节，部门协调明显不足。传统观念也是营造宽松创业氛围的拦路虎，我国传统观念普遍认为，大学毕业生工作意向首先应该是工资高、地位稳定的政府部门或事业单位，其次是效益较好的央企、国企和规模较大、福利待遇好的民企、外企，自主创业是没有办法的下策，这些传统观念无疑会束缚毕业生的创业激情。

再次是缺乏经验和创新能力。大学生在创业过程中除了能纸上谈兵之外，对具体的市场开拓缺乏经验与相关知识，并且一般从事低端行业忽视技术创新。大多数毕业生在创业时选择了启动资金少、容易开业且风险相对较小较容易操作的传统行业，如培训教育、咨询、贸易、零售、种养殖业等，且大部分以个体经营居多。毕业生自主创业者有相当一部分是苦于找不到合适的工作而被迫“创业”，这些创业者在校期间只注重学好本专业的课程，或只注重知识的学习而忽略了社会实践，理论不能联系实际，导致缺乏创业所必需的经营管理、市场营销和财务管理等创业知识和经验积累。大学生的市场观念较为淡薄，对于诸如目标市场定位、营销手段组合等重要方面没有深入的研究。许多毕业生在最初接触或选择创业项目时，没有前期充分的市场调研，不了解市场需求，或主观臆断，或闷头苦干，还往往缺乏换位思考的能力，这些都为顺利、成功创业埋下了隐患。创业能力差还表现在普遍缺乏广泛的社会关系。而广泛的社会关系，或称为“人脉”，恰恰是大多数成功的企业家和经营者们极为推崇的制胜法宝。大学生自主创业虽日趋火热，但却普遍存在难以找准市场定位、缺乏社会资源、营运模式不成熟等问题。市场残酷的现实使大学生创业的成功几率很低，绝大部分人以失败告终，能够坚持下来的寥寥无几。

最后是资金的募集和使用问题。资金充裕与否是影响大学生自主创业成败的关键因素之一。学生创业者如果没有相当数额的资金来维持公司运转，那么一切经营活动都将变得举步维艰。资金不足是刚走出校门的大学生、研究生创业的首要难题。创业需要资金，甚至需要大量资金。对大多数毕业生创业者来说，可以通过自筹、向亲朋或金融机构借贷或者吸引风险投资等筹集资金。部分有条件的学生可从家中获得资金支持，但对于大部分学生来讲获得资金支持都是十分困难的。关于借贷，一则资信不足贷款不易，二则有期限要求，不能满足创业的长期投资需要。风险投资是最好形式，特别适合大学生创业者。但我国目前的风险投资市场还很不成熟，风险投资公司了解到大学生创业缺少管理经验，往往顾虑重重，投资标准苛刻，或要求在公司中占大数额股份。某些领域的创业表现在急于得到资金，给小钱让大股份、贱卖技术或创意。另外，对风险投资不负责任地使用，烧别人的钱圆自己的梦。每一轮融资中的投资者，都将影响后续融资的可行性和价值评估。

3. 大学生自主创业需过好“四关”　首先是选项关。选择既适合自己又符合市场需求的创业项目，这是大学生创业者必须过好的第一关。因此，大学生在刚开始创业时，应尽量选择初期投入少，资金周转快的项目，这样才能有充足的流动现金维持企业的正常经营。同时，大学生也要避免选择一些需要大量库存的项目。库存一多，资金周转必然缓慢，这不是小资本所能维持；如果加上市场不稳定，必然会导致周转不灵，陷入倒闭的困境。大学生如果没有十足的把握，尽量避免一开始创业就进入高科技行业，因为高科技行业需投入大量的研发成本，对于大学生这样资本金较少的创业者是一项很重的负担，所以大学生可以先选择一些相对比较容易做的行业，在积累了一定的资本后再考虑转入高科技行业。也可以选择特色项目。别人没有的，先于人发现的，与别人不同的，比别人强的项目都可以归类为有特色的项目。特色项目除了可以避免陷入与同类型的竞争者同质化的困境，还可以提升产品的辨识度和认知度，拥有更高的定价空间。立志于自主创业的大学生，应该对市场的动态变化保持敏锐的触觉，时刻了解市场需求变化的方向，就可以发现一些市场的空白，建立独具特色的创业项目。

其次是经验关。大学生创业不能“纸上谈兵”，而应具备一定的企业管理及市场运营知识和经验。大学生自主创业者与社会创业者相比，其特点是在技术成果产业化的驾驭能力、对市场的把握能力以及对企业的管理能力等方面都很弱，这些劣势无疑加大了大学生创业的困难，增大了创业失败的几率。许多学生在设计产品开发项目时并不了解市场上的需求，或者主观臆断市场需求，或者闷起头来一味地搞技术；通常难以得到第一手的市场信息，也就无从分析市场未来的发展方向。同时他们往往以自我为中心，缺乏换位思考的能力，这使得很多下大力气研制的产品找不到买家，错过了商业机会，甚至导致失败。其次，社会经验不足。大学生社会经验的不足，常常使他们在刚开始创业时盲目乐观，看到的都是成功的例子，而对于创业过程中会遇到的失败却没有充足的心理准备。一旦在创业中遇到挫折和失败，许多创业者感到十分痛苦茫然。再次，大学生缺乏必要的操作经验与经营知识，许多创业者无法把自己的创意规划准确清晰地表达出来，对市场和竞争对手情况缺乏了解，缺乏真实有效的分析数据；不能做出正确实用的发展计划蓝图，缺乏明确的自身定位，不知道自己的创业项目会给市场创造什么样的价值，用户或消费者是否会考虑购买他们的产品和服务；不能保持企业成立后的正常运营。这些无一不反映出大学生在创业方面知识和经验的缺乏。

再次是团队关。大学生创业投资时应看重有合作能力的创业团队而非徒有想法的单干者。自主创业者还要学会组建优势互补的团队，这是因为自主创业要处理的事情不仅面广而且量大，靠一个人的力量很难有效地应对各类情况，创业团队则能有效进行创新与经济管理的互补。对大学生自主创业者，建立广泛而有效的社会关系，是摆脱在与社会创业者竞争中处于不利地位的重要因素。目前，大多数自主创业团队，都是在校几名大学生，因为共同的爱好，共同的志向走到一起形成一个组织。创业团队组织内部需要具有类似于企业的管理模式。因为创业团队一般拥有自己的创业项目，这便涉及的团队的资金筹措，资金管理，资金使用，市场调查与开发，市场营销等管理活动，因此，在校大学生创业团队，有比较明显的企业管理设计模式。如财务会计部门，市场营销部门，企划部。这些部门的设计，有利于这些创业团队在学校和学校周边开展活动。大学生创业团队的成员在专业知识和技能上具有互补性。一个团队的领导往往是最具有激情、号召力和创造力的人来充当，但仅仅如此，一个创业团队无法存活，它需要各种才能的队员来组成。一个好的项目必须有明确的分工，才有可能顺利地完成，例如有的队员软硬件开发能力较强，那可能会主要负责项目中主要产品的制作与开发；有的队员的市场开拓能力强，他需要做一系列有关市场调查等的工作；有的队员公关能力强，他需要积极的运作起项目的各个环节，有的队员采购能力强，他便需要及时经济的购进项目所需的各项物资。一个创业团队正是因为自身各方面的优势才组建，以及在不断地改进中发展壮大。

最后是心态关。心理素质比如缺乏坚韧的毅力，缺乏对风险的判断和抵抗能力，对创业的艰苦程度准备不足等，也是影响创业成功与否的重要环境因素。大学生创业时应虚心接受别人的意见并敢于直面挫折和失败。有志于创业的大学生，应注意调整心态，磨炼意志，做好迎接各种挑战与风险的心理准备。在对大学生的创业教育中，要将创业教育与心理健康教育有机结合起来，对学生进行积极引导，定期对学员的不良情绪进行疏导，培养学员积极、乐观、开朗的心理品质，采用恳谈会、分享会等方式，实现学员间、师生间的心理分享，缓解心理压力，从而达到以挫折困难提升创业心理素质，以心理健康促健康发展，提高创业教育的培训效果。在职业生涯规划教育中也要将心理素质的培养结合起来。创业教育本质上是一种职业规划教育。一方面，要积极向大学生传递“创业立志，成就未来”等信息，鼓励有条件的学生将创业作为自己职业发展目标；另一方面，还要引导学生树立合理、科学的职业规划，应结合自身的优势，理性创业，切忌由于一时热情盲目创业。积极开展模拟创业培训，提高学生的抗压、抗挫折能力。

第二节 大学生职业生涯规划制定与实施

“凡事预则立，不预则废”，在社会竞争日趋激烈的今天，21 世纪的大学生们一定要规划好自己的大学生涯，为自己的梦想而战。

一、大学生职业生涯规划的制定

职业生涯规划是指个人根据对自身的内在剖析和外在的环境解读，确定自己的职业生涯发展目标，以及制定相应的学习，工作计划，并按照一定的时间安排，采取必要的行动实施生涯目标过程的行为。

大学生职业生涯规划特指大学生这个特定的团体根据自身的特点和对专业的分析，制定职业生涯规划。大学生职业生涯规划有广义和狭义之分，广义的大学生职业生涯规划指的是大学生对自己的整个人生进行的职业规划。狭义的大学生职业生涯规划指的是大学生为将来从事能实现自己人生目标的职业，对自己的大学时期进行的学习和工作规划。狭义的大学生职业生涯规划从属于广义的大学生职业生涯规划，二者是部分与整体的关系。

（一）大学职业生涯规划书的写作要求

把大学生职业生涯规划这种行为按照一定的书写格式书写出来，即形成大学生职业生涯规划书。大学生职业生涯规划书的写作要求有以下几点：

1. 全面、详尽 大学生职业生涯规划书的撰写需要剖析大学生本人的性格、兴趣、爱好、价值观、能力等内在因素；同时要分析大学生所学专业，毕业后从事的职业，社会发展前景等外在因素，不管是内在因素还是外在因素，都对职业生涯的制定起着举重若轻的作用。对因素分析得越全面透彻，就越能制定出符合个人自身发展的职业规划，就越能更好地完善人生。因此，大学生职业生涯规划的制定和书写要尽可能的全面、详尽，包括内在因素和外在因素的各个方面。

2. 有步骤，可实施 只有分析、没有行动，再全面详尽的分析报告也发挥不出它应有的效果。只有把想法付诸行动，才能最大限度地达到目标。大学生职业生涯规划最后的落脚点是在行动的实施上，因此大学生职业生涯规划书中必须要有实际可操作的实施步骤。

在制订计划和步骤时要从实际出发，切忌好高骛远，超出个人的能力范围。

3. 发展变化性 大学生职业生涯规划是一个动态的、发展的过程。因此，在书写大学生职业生涯规划书时要留出发展变化的空间，以便于根据变化适时做出调整和完善。

4. 聚焦大学期间 大学生活在一个人的整个生命中起着举重若轻的作用，在这人生最青春、最美好的几年时间里，个人的世界观、人生观和价值观基本树立，综合素质不断提高，资源和人脉不断扩大，这些都将影响到个人的整个职业生涯。因此在大学生职业生涯规划中，大学期间的规划应是整个规划的重点。在书写大学生职业生涯规划时，应聚焦于大学期间。

（二）大学职业生涯规划书的基本内容和结构

大学生职业生涯规划书应该包含以下几方面内容：

1. 自我分析 自我分析主要指通过一系列的行为对个人的兴趣、性格、能力、价值观等四个方面进行全面的了解和探索，从而明确自身的优势、发现自己的不足，对自身有较为详细全面的认识。

（1）职业兴趣：职业兴趣决定了我们喜欢做什么。是喜欢操作具体的事物，还是探索未知的事物？是喜欢自我表达，追求美和自由还是与人交往，关心他人？是喜欢追求权力还是乐于执行？对自身职业兴趣的了解可以引导我们发现能让自己获得满足的工作是什么。

早在1959年，美国约翰·霍普金斯大学心理学教授、美国著名职业指导专家约翰·霍兰德（John Holland）就提出了具有广泛影响的职业兴趣理论。在霍兰德的理论中，人的人格类型、兴趣与职业密切相关，兴趣是人们活动的巨大动力，凡是具有职业兴趣的职业，都可以提高人们的积极性，促使人们积极地、愉快地从事该职业，且职业兴趣与人格之间存在很高的相关性。

作为大学生，我们可以通过一系列的专业的职业兴趣测试来了解自己职业兴趣爱好，兴趣测验通常是通过列出涉及运动、音乐、艺术、文学、科学、社会服务、计算、书写等领域的众多的兴趣选择项，根据被试者对各种兴趣项目的“是”或“否”选择，或依据受试者排列出的兴趣序列，可以对其是否适合某一职业或某一种工作做出判断。目前通常使用较多的有斯特朗职业兴趣量表（strong vocational interest blank，SVIB）和库得兴趣记录（Kuder preferenee record，KPR）等，

（2）职业性格：性格决定了我们适合做什么。我是一种什么性格的人？是热情洋溢还是含蓄内敛？是关注现实还是善于想象？是公正客观还是主观仁慈？是按部就班还是随性而发？不同的职业有不同的性格要求。虽然每个人的性格都不能百分之百地适合某项职业，但却可以根据自己的职业倾向来培养、发展相应的职业性格。

性格对职业的选择以及职业的成功有着重大的影响，作为大学生该如何分析判断自己的职业性格？在心理学上有一些比较经典的性格测验，例如，从乐群性、冒险性、情绪稳定性、独立性等角度来分析职业性格的卡特尔的16PF测试；从外倾—内倾性、感知—直觉性、理智—感情性、判断—观察性四个维度八个级别来分心的MBTI性格评估测试。我们可以利用这些测试工具来帮助自己了解自己。

（3）职业能力：能力决定了我们能够做什么。我具备哪些天赋？拥有哪些技能？沟通能力、团队合作能力、领导能力、学习能力、人际交往能力、适应能力、专业技术以及分

析解决问题等这些的能力我掌握的程度有多少？

职业能力具有广泛性和稳定性，因此它同样能够依据一定的手段被测试出来。例如在网络上很多的EQ情商测评、沟通交流能力测评、处理问题能力测评、领导能力测评、创业潜力测评、成功倾向测评、职业选择测评、人际关系测评等。同时我们还可以使用SWOT态势分析法，成功案例分析等方法来帮助我们了解自己能力。

（4）职业价值观：职业价值观反映出我们最看重的是什么。职业价值观是指人生目标和人生态度在职业选择方面的具体表现，也就是一个人对职业的认识和态度以及他对职业目标的追求和向往。理想、信念、世界观对于职业的影响，集中体现在职业价值观上。

不同的划分标准，人类对不同的价值观的划分种类也不同。在美国心理学家罗克奇在《人类价值观的本质》把价值观划分为了金钱、健康、欢乐、权力、安全感、成就感、自我成长、美、道德感、帮助他人、挑战、爱和独立等 13 种，而我国学者阚雅玲将职业价值观分为收入与财富、兴趣特长、权力地位、自由独立、自我成长、自我实现、人际关系、身心健康、环境舒适、工作稳定、社会需要、追求新意等 12 类。

职业价值观是一个复杂的多维度的心理因素，对职业的选择和衡量有多种要素的参与，当代大学生，对自己的价值观，特别是职业价值观进行分析时，可以参照学者们所提出的价值观类型，看自己到底属于哪一种。同时在职业价值分析和测定过程中须处理好职业价值观不同要素之间的关系，并根据不同时期、不同情况明确自己的职业核心需求，以便合理制定自己的职业生涯规划和相关策略。

通过以上四步，综合自己的兴趣、性格、能力和价值观。大学生在书写职业生涯规划书时可以对自己有更进一步的分析：

首先是明确自身的优势。明确自身优势即通过对自己的分析，深入了解自身，找出自己与众不同的地方。可以从“我掌握了什么”“我做过什么”“我获得了哪些成功”三个方面入手。

我掌握了什么。即在过去学习中掌握到的各种知识和专业技能？对于大学生而言，特别是医学生，在大学专业学习期间，所学的专业在很大程度上决定了以后从事的职业方向，因而尽自己最大努力学好专业课程是大学生职业生涯规划的前提条件。

我做过什么。即自己已有的人生经历和体验，如在学习期间担任学生干部，协助教师管理班级事务，组织策划班级活动；在假期参加社会实践，进行社会调查；参加各项学校和社会公益活动；以及这些经历和体验所取得成绩和奖励。“经历是个人最宝贵的财富，往往从侧面可以反映一个人的素质、潜力状况。”经历往往比知识更重要。

我获得了哪些成功。从小到大，我获得了哪些成功？最成功的是什么？成功带给我的是什么？我喜欢这样的成功吗？我是如何成功的？通过对成功事例的分析，可以发掘出自己的优势。

其次是发现自己的不足。“人无完人，金无足赤”，每个人都有自己的弱点。胆小的人难于发现探索的魅力，粗心的人难于看到细节的完整，但是对于弱点，我们不是害怕，不是逃避，而是努力正视，并尽量寻找弥补、克服的办法，使自己更加完善。这就需要我们有内省的精神，时刻静下心来看看自己的不足，同时多和亲戚朋友交流，了解别人眼中的自己，找出自己存在的弱势。

2. 环境分析　大学生职业生涯规划不仅要自我剖析，也要对职业环境进行分析。当今社会唯一不变的就是变化，最近几十年来，职业的变化非常大，范围越来越广，分工越来越细，老的行业不断消失，新的行业异军突起，日趋激烈的竞争，也要求当代大学生对于职业的认识也应该更深入，更全面。俗话说识时务者为俊杰，大学生应该在进入专业学习的那一刻起，甚至更早时期就应当对当前社会、政治、经济发展的趋势、社会热点职业的分类，需求状况，所学专业在社会上的需求形势，所选职业在未来行业中的发展变化，要从事的工作单位在行业中的地位等方面进行了解。

知己知彼，方能百战不殆。只有对自己的专业和以后自己从事的职业有了更全面详细的了解才能把握好职业生涯的方向，才能更好地制定出职业生涯规划，向着自己的梦想前进。对外在环境的分析一般包含家庭环境、学校环境、社会环境和职业环境几个方面。

每个人从出生伊始就受到家庭环境的影响，这种影响是多方面的、深远的，贯穿生命始终。对家庭环境的分析，主要包括家庭成员之间的相互关系这样的软环境和特定的物质条件这样的硬环境。

对学校环境的分析包括学校的社会地位、发展前景、专业设置等方面。

社会环境包括政治环境、经济环境、法制环境、科技环境、文化环境、语言环境、卫生环境等。在做大学生职业生涯规划时，医学生可结合医学方面做具体的分析。

职业环境就是某职业在社会大环境中的发展状况、技术含量、社会地位、未来发展趋势等。进行职业环境分析的就是通过职业环境分析弄清职业环境对职业发展的要求、影响及作用，对各种影响因素加以衡量、评估并做出反应。

3. 目标制定与分解　职业生涯规划必须要有明确的方向和目标，目标的选择和确立是职业生涯规划的关键。坚定的目标是追求成功的动力。大学生职业生涯规划中的重点就是为自己确立一个符合自身的目标。

从时间上看，目标分为长期目标和短期目标。长期目标可以贯穿融入到人的一生，短期目标可以在不同的时期分阶段确定。换句话说，长期目标即为整体目标，短期目标为阶段目标。

在大学生职业生涯规划中，目标的确立是关键。确定目标应该遵循以下几个原则：

（1）具体明确：目标要有实际具体的内容，表述不能含糊不清。

例如：a. 我要好好学习英语；

b. 我要通过英语四级

a、b 两个目标，目标 a 的表述就较为含糊，目标 b 的表述比较具体，有内容。

（2）可量化：目标的内容要可量化，让人可以有衡量的标准。

例如：a. 我要扩大我的英语词汇量，多做课外短文阅读。

b. 我要让我的英语词汇量达到 4 千以上，完成课外短文阅读 60 篇，每两周做一份历年真题。

对比目标 a 和目标 b，目标 b 的表述有衡量的标准。

（3）可达到而又有挑战：目标的制定要符合自己的实际，目标要高，有一定的挑战性，但又不能好高骛远，不切实际的目标只会给人带来沮丧和失望。

例如：a. 上学期期末考试英语成绩倒数，这学期期末我一定要考第一名。

b. 上学期期末考试英语成绩倒数，这学期我的分数要提高 30%。

对比目标 a 和目标 b，目标 b 更实际。

（4）有时间限制。目标的制定要有时间的限制，这样才能更好地检验执行的成果。

例如：a. 我要尽快提高自己的英语水平。

b. 在学期末我要通过大学英语四级考试。

对比目标 a 和目标 b，目标 b 更能让人检验英语水平提高的程度。

综合概括以上几个目标，我们可以得到下面两个目标：

目标 A：上个学期我的英语成绩在班级倒数，现在我要努力学习英语，增加自己的词汇量，尽快提高自己的阅读理解能力，使自己的英语水平得到提高。

目标 B：上个学期我的英语成绩在班级倒数，现在我要努力学习英语，我计划在这个学期，使自己的英语词汇量达到 4000 以上，完成课外短文阅读 60 篇，每两周做一份历年真题，掌握考试重点和应试技巧，在学期末通过大学英语四级考试。

可以看出，目标 A 的表述就缺乏具体的内容，表述含糊不清，仅仅展现了一个美好的意愿。而目标 B 则较为具体，指明了在一定的时间内完成一些可量化的工作，目标有意义。

在制定总目标后，可根据实际情况，再进行目标分解。目标分解应按整分合原则进行。也就是将总体目标分解为不同层次的分目标，各个分目标的综合又体现总体目标，并保证总体目标的实现。各分目标之间在内容与时间上要协调、平衡，并同步的发展，不影响总体目标的实现。同时各分目标的表达也要简明、扼要、明确，有具体的目标值和完成时限要求。例如，以上面的目标为总目标，可以做出如下目标分解。

上个学期我的英语成绩在班级倒数，现在我要努力学习英语，我计划在这个学期，使自己的英语词汇量达到 4000 以上，完成课外短文阅读 60 篇，每两周做一份历年真题，掌握考试重点和应试技巧，在学期末通过大学英语四级考试。

本学期第一个月，掌握词汇 1200 以上，完成课外短文阅读 15 篇，完成 10 年的四级真题，记录下真题分数；

本学期第二个月，掌握词汇 2200 以上，完成课外短文阅读 15 篇，完成 11 年的四级真题，记录下真题分数，并与上个月的分数做比较，分析进步与不足；

本学期第三个月，掌握词汇 3200 以上，完成课外短文阅读 15 篇，完成 12 年的四级真题，记录下真题分数；并与上两个月的分数做比较，分析进步与不足；

本学期第三个月，掌握词汇 3200 以上，完成课外短文阅读 15 篇，完成 13 年的四级真题，记录下真题分数；并与上两个月的分数做比较，分析进步与不足；

本学期第四个月，掌握词汇 4000 以上，完成课外短文阅读 15 篇，完成 14、15 年的四级真题，记录下真题分数；与前几个月的分数做比较，分析进步与不足，同时开始考前冲刺，把单词和历年的真题再复习巩固一遍。

通过目标分解，目标能更详细和全面，也便于随时检查目标的实现情况，如遇变化，也可随时做出恰当的调整。

4. 执行与调整策略　制定完目标，大学生职业生涯规划书中还应包括为达到目标所要采取的具体措施和步骤。措施与步骤也就是具体操作在时间和顺序上的安排。制定措施和步骤要充分考虑内容的相互关系和难易程度，一般情况下，都是从基础开始，分阶段进行，每个阶段从什么时间开始，至什么时间结束都要有计划。这样，我们可以严格按步骤和时间要求进行学习，自己督促自己，自我检查计划的完成情况，从而保证计划按时保质完成。

在此之外，在大学生职业生涯规划书中，还应留有篇幅以适时做出调整。大学生职业生涯规划是一个动态的、发展的过程。没有不会变化的环境，没有一成不变的规划。在书写大学生职业生涯规划的过程中，我们要考虑到发展变化的可能性，对职业生涯规划中可能出现的情况做出预评估和调整的计划。

【生涯练习】

完成一份属于你自己的大学四年的职业生涯规划书

可以参考下面这份范例

某护理专业大一学生的职业生涯规划书

一、引　　言

进入大学，新鲜而又迷茫。虽然听学姐学长们说大学是学生的天堂，但我也知道有许多的大学生沉沦在日复一日单调的学习和生活中，过着内心彷徨却又一成不变的生活。也许半年，也许一年，这种学习生活模式带给我们的不是游刃有余进退自如的快感，而是疲惫不堪甚至厌倦。我不希望让自己的青春背负上如此沉重的色彩，我不想浪费自己的时间和生命。把自己的未来设计好，规划好，生活和工作就有了方向。为了高效的利用时间，实现自己的人生价值，特作以下个人职业生涯规划。

第一章　认识自我

1. 个人基本情况　目前我是护理学院一名大一新生。刚进入大学的学习生活，一切都很新鲜，每天的任务就是学习、吃饭、睡觉，奔波在教室、宿舍和食堂三点之间。

对待学习很认真。上课认真听讲，课后好好完成作业。生活上勤俭节约，基本上不乱花钱，有理财意识。平时喜欢交朋友，班上的同学认识不少。没有参加多少社团活动，平时休息就是拿着手机上网打游戏，或者是对着电脑看电影或者写日记。偶尔也看看闲书，和同学、朋友一起出去玩。经常胡思乱想，有点好高骛远。

2. 兴趣　在上大学之前，我把社会想得很简单，觉得自己喜欢干什么就可以干什么，兴趣是最好的老师。不过进入大学后，我发现，我所认识到的兴趣只是一个很粗浅的层次，要真正地认识、发掘自己的兴趣爱好其实是一件很不容易的事情。有段时间我很喜欢玩网络游戏，喜欢到了一刻不玩就寝食难安的程度，我曾以为这就是我真正地兴趣所在，但是过了一段时间后，我发现网络游戏非常无聊，从此以后再也没有碰过。后来我认识到，兴趣表面上指的是某一项具体的事物，更深层次而言，兴趣其实是一种心理的倾向。我在霍兰德职业兴趣测评中测出的结果如下：

社会型 social（S）：您喜欢与人交往、不断结交新的朋友、善言谈、愿意教导别人。关心社会问题、渴望发挥自己的社会作用。寻求广泛的人际关系，比较看重社会义务和社会道德。

企业型 enterprising（E）：您追求权力、权威和物质财富，具有领导才能。喜欢竞争、敢冒风险、有野心/抱负。为人务实，习惯以利益得失，权利、地位、金钱等来衡量做事的价值，做事有较强的目的性。

常规型 conventional（C）：您尊重权威和规章制度，喜欢按计划办事，细心、有条理，习惯接受他人的指挥和领导，自己不谋求领导职务。喜欢关注实际和细节情况，通常较为谨慎和保守，缺乏创造性，不喜欢冒险和竞争。

您倾向的职业或兴趣可以看成是 SCE 这三个字母的结合。第一个字母意味着您最倾向的职业类型，而第二第三字母所代表的职业倾向则次之。

感觉测试结果和我自身还是比较符合的。其中得分最高的是S型，喜欢与人合作，愿意帮助别人成长或解决困难、愿意为他人提供服务。

3. 性格　我的性格比较外向，喜欢参加外界活动，愿意与人打交道。为人比较感性，判断事物比较主观，往往不能坚持事情的原则。我喜欢体验生活，不喜欢一成不变的事物，喜欢挑战性，之后失去兴趣，缺少完成任务的自制力。

4. 能力　作为一名刚刚入校的大学生。我具备一些基本的自然和人文知识，专业知识正在学习中。我的逻辑思维能力比较强，与人合作沟通能力较好，因在以前得学习阶段一直担任班委，具备一些组织管理能力。

5. 职业价值观　对我而言，健康、开心是最重要的，其次是家庭的幸福和睦，但是又希望自己能够得到锻炼，有一份能养活自己，又能让自己不断得到提升的工作。

6. 自我分析小结　我的优势：做事负责，仔细耐心。团队合作能力较好。能够很好地安排工作时间，并且基本按照工作计划进行。遇事大多数时候能够做到冷静，能够听从理智，冷静分析问题。动手能力强。在听从领导的安排时会适当保留自己的想法，能够首先服从，后提出意见。有很强的学习欲望和上进心。

我的劣势：有些固执己见，有些自以为是。有时也会有点懒惰，投机取巧，感情用事，会冲动。

第二章　职业生涯条件分析

1. 家庭环境分析　我家属于普通家庭，父母都是单位职工，吃穿不愁，经济压力不大。但父母都是勤俭持家的人，但给的生活费有限，所以从小就养成了我计划消费的好习惯。

家庭对我的影响促使我对社会有一定的了解，虽然也算被保护的比较好，但是家人也会时不时让我接触社会，所以我想在大学期间尽快地适应这个社会，毕业后，家人希望我以后能留在身边，拥有一份稳定的工作。

2. 学校环境分析　我所在的湖北医药学院一所省属的二本医学院校，是鄂西北地区唯一一家医学本科院校。学校非常注重学习，营造了一种良好的学习氛围。我学习的是护理专业，护理专业的目标是培养能够适应21世纪医疗卫生事业发展需要，具备现代护理学基本理论知识、操作技能以及相关人文社会科学的基础知识，能在大中型医疗卫生机构从事临床护理、护理管理、护理教育和护理科研的实用型高级护理专门人才。同时，护理学院还在全国拥有近二十家三甲实习单位，教学资源很丰富。

3. 社会环境分析　就业形势：大学毕业生具有较高的人力资本水平，是劳动力市场上的优势群体。但随着全球化的发展与知识经济的冲击，青年初次与持续就业所需的能力门槛逐年提高，大学生必须具备能够满足新经济要求的核心就业能力才能成功发展，但现有教育培训体系缺乏必要的就业市场需求导向，缺乏对创业行为的深入研究，高等教育培养出来的大学生在知识和技能结构上与人才市场的需求存在脱节，大学生就业的结构性矛盾日益突出。因此，大学生一毕业就失业的情况会越来越严重。

就业政策：国家，学校，社会等方面为了解决这一现象制定了不少政策。比如：国家方面，对刚步入社会的大学生选择自主创业时，给予资金支持或是优惠政策，帮助其自主创业；引导毕业生到非公有制单位、农村及基层单位就业；稳定就业环境；创造公平的就业机会；加快调整人才培养结构；拓宽高校毕业生到基层就业的渠道；

切实解决私营公司聘用高校毕业生的有关问题；加强对高校毕业生的就业指导。学校方面，学校应不断加强软、硬件设施建设和师资队伍建设，深化教学内容的改革，拓宽学生知识面，增加应用性、操作性、技能型的课程，切实培养具备各种综合技能能够适应社会需求的综合型人才。社会的发展离不开创新，大学生要在工作中得到实现自身价值也离不开创新，学校只有注重培养学生的创新能力，使大学生有能力进行自主创业，才能在工作中有出色的表现，给自己创造就业机会。社会方面。公平对待大学生，降低大学生就业的门槛。创造没有歧视的就业环境。使得员工对企业有归属感，更好地为企业付出，从而带来可观的经济收益。这不仅仅是企业给员工制造机会，同时也是企业谋求发展必不可少的一种投资。另外，企业应与时俱进培训员工。因为大学生刚进入企业，对于业务都缺乏专业的能力，再加上本身刚步入社会，经验不足，所以企业要培训他们。

当今时代，是一个瞬间万变的年代。培训这一个名词已然成为了一个必要，是企业充实员工能力的重要装备。大学生，是一个更加需要活的培训机会的一种群体，他们刚步入社会，很多东西来不及适应，很多东西需要学习，企业如果能够提供更多的培训机会给他们，让他们有更大的学习空间。

4. 职业环境分析　根据职业兴趣测试，最适合我的有教师、护士、医生、心理咨询师等职业。而其中护士又与我所学专业相合。在这里重点分析护士的职业环境。

随着医疗卫生系统的发展，人们健康意识的提高，近几年，社会和医院对护士的需求比较大，相对于其他医学专业，护理的就业形势相对较好，特别是拥有本科学历的护士。但不排除几年后，护理行业的需求会逐渐减少的可能性。

尽管国家和社会对护理的认识较以往有了很大的提高，很多医院都已经实行了医生和护士同工同酬的制度，但是还有很多人的意识观念中，护士的地位始终不高。近几年，这种观念正在逐步改变。因此护士的就业前景还是相当被看好的。

职业生涯条件分析小结：

总的来说，对于护士这个职业，我应该能胜任。我会认真学习好专业知识和技能，不断提高自身综合素质，责任意识，和环境适应能力，未雨绸缪，做好充分的准备。在校期间进一步做好职业生涯规划，了解我所适合的各行各业的就业形势的最近变化，以备不时之需。

第三章　职业目标定位及其分解组合

1. 职业目标的确定　综合第一部分（自我分析）及第二部分（职业生涯条件分析）的主要内容得出本人职业定位：居住地的三甲医院的优秀护士。

2. 职业目标的分解与组合

（1）大一总体目标：适应大学生活，每周认识十名同学，在第一学期结束前，认识全班同学，在第二学期，竞选班委；每月参加一次班级或院系活动；专业课程每门不得低于 80 分；参加计算机培训，于明年三月份通过计算机二级考试；每天学习 10 个英语单词，每周至少阅读两篇英语短文，每月做一套四级真题，准备大二学年英语四级考试。

（2）大二总目标：大二上学期通过英语四级考试，大二下学期通过英语六级考试；专业课成绩绩点达到 3.0，担任班委做好班级管理工作，每学期组织两场班级活动。

（3）大三总目标：大三继续加强学习，并在大三上学期开始参加心理咨询师和营养师证书的考试，下学期准备实习医院的调查，选择工作，参加实习医院选拔。

（4）大四总目标：大四开始实习，实习期间尽可能多的接触医院的环境和工作，并重点了解居住地各大医院护士的工作情况。在实习的同时准备毕业论文课题的选择，完成，并完成护士执业资格考试，顺利毕业。参加各大医院的招聘会，找到适合的工作。

第四章　评 估 调 整

1. 评估的内容　假如在专业课的学习上未能取得理想的成绩，我会适时调整心态，寻求老师和同学的帮助，学习经验，切记消沉。

假如我未能竞选上班委，我会寻找学生会、社团等其他学生组织来锻炼自己的能力。

如果我未能进入自己理想的职业单位，我会考虑准备考取更高的学历。

如果身体、家庭、经济状况以及机遇、意外情况发生突变，随机行事

2. 评估的时间　在一般情况下，我定期每一学年做一次评估规划，当出现特殊情况时，我会随时评估并进行相应的调整。

3. 规划调整的原则：

（1）当出现就业前景渺茫时我将会调整规划。

（2）当可以预测发生大的变故时我将会选择调整规划。

（3）当觉得目前的目标已不再对自己有意义时我将调整规划。

（4）当发现更好的机会时我将调整规划。

结束语

暂将职业生涯规划做到大学毕业，毕竟大学的努力是步入社会之后的基础，大学还可以有所预期，进入社会就有太多的不可控因素，事变则备变。

有了自己的计划，但更重要的是在计划的执行上，我会努力按我的计划去做。希望我的大学是我梦想的跳板，让我能够凭此飞得更高，看得更远。

二、大学生职业生涯规划的实施

（一）大学职业生涯规划实施中的阻力

大学生职业生涯规划实施的过程中存在阻力。阻力主要来自外部环境和内在懈怠两个方面。

外部环境的阻力主要有家庭、社会两个方面。如果大学生职业生涯规划不符合家庭和社会的需求，在实施大学生职业生涯规划的过程中会出现阻力。

小王是一名大三的学生，成绩优异，在小王的职业规划中，他预计在毕业后继续深造，考上某知名大学的研究生。但是小王家在农村，有兄弟姐妹 4 人，家境贫困，家庭不愿意小王继续读书，而是希望他尽早工作，减轻家庭负担。所以在小王备考的过程中，家庭多次阻止小王参加与考研有关的活动，并催促小王找工作。这是来自家庭的阻力。

小李从小的愿望就是做一名优秀的护士。在高考填报志愿时，她特意去各个医院了解护士这个职业，但在这过程中发现不少人对自己的职业不存在认同感，很多人认为自己从

事的职业只是伺候人的工作，社会认同感比较低，大家都建议小李以后不要学习护理专业。这是来自社会的阻力。

内在倦怠主要指规划实施者在实施规划的过程中出现的一种情感衰竭、去个性化以及个人成就感降低的现象，表现为个人情绪和情感处于极度疲劳的状态，工作热情完全丧失，对他人态度冷漠疏远，对自己工作的意义、价值评价降低。这在当代大学生中十分常见。大学生身心相对成熟，精力充沛，对新鲜事物充满好奇和激情，但也很容易冲动，抗打击能力差，在实施职业规划的过程中，遇到一点困难或者因压力过大，就很容易出现内在倦怠。

在实施大学生涯规划的过程中，实施者要始终抱着坚定的决心。遇到阻力，不要退缩，来自外部环境的阻力，可以多与家庭成员沟通，找出解决问题的办法，或者不关注社会的异样眼光，坚定自己的信念。如果出现内在倦怠，及时调整自己的心态，多和有正能量的人交流，不怕失败，勇往直前。

（二）有效实施大学职业生涯规划的方法

有效实施大学生职业生涯规划的是大学生职业生涯设计中最艰难的一个步骤，因为这意味着要停止梦想而切实地开始行动。如果动机不转换成行动，动机终归是动机，目标也只能停留在梦想阶段。如何有效地实施大学职业生涯规划，可以从自我觉知，自我承诺、控制监督、时间管理技巧和在实践中调整规划五个方面进行。

1. 自我觉知 一个有效地生涯决策者是能够意识到“自己就是生涯任务的执行者”，优秀的生涯问题解决者在从事任务信息加工时能意识到自己的感受、他人的需要，并做出于己、于社会有利的选择。这需要自我觉知。

自我觉知包含自我理想、自我形象和自我肯定三个方面。自我理想是一个人理想中的自己，他包括他所珍视的美德、价值观和品质，是一个完美的自我。一个拥有自我理想的人非常清楚自己的价值、远景和理想，他们知道自己是谁，知道自己的信念是什么；他们为自己设定了目标并为之努力。自我形象就是审视自我、思考自我的方式，它是人们内心的镜子，人们会审视自己在特别环境里如何行动。自我形象的力量使得我们外在的行为方式总是和内在的自我图像相一致。积极的自我形象对转变人的思想、改变人的生活起着重要的作用。自我肯定可以被定义为“你有多喜欢自己”，它决定了一个人怎样思考、怎样感受和怎样行动，你越喜欢自己，就越能更好地做事。同时自我肯定也决定了一个人是否能与他人融洽相处，你越喜欢自己、尊重自己，别人对你也越友善。

每天对着自己大声地说：“我很优秀，我很喜欢自己，我爱我的生活，无论做什么，我都能做得很好。”

2. 自我承诺 自我承诺是对自我负责的一种表现，它是对自我的一种要求，一种激励。实现自我承诺，可以让我们获得心理满足感，我们的人生会有所升华。他的价值就在于，你能清楚地认识到自己的位置、状态、和想要达到的目标，为自己指明方向。而它的意义更明了：每当困难来临，很难坚持的时候，你都会暗暗告诉自己，我曾答应自己一定要成功。再苦再累我就是不能这样轻易放弃。

在实施大学职业生涯规划时，自我承诺可以帮助自己坚定决心，实现自我激励，良好的心态是成功的开始。

3. 自我监督和相互监督 良好的问题解决和决策包括了解何时进行和何时停下来收

集更多的信息，还包括对决策中的强迫性给予认真的权衡。控制监督是后天习得的一种思维过程，这种思维过程的结果就是增加了个体或群体对影响行为各种因素的控制能力。

根据监督主体的不同，监督可分为自我监督和相互监督。自我监督对于主体本身的自省能力和自控能力有较高的要求。对于在集体中学习生活的大学生而言，相互监督则是有效利用他人和群体的约束力来规范自己的言行，是一种有效的执行措施。

4. 时间管理技巧　大学生职业生涯目标的一个特点是有时间限制。如何在有限的时间里达到目标，这需要学生学会时间管理。学会时间管理不是要把所有的事情做完，而是更有效的运用时间。如何有效地管理时间，有以下几个技巧。

（1）记录时间：找一个时间段（一日、一周、一月），记录下每 30 分钟做的事情，然后做一个分类（例如：上课、准备英语四级、聊天、班级工作、社团活动、无聊发呆等）和统计，并分析自己在什么方面花了太多的时间。时间如何可以更有效率地安排？有没有一些不必要的事情占用时间太大的比例？有没有方法可以增加效率？

（2）利用好零散时间：做完以上的记录和分析，会发现每天有很多时间在不知不觉中流失掉了，例如等车、排队、走路、坐车等，而这些时间可以被利用来可以用来背单词、打电话、温习功课等，只要把那些可以利用时间碎片利用起来，时间就可以被很好地利用起来。

（3）以要事为先：在学习和生活中，每天都有很多事情，要想每天都把事情一一地解决完是不现实的，所以我们要学会分清事情的轻重缓急。每天挑出最重要的几件事，并在当天按时完成。余下的事情可在闲暇之余完成。同时要理解急事不等于重要的事情，有些急但是不重要的事情，要学会放弃。

（4）二八原则：运用 80%～20%原则。人如果利用最高效的时间，只要 20%的投入就能产生 80%的效率。相对来说，如果使用最低效的时间，80%的时间投入只能产生 20%效率。一天头脑最清楚的时候，应该放在最需要专心的事情上。所以，我们要把握一天中 20%的最高效时间。最高效时间因人而异，有些人是早晨，有些人是下午和晚上。

（5）平衡原则：作为大学生，要平衡学习、工作和生活。作为学生，当以学习为重，同时也要注意合理安排完成班级、学院和学校下发的各项工作，还要学会忙中偷闲，加强自身身体的锻炼。

5. 在实践中调整规划　要保证大学职业规划的合理性、可行性和有效性，必须基于对专业发展和职业环境的准确把握，对自己职业发展状况的深刻反思，必须保证规划过程的动态性，在实践中进行反思和调整。

由于学习周期、心理水平、社会化程度以及内在的专业知识结构等方面的变化，大学生在不同的时期有表现出不同的特征，产生了不同的需求，有不同的发展目标。大学职业生涯规划的制定是以大学生对自己职业发展状况的深入反思为基础的，而且职业发展规划的制定过程本身就是一个反思的过程，但反思绝不能终止于职业发展规划的形成，落实职业发展规划的过程同样需要反思，换言之，无论是规划前还是规划后，在整个实践过程中，对自身实践的反思都是十分必要的。这种反思包括对活动的评价、对目标的调整，对策略的调整和补充。

当前社会处于变革的时代，一成不变的职业规划不能适应时代的要求。大学生应当积极地回应社会的变革，对职业的发展保持高度的敏感，对自己的职业发展规划进行深刻反思，灵活地应用规划，并及时地进行调整，从而动态地规划设计自己的专业发展。

思 考 题

1. 职业生涯目标确定的原则有哪些？
2. 大学生如何确定自己的生涯目标？并结合自己的实际谈谈自己的生涯目标。
3. 为什么你会选择准备进入的这个职业？

案 例 分 析

忙碌但不知所措的大学生

小楠是一名即将上大二的女生，性格活泼开朗，平时喜欢参加各类活动，是社团活动里的积极分子。但是最近一段时间，小楠变得有些迷茫了，她觉得自己最近忽然找不到人生的方向了。

记得刚上大一的时候开新老生交流会，师哥师姐们都建议多参加些活动，所以大一这一年里小楠可谓是非常忙碌，报名加入了很多社团，参加了很多社团组织的活动，比如演讲比赛、自行车爬山、动漫 Cosplay 表演等等，有时候因为协助社团搞活动甚至耽误了正课时间，除此之外，小楠也和几个同学申请了科研项目，但是由于知识经验不足和业余时间紧张而最终被迫放弃。在社团工作的时候，小楠认识了另一专业的同年级男生小林，多次接触后渐生好感，于是在周围小姐妹的撺掇下谈起了恋爱，但过了两个月却发现两个人性格上有很大差异，一个内向一个外向，相处久了小楠就会感到很闷，甚至连吵架都吵不起来，于是两个人自然结束了关系。最初小楠以为自己的初恋应该是轰轰烈烈的，像小说里写的充满甜蜜和曲折，但是真的谈起来却是如此平静，用自己的话说就是在没做好准备的情况下谈了一场不咸不淡的恋爱。

现在回忆起这一年的大学生活来，小楠觉得似乎做了很多事情，但是好像收获得并没有想象那么多。每天似乎都很忙，但是当一件事情忙完之后却又不知道做这件事情的目的。而且，她发现周围的同学好像都很随大流，有谁一说某事情好或者看到周围很多人去做同一件事情，其他人就会蜂拥而至，而很少去想想自己是否真的愿意参加这个活动，做这件事情对自己来说是否有意义。小楠说现在有些找不到大学生活的方向了，不知道自我真正的需要在哪里，她希望重新找到真正的自己，找到自己真正想做的事情，使自己的大学生活在丰富多彩的情况下变得更有意义。

根据你所学习的知识，你觉得小楠的问题出在哪里呢？你可以怎么帮助小楠呢？

实 践 项 目

设定你的职业生涯目标

设计自己的职业生涯目标不是一件容易的事，大多数人都是经过一番努力才找到自己的目标。对自己问以下问题，它能够帮助你在一团迷雾中发现你的方向。

问题 1：我的梦想是什么？我最喜欢干什么？我的兴趣爱好是什么？

获得过诺贝尔物理学家奖的丁肇中说过：“兴趣比天才重要”。兴趣会直接影响你的职业生涯。你对某种职业感兴趣，你就会对该种职业表现出肯定的态度，并积极地思考、探究和追求。你也可以通过测试来发现你的梦想和兴趣爱好。更重要的是，测试能帮助你理顺这些兴趣与职业生涯目标的关系。现在常用的是“霍兰德职业兴趣测量表”等工具。

问题2：我最适合做什么？

性格是你对现实的一种稳固的态度以及与之相适应的习惯了的行为方式。它不仅表现在对人、对自己的态度上，同时也表现在对职业生涯的目标的选择和态度上。开朗、活泼、热情、温和的性格，一般比较适合从事演艺娱乐、服务新闻以及其他与人群交往的行业；多疑、好问、深沉、严谨的性格比较适合从事科研、教学方面的职业。如果你从事的职业与你的性格相适应，你工作起来就会感到得心应手、心情舒畅，也容易在工作中取得成就；反之，你就会感到缺乏兴趣、被动并难于胜任，即使完成工作任务，常常也会感到力不从心、精神紧张。你也可以通过职业个性测试来了解你份额性格，并发现你适合从事哪类工作。

问题3：我能做什么？

能力是一个人顺利完成某种活动所必须具备的心理特征。能力是影响活动效果的基本因素。你进行任何一项活动，都应具备一定的能力；你从事任何一种职业，也必须具备相应的能力。能力倾向指的是一个人的潜能，即从未来的训练中获益的能力。职业分为不同的类型，因而对人的能力有不同的要求。在选择职业的时候，你要注意能力类型与职业类型的匹配。如果你擅长形象思维，就比较适合文学艺术方面的职业，而不太适合从事科学研究方面的职业。如果你从事的职业与你的能力类型不适应，甚至相排斥，你工作起来不仅心情不舒畅，而且也难于取得成就。你也可以通过测试来了解你的能力。

现在，画三个圆圈把每一个问题和它的答案圈起来，每一个圆圈代表一个集合，那么，你要找的职业生涯目标就是这三个圆圈的交集，即你最喜欢和你最适合的事，也是你能做到最好的事，这就是你的职业生涯目标。

【扫一扫●过来人说】俞敏洪在同济大学的演讲《坚持下去不是因为我很坚强，而是因为我别无选择》

扫描上方二维码，查看文章

【扫一扫●生涯故事】从宁泽涛的运动生涯解读兴趣

扫一扫上方二维码，查看文章

第七章　医学生的职业发展环境

本章导读

医学职业是人类最为崇高的职业之一，其根本任务就是维护和促进人类健康。而医学职业的发展水平和医学职业能力的高低从根本上讲，取决于医学科学和卫生事业发展的时代水准。认识 21 世纪医学发展的现状，深刻了解我国医疗卫生事业改革发展的趋势，对我们理解职业，规划人生具有重要意义。

第一节　我国卫生人力资源的宏观环境

21 世纪是生命科学的世纪，而医学科学是生命科学的主导学科。上个世纪中叶以来，医学科学和卫生事业获得了深入发展，然而随着人类经济生活水平的提高，对医学科学和卫生事业的期望也越来越高。为了解医学生职业发展现状，本部分内容对我国卫生人力资源、医药类单位对医学生的职业需求进行了分析。

一、我国卫生人力资源的现状

新世纪以来，我国医药卫生事业发展迅速，不仅建立健全了各级各类医药卫生机构，使得硬件设施得到了明显的改善，更由于医学教育的巨大进展使得卫生行业人员配置得到了较大加强，医药卫生人才总量和结构发生了根本性变化。根据《2013 年中国卫生统计年鉴》提供的资料，部分数据来源于杂志和统计资料等，我国现阶段医学职业人力资源现状如下：

（一）卫生人力总量与分布

下面从卫生人力资源总量、东、中、西部分布情况和城乡分布情况三个方面进行介绍。

1. 卫生人力总量　据统计到 2012 年底，全国卫生人员总量已达 911.6 万人，其中卫生技术人员 667.6 万人，执业（助理）医师数 261.6 万人，注册护士总人数 249.7 万人。全国每千人口卫生技术人员数为 4.95，执业（助理）医师数为 1.94，执业医师数为 1.58，注册护士数为 1.85，与 2007 年比较，卫生人员增加了 320.9 万人，其中卫生技术人员增加 188.9 万人，执业（助理）医师增加 60.4 万人，注册护士增加 95.4 万人，统计分析发现，护士增长幅度（61.82%）大于医师增长幅度（30.02%），护理人员短缺现象有所缓解。我国目前医护比为 1：1.17，较 2005 年的 1：0.97 有一定提高，但是与 WHO 向各国推荐的医护标准比例 1：2 还有较大差距，1998 年全球的平均医护比已经达到了 1：2.698，高收入国家护理和助产人员与医师的比一般都在 2 倍以上，在世界多个国家和地区中的医护比例都超过 1：4，我国卫生人力资源中护理人员还有很大的缺口。

预计到 2020 年，全国卫生人员总量将会达到 1288.6 万人，其中卫生技术人员人数预计为 971.8 万人。而对 2003～2012 年卫生人力资源增长情况进行统计分析，可以发现以下特点：①从总体上看 2003～2012 年卫生人力资源数量呈现上升趋势；②在卫生人力资源中，卫生技术人员 2003～2012 年的平均增长速度为 2.09%，医生的平均增长速度为 2.38%，护士的平均增长速度为 3.28%。

2. 卫生人力资源区域分布情况　至 2012 年底，我国东部、中部、西部卫生人员数分别为 395.1、278.3 和 237.4 万人，卫生技术人员分别为 297.8、197.4 和 171.6 万人，执业（助理）医师分别为 117.4、77.9 和 66.2 万人，注册护士分别为 112.9、74.3 和 62.4 万人。东部、中部、西部每千人口卫生技术人员数分别为 5.33、4.64 和 4.72 人，每千人口执业（助理）医师人数分别为 2.10、1.83、1.82 人，每千人口注册护士人数分别为 2.02、1.75、1.71 人。

在卫生人员构成上，大部分的卫生人力都集中分布在经济发达的东部。区域分布的不均衡，导致经济发达地区的卫生人力资源过剩和经济欠发达地区的卫生人力资源的稀缺。例如：截止到 2012 年底，北京市每千人口中卫生技术人员、执业（助理）医师、注册护士人数高达 9.44、3.59 和 3.84 人，远高于全国平均水平。而全国最低的的省份西藏每千人口对应的数字分别是 3.03、1.31 和 0.56 人，前者是后者的 3 倍甚至更多。显示了我国卫生人力资源在区域分布上的不均衡性。

3. 卫生人力资源城乡分布情况　至 2012 年底统计数据显示，卫生人力资源不仅仅在地区之间存在着差异，城乡之间这种差异更大，城市卫生人力资源占全国卫生人力资源的 2/3 以上，统计发现，城市每千人口中卫生技术人员、执业（助理）医师、注册护士的数量分别为 8.55、3.19、3.65 人，而农村对应的数据则为 3.41、1.40、1.09 人，前者是后者的 2～3 倍之多。

（二）卫生人力结构

下面从学历结构、职称结构、职业结构、其他结构（年龄、性别结构）等方面对全国卫生人力资源的结构状况进行介绍。

1. 职业结构　卫生技术人员主要由执业（助理）医师、注册护士、药师（士）构成，至 2012 年底，据统计，检验、药剂、其他卫技人员所占比例依次为 5.4%、5.6%和 4.7%，医护人员分别占卫生技术人员总量的 39.1%和 37.4%。

2. 学历结构　据统计，截止 2012 年底，全国卫生技术人员中，比例最高的是大专占 37.6%，其次是中专和本科，分别占 32.3%和 23.0%，硕士以上仅占 3.7%，整体学历最高当属执业医师专业人群，研究生学历比例高达 8.1%，大学本科学历人群最多 37.3%，2005 年全国卫生技术人员中，比例最高为中专，占 43.3%，硕士以上学历仅 1.6%，这说明我国卫生人力资源的学历结构有所进步。

3. 职称结构　全国卫生人力资源按专业技术资格来分，初级职称的人员最多，比例高达 60.5%，拥有副高以上技术职称者只占总体卫生人员数的 7.5%。整体职称最高当属执业医师专业人群，拥有副高以上技术职称者比例高达 15.4%，其他专业人员的职称结构中除执业医师外，士级和初级的比例居多，占总体的三分之一以上。这主要是与他们的专业技术水平和学历结构较低有关。

4. 年龄结构　全国卫生技术人员以中青年为主，25～44 岁年龄段占总体的 64.8%，60 岁以上只占 4.0%。人员结构年轻化，有利于专业技术的发展，35～54 岁是管理人员的主要集中年龄结构，这和管理人员的执业经验累积有关，该年龄段人数占比为 46.5%，有利于医疗卫生机构的管理与发展。

二、我国卫生人力资源存在的问题

医疗卫生体制改革事关 13 亿国人的健康与福祉，高效且公平地配置医疗卫生资源，是《中共中央国务院关于深化医药卫生体制改革的意见》对深化医药卫生体制改革提出的基本原则，也是医疗体制改革成功与否的关键问题。世界卫生组织曾于 2000 年发布世界卫生报告，对我国卫生系统总体绩效评估为全球 191 个国家中居 144 位，而卫生系统筹资公平性的指数评估排名则为第 188 位。2011 年，世界卫生组织完成了《帮助中国建立公平可持续的卫生体系》独立评估报告，报告认为我国扩大医疗保险覆盖面和健全基层医疗服务体系取得了巨大成就，公共卫生服务均等化水平有所提高。我国近年来的医改取得了巨大的成就，这是不容否认的事实。但卫生人力资源的不合理和配置的不公平依然存在。

（一）总数不少，质量不高

经过五十多年的发展，尤其是改革开放二十多年来，我国的卫生人力资源状况得到了显著改善，缺医少药的现象在全国绝大多数地区已不复存在，人群健康得到了有效的保护。有关统计和研究显示，2012 年每千人口卫生技术人员数为 4.95，每千人口执业医师和注册护士数分别为 1.58 和 1.85。虽然低于大多数发达国家水平，但是已经超过亚洲地区平均水平，千人口医生数超过世界平均水平，卫生人力资源总量与我国的经济发展水平相比，是处于较高水平的，在发展中国家中尚属较高发展水平的。这些都表明，我国的卫生人力从总量上看，是不少的。但问题在于，卫生人力资源的素质，即所谓的“缺才不缺人”。

统计数据显示，研究表明，在卫生技术队伍中，卫生技术人员总体上学历不高，截止到 2012 年底，73.3%的人只有大专及以下学历，并有 3.4%的卫生技术人员无专业学历。技术职务方面，初级及无职称卫生技术人员占比高达 69.3%。其中，医生有 45.4%在本科及以上，但硕士以上仅占 8.1%，仍然有 2.3%无专业学历；护士相对来讲学历偏低，将近 2/3 为中专学历，有 4.7%无专业学历。卫生从业人员学历低下的现象在农村基层卫生组织中尤为明显，乡镇卫生院中本科以上学历的卫生技术人员比例为 6.1%，研究生以上学历为零。无专业学历从事卫生技术人员占到总卫技人员数的 6.8%，有的地区甚至更多。在技术职称方面，初级职称从业人员比例高达 75%，还有 10.7%的卫技人员没有技术职称。

卫生技术人员的素质是制约卫生事业发展和卫生服务质量的关键。在《2001—2015 年卫生人力发展纲要》中提出，到 2005 年全国卫技人员队伍中杜绝无专业学历者；到 2015 年医生要全部达到大专以上学历水平。注册护士中具有大专以上学历水平者不得低于 30%。与卫生人力发展目标相比，尚有较大差距。卫生人力总体素质不高，高级人才比较匮乏是我国目前卫生人力资源的一个比较显著的特征。

（二）卫生人力资源区域分布不均衡

Gini 系数是意大利经济学家 Corrado Gini 根据 Lorenz 曲线计算出一个反映收入分配平等程度的统计指标，这里用来评价卫生人力资源分布的公平性，其计算公式为：

$$G=\sum_{i=1}^{n}P_iY_i+2\sum_{i=1}^{n}P_i(1-v_i)-1$$

其中：P_i 为各省、市、自治区人口数（地理面积）占总人口数（总地理面积）的比重；

Y_i为各省、市、自治区某一卫生人力资源指标数值占其总量的比重；$V_i = Y_1 + Y_2 + \cdots\cdots + Y_n$。

Gini 系数介于 0～1，在 0.2 以下表示高度平均，0.2～0.3 表示相对平均，在 0.3～0.4 表示较为合理，0.4～0.5 表示差距偏大，0.5 以上表示差距悬殊。

研究表明，按人口和地理分布的 Gini 系数分别为：卫生技术人员 0.12 和 0.66，执业（助理）医师 0.12 和 0.66，注册护士 0.13 和 0.67。按人口分布的各项 Gini 系数均处于 0.2 以下，说明在各省（直辖市、行政区）卫生人力按人口的配置处于较均衡状态。但从地理分布状况来看，Gini 系数均超过 0.6，表明卫生人力资源在地域配置上处于高度不公平的危险状态。我国 50%的卫生人力资源分布在约 10%的地理面积上，而有 50%的地理面积却拥有不到 10%的卫生人力资源，属于卫生资源贫瘠区。

医师与护士分布比较，无论是按人口分布还是地域分布，医师分布状况均要优于护士的分布。从各地区分布来看，东部地区的卫生人力人均占有量最高，中西部差异不显著；在地域配置上，东部地区配置密度最高，西部地区最低。按服务面积计算，2007 年西部地区平均每名医生、护士大约服务 14 和 20 平方公里，是东部地区的 11.41 倍和 13.09 倍。显然，中西部与东部地区在卫生人力配置密度上差距比较大，尤其是西部地区，卫生人才严重短缺。

（三）卫生人力资源城乡分布不均衡

至 2012 年底统计数据显示，卫生人力资源不仅仅在地区之间存在着差异，城乡之间这种差异更大，城市卫生人力资源占全国卫生人力资源总和的 2/3 以上，统计发现，截止到 2012 年底，城市每千人口中卫生技术人员、执业（助理）医师、注册护士的数量分别为 8.55、3.19、3.65 人，而农村对应的数据则为 3.41、1.40、1.09 人，前者是后者的 2 到 3 倍之多。

2012 年统计数据显示，我国乡村两级卫生机构人员约为 257.7 万人（其中乡级约 120.5 万人，村级约 137.2 万人），乡村医生与卫生员约 257.7 万人，约占全国卫生人员总数的 28.2%，同期，我国农村人口约占总人口的 65.2%，可见农村地区卫生人力资源在数量上仍然处于极大的劣势。其次，农村地区人力资源覆盖率仍存在明显不足，就乡级卫生机构而言，每千农业人口乡镇卫生院人数为 1.37，而村级卫生机构（村卫生室）为 1.56。

造成卫生人力资源城乡分布不均衡的原因与大部分高学历、高职称、尖端卫生人才集中在较大城市有关，农村尤其是西部偏远农村卫生工作人员低学历尤为突出。这样造成有一定经济基础的农民患者大多选择大型医院就诊，造成二三级医院拥挤，较低级医院资源没有充分利用，医疗资源浪费，而经济基础薄弱的农村患者可能会选择无行医资质的游医，在偏远农村抓把香灰治病、占卜、拜佛等迷信治病现象很常见。

（四）城乡发展不平衡

2005 年以来，我国每千人口卫生技术人员数稳步上升，2005 年大幅增长后，后期缓步增长.但是城镇和乡村上升速度相差巨大，乡村落后城镇的差距越来越大。城镇自 2005 年后，每年以 7%左右的速度增长，而乡村基本还在 2005 年水平徘徊，城镇和乡村的每千人口卫生技术人员数比从 2004 年的 2.23∶1 增加到 2011 年 2.471，其中，每千人口执业（助理）医师数和注册护士数的城镇和乡村比一直在上升，而到 2012 年每千人口注册护士数的城镇和乡村比更是高达 3.34∶1，见表 7-1。

表 7-1 2004～2012 年每千人口卫生技术人员数的变化

年份	卫生技术人员			执业（助理）医师			注册护士		
	城镇	乡村	合计	城镇	乡村	合计	城镇	乡村	合计
2004	4.99	2.24	3.53	2.18	1.04	1.57	1.63	0.5	1.03
2005	5.82	2.69	3.57	2.46	1.26	1.6	2.1	0.65	1.06
2006	6.09	2.7	3.66	2.56	1.26	1.63	2.22	0.66	1.1
2007	6.44	2.69	3.76	2.61	1.23	1.62	2.42	0.7	1.19
2008	6.68	2.8	3.92	2.68	1.26	1.67	2.54	0.76	1.27
2009	7.15	2.94	4.15	2.83	1.31	1.75	2.82	0.81	1.39
2010	7.62	3.04	4.39	2.97	1.32	1.79	3.09	0.89	1.52
2011	7.9	3.19	4.61	2.95	1.33	1.82	3.29	0.98	1.67
2012	8.55	3.41	4.94	3.19	1.40	1.94	3.65	1.09	1.85

（五）卫生人力资源结构不合理

卫生人力资源结构不合理，表现在多个方面。

1. 医护比例结构不合理 护理人员不足，各类专业人员的水平参差不齐，对整个卫生事业的协调发展有着一定的负面影响，卫生人力资源的学科比例失调，造成多专业协调作用的减弱，过度发展高、新、尖、难技术，而对于医技等辅助科室的发展规划缺乏关注，缺少有力支持。事实上，医学是一个多学科合作、多专业协调作用的科学，任何一个专业对医疗事业的发展都起着非常重要且无法替代的作用。

2012 年底，全国卫生人员 911.6 万人，平均每千人口拥有卫技人员数为 4.95，其中，医生和护士的拥有量为每千人口 1.58 和 1.85 人。从人员构成来看，卫生技术人员、其他技术人员、管理人员和工勤人员所占比例分别为 73.23%、3.49%、4.09%和 7.17%。可见，卫生人员以卫生技术人员为主，但非技术人员所占比重仍然偏大。在卫生技术人员中，执业医师和注册护士分别为 213.9 万人、249.7 万人，医护比例为 1∶1.17，而在多数农村地区，医护比仅为 1∶0.5 左右，远未达到卫生部 1∶1 的要求；按照医院分级管理标准：一级医院医护比为 1∶1，二、三级医院医护比为 1∶2，显然，我国总体上医护配置比例失衡，护理人员不足的问题较为明显。按照世界卫生组织每千人口应有 2 名护士的标准，我国医院临床护士配置缺口仍然较大。从人均拥有护士比例来看，中国护士显然比大多数国家短缺更严重。而且其差距有逐年加大趋势。已经导致了中国目前医院的临床护理负担比大多数国家更加繁重的状况。

护理人员数量配置的是否合理直接影响到护理质量的高低。而目前护理人员不足的问题较为明显，医护比例存在严重失衡。分析其原因，这主要与医疗机构一般比较注重一线临床医师的配置和培养，对护理人员重视不够有关。为改善护理人员不足的现状，应加大护理人才的培养力度，调整医学教育专业结构，在中等卫生学校中以发展护理专业为重点；另外还应提高护理人员的福利待遇，减少人员流失，稳定护理队伍。

2. 职称结构不合理 我国卫生技术人员职称普遍较低，在职称结构分布上，我国卫技人员中高级、中级、师（士）级职称及无职称人员所占比例依次为 7.5%、23.2%、60.5%、8.8%，初级职称及以下的人员所占比例为 69.3%，超过了卫技人员总量的 2/3，其中执业（助理）医师的职称水平以中级和师（士）级职称为主，分别占执业（助理）医师总量 29.3%和 50.1%，注册护士的职称则以师（士）级为主，占总体比例为 67.8%。根据 WHO 相关研究，高级、中级、初级职称卫生人员比例呈“橄榄型”分布（1：3：1）较合理。由此可见，目前我国卫生人力资源的职称结构非常不合理，缺乏具有较高职称水平的卫生人才。

3. 医疗与防护人员结构不合理　从重医疗到重预防和公共卫生的演变预防保健是我国卫生工作三大战略重点之一。“预防为主”在我国历次卫生工作方针的调整中都被作为重中之重而保留下来，“不治已病治未病”更是中医药发展历程中重要的经验总结。与现代医疗越来越昂贵的成本投入和人民日益繁重的经济负担相比，做好三级预防工作，可以极大地减少投入、改善生活质量，具有极大的成本-收益和成本-效益比。因此，不管是发达国家，还是经济欠发达地区，对预防医学的政策倾斜和经费投入都放在优先发展的战略地位。

尽管如此，就目前而言，重治轻防的思想仍然普遍存在。全国医疗机构占卫生人力总量的 88%，而预防、保健和专业防治机构的卫生人力只占 7%。且从事预防保健工作的卫生技术人员多为医疗部门分流人员，或转业、复员等安置的非卫生技术人员，素质不高，严重影响了预防保健工作的质量。轻预防重医疗的问题突出。原因可能在于基层卫生机构缺乏稳定的资金补偿渠道及自身生存的需要，预防、保健是不收费和收费低的公共服务，政府补偿机制不健全，基层卫生服务机构为了生存，只有以利润较高的医疗服务项目为主。

4. 卫生管理人才匮乏　现行的医学教育体系仍以生物医学为主，卫生事业管理专业的培养人数十分有限，与临床医学相比几乎微不足道。这与现代科学技术强调多学科交叉渗透、建设职业化卫生管理队伍等要求也不相适应。卫生管理人才匮乏也制约了卫生人力队伍的健康发展。据部分省市与卫生部对五千多名管理人员调查和座谈，部分地区有很多医疗卫生机构管理人员大部分是卫技人员兼任，一些重要岗位仍然由“内行”担任，既做管理又搞专业技术，无论时间与知识都受限制。

5. 全科医师紧缺　全科医生是当前卫生人才建设的重点。全科医疗应当具备六位一体功能、五结合（防治、中西医、医护、药物与心理、医疗与卫生管理结合）的专业知识和工作能力。高校开设全科医学专业，毕业生可直接进入社区基层工作。美国 90%的医学院开设全科医学系及专业，全科医学是美国目前 20 多种医学专业中最完善、最有发展前途的专业。

截止 2012 年底，我国具有全科技术资格的人员为 109794 人，但是注册的仅 37173 人。按照每万人口 2 名全科医师的最低配置标准计算，目前我国具有全科医师资格的人数仅占配置需求的 39.21%，注册的全科医师占配置需求的 13.28%，虽然较 2007 年的 8. 98%、5.32%有了很大的提升，但是缺额仍然巨大，全科医师数量缺口大和执业注册工作不落实，已经成为制约基层医疗卫生机构发展的瓶颈。

6. 专业结构不合理　在大多数县级及以下医疗卫生机构中，检验、麻醉、放射、心理、五官科等小科室的卫生人力资源缺乏，非卫生技术类人才也较缺，如信息、电脑、生物工程及新技术等。

（六）农村卫生人力资源存在的问题

1. 农村卫生人员数量少，易流失　基层卫生服务机构中人才队伍的建设是其长期持续稳定发展的主要原因。由于在基层卫生服务中技术人员学历、职称、专业结构还不完全合理，高层次人才短缺也是其主要焦点。农村基层工作人员的学历较低，尚未建立健全的医学理念，管理模式的转变也是为了进一步满足人们健康的需求。我国乡镇卫生的医护比远远低于卫计委建议农村应该达到的医护比 1∶1，说明乡镇医疗服务的效益较低，医疗服务尚处在低质量的阶段。并且全科医生紧缺，其数量少，执业注册工作不落实制约着基层卫生机构的发展。优秀的卫生人才主要集中在经济发达的地区，农村的卫生人力在质量和数量上都远远低于城市，长期以来农村基层地区的经济落后，工作条件较差、收入低、培训和进修的机会比发达地区要少。事业发展受到局限，而城市的卫生人员需求量大，生活的条件好、收入高，培训和进修的机会较多，能及时接触到一些新技术和新设备，对自己的事业发展有很大的益处。二者相比较下，导致农村的基层卫生人员招募比较困难，大多数人都希望留在城市中发展，有一些本科毕业生在城市就业困难的情况下宁愿放弃五年的医学专业知识选择改行也不愿意到基层工作，从而导致我国基层卫生人才流失严重，陷入了两难的局面。

造成这种现象的原因除了城乡经济发展水平差异外，还可能与政府补偿机制不够完善有一定关系。由于补偿机制不完善，基本建设较薄弱，基层卫生服务机构缺乏稳定的经费投入及增长机制，加上其工作环境较差及工资水平低等情况导致人才流失。尤其是在农村地区，近年来，我国基层卫生事业得到一定发展，但其总体发展缓慢，基本的人才机制尚不完善，没有体现多劳多得的理念，这种情况下难以吸引高校人才。再加上传统观念较重，全科医生没有初步确定等，导致基层的医护人员没有得到相应提升，也导致了全科医生较为短缺以及吸引人才的工作难度增大。

2. 工作人员学历素质低下 与西方发达国家相比，我国卫生技术人员学历水平普遍偏低，而这一现象在农村基层卫生组织机构中尤为明显。乡级卫生机构卫生技术人员中中专学历人员仍占主导地位，其构成比重为 51.3%，大专为 35.7%，本科仅为 6.1%，高中以下为 6.8%。年龄构成上来看，25～54 岁人员约为 85.1%，25 岁以下 7.3%，55 岁以上为 7.6%，较为合理。而村级卫生人员主要以乡村医生为主，素质更为薄弱，中专学历者最多为 75.59%，在职培训合格者 17.84%，大专及以上学历者 5.3%。可见，农村地区卫生人力构成以中专为主，中专及以下学历人员占大多数，人员素质相对城市有较大差距，提供卫生服务的能力相对薄弱。

（七）制约卫生人力资源健康发展的主要因素

卫生人力资源是卫生事业发展的根本，是卫生服务中最关键的要素。目前我国卫生人力资源在培养、配置与流动等方面存在的诸多问题，对我国卫生事业发展，尤其是基层卫生服务体系建设产生的不利影响，制约卫生人力资源健康发展的主要因素有以下几点：

1. 医学教育培养层次结构不合理 新中国成立以来，为了迅速改变我国缺医少药的局面，保障居民基本健康权利，政府大力发展医学教育，通过短期培训、中专和大专层次的教育等形式，培养了一大批适合当时社会经济发展水平的卫生技术人员。在过去的几十年里，这些人员为保护人民健康做出不可估量的贡献。同时也形成了我国研究生、本科生、专科生、中专生、在职教育等多形式、多层次的医学教育体系。但是，随着经济社会的发展、医学模式和疾病谱的改变，人们的健康观、健康意识均发生了显著的变化，对健康的需求也发生了相应的改变；同时，慢性非传染性疾病的流行，对卫生服务的需求也逐步由以治疗为主向医疗、预防、康复等综合服务发展，另一方面，人们卫生服务的期望提高，高水平的疾病防治、护理的需求也相应提高。这些变化的形成，对卫生人力资源的结构也产生了直接影响。医学教育应适应卫生服务的需求，以需求为导向培养社会所需要的人才。

而目前的医学教育体系的培养模式虽较建国初发生了较大的变化，但与现实的实际卫生服务需求仍有较大的差距，卫生技术人员中低学历层次的教育仍占多数。据江苏省 2002 年医学类在校生总人数统计显示，研究生、本科生、专科生和中专生所占的比例分别为 4.1%、47.1%、8.6%和 40.2%，可见本科以上的人数只占总人数的一半，研究生只占到 4.1%，中专仍占 40%。在培养层次上的不合理导致了我国目前的卫生技术人员学历普遍偏低这一问题的存在，而在专业结构上，大部分高校和中职院校仍以生物医学为主，卫生事业管理等医学相关专业的培养人数与临床医学相比几乎微不足道。这与现代科学技术强调多学科交叉渗透、建设职业化卫生管理队伍等要求也不相适应，也制约了卫生人力队伍的健康发展。

因此，医学教育首先应该提高培养层次，实施医学人才的精英教育，不仅要满足数量要求，更要提高培养质量；其次，应优化专业结构，增加护理、康复、社区卫生、全科医学等现代社会所急需人才的培养，满足人群不同层次、多样性的卫生服务需求。

2. 卫生人力支援配置机制不合理 在卫生人力的配置机制上，自从取消计划分配制度后，完全变成了市场配置、自谋生路的配置机制。由于城乡经济发展差异较大，卫生人力资源的分布极为不平衡，市、县、乡卫生人力资源素质与结构差距过大，卫生人员的学历和职称等结构在城乡之间存在明显差异，尤其是广大的县级及农村公共卫生人力资源短缺严重。据统计分析，大多数患者就医趋向于大型综合医院，一方面由于综合医院集合了丰富的卫生资源，拥有基层医院无法比拟的新技术新设备和高端人才，另一方面也反映出患者长期以来的就医心理——过分相信大医院，无论患大病或小病，全都涌入三级甲等医院。大医院资源被大量的常见病占用，基层医疗机构就诊量不多，平均每名医生每天承担门诊人次、住院人次较低，病床平均使用率在下降。

同时，向往大城市和好的工作环境的就业心理，使得相当一部分毕业生宁愿放弃专业、从事与医学无关的行业，也不愿意到基层卫生机构就业。城市大医院人才济济，基层医疗机构甚至连大专毕业生都接收不到，这就更加重了人力资源分布的不合理。如何促使和引导医学毕业生向社区、向农村基层流动，是当前卫生人力资源配置中必须重视并很好解决的问题。

3. 政策机制不利于医学人才的合理流向 城乡经济发展的客观差距，使得相当一部分毕业生不愿到农村基层工作，这也是城市基层和农村地区卫生人力资源匮乏的一个原因，除此之外，另一个重要因素是缺乏鼓励医学人才向基层流动的政策。人才的合理流动依赖于政策，世界上很多国家在引导毕业生向基层流动方面都有相应的政策支持。这些政策主要体现在定向培养、职称评定、工资待遇等方面。如美国有专门为农村招收、培养卫生人才的教育政策，日本也有通过减免学费、助学贷款等政策引导毕业生向基层流动。而我国目前缺乏类似政策。

4. 基层卫生人才培养机制不合理 对基层卫生机构的现有人员，要有计划地进行培训提高。首先，通过增加政府和社会各方的投入，提高基层卫生机构的服务能力，改善基层卫生机构的工作条件，既满足居民方便就医的需要，也达到留住人才、吸引人才的目的；其次，开展实质性的上层支持基层、城市支持农村的活动，不仅物质支持，更需要技术支持，这就需要政府在通过政策导向，引导城市和上级卫生技术人员向基层流动，如要求城市卫生技术人员在晋升高一级职称前，必须到基层卫生机构工作一段时间，并建立有效的考核与监督制度，保证政策的落实。过去虽有这一政策，但在实施过程中缺乏监督、制约措施，没能真正落到实处。

第二节　影响我国医学生职业发展的环境因素

一、医学生就业环境的影响因素

全面地了解你所要面对的工作世界是进入职称非常重要的一步，尽管毕业生众多，市场竞争激烈，但是如果自己了解市场就业趋势及形势，了解就业自己所在行业的就业环境，就能够结合自身特点在社会中找到属于自己的一份职业。相对于一般普通高等院校，医学院校的学生所要探索的职业环境还是有一定的差异性，毕业生的就业也有其相对独立性。本节主要阐述医学生就业环境的影响因素，以便大家对医学生的就业环境及市场有更多的了解。

（一）医学专业求职者所接受的教育情况和培训水平

医学专业求职者所接受的教育和培训情况决定了其技能水平和专业程度。在一定区域的职业环境中直如果已存在足够多的能满足医学职业需求的求职人员，那么这个区域的医学类的劳动力市场趋于饱和，竞争压力大，此时可以放开眼界寻求更广阔的市场资源。因此在校期间要尽可能提前了解更多信息，包括医学招生情况、专业分布情况、毕业生人数情况、就业情况等，掌握供求情况，以便做出相应对策。

（二）医疗系统科学技术的变化

医疗科技水平的状况和科学技术运用的能力会导致不同地区医疗水平存在差异性，也因此带来对该地区医务工作者的人数、工种、学历层次需求的不同，从而导致的就业的压力、职业的竞争性等方面的不同。例如在东部一些沿海城市，很多国际先进医疗仪器设备在上市不久就已在这些区域的医疗单位开展应用，因此这些医疗单位招聘人员时对英语的要求、对学生的灵活、视野的开放性要求就会侧重更多。

（三）国家相关政策的推动和执行力度

国家相关政策的推动和不同区域对医疗政策细化制定与执行状况的不同对医学类学生的就业会产生较大影响。例如 2009 年 4 月 6 日，中共中央、国务院正式颁布了《中共中史、国务院关于深化医药卫生体制改革的意见》，国家将在未来 3 年内陆续投入 8500 亿资金发展和改革医药卫生事业，完善医药卫生四大体系，力促五项改革方案，切实解决卫生事业发展中出现的新情况、新问题，着力解决人民群众看病难、看病贵的痼疾。该意见的颁布，使基层医务人员的需求、培训、发展晋升空间等得到了较大提升。

《中华人民共和国国民经济和社会发展第十三个五年规划纲要》于 2016 年正式发布，其中十大方面涉及生物、医疗行业，提出“健康中国建设”的理念，在全面深化医药卫生体制改革方面提出实行医疗、医保、医药联动，推进医药分开，建立健全覆盖城乡居民的基本医疗卫生制度。全面推进公立医院综合改革，坚持公益属性，破除逐利机制，建立符合医疗行业特点的人事薪酬制度。鼓励社会力量兴办健康服务业，推进非营利性民营医院和公立医院同等待遇。这无疑增加了医学生就业机会。在完善医疗服务体系方面提出优化医疗卫生机构布局，健全上下联动、衔接互补的医疗服务体系，完善基层医疗服务模式，发展远程医疗。促进医疗资源向基层、农村流动，推进全科医生、家庭医生、急需领域医疗服务能力提高、电子健康档案等工作。加强医疗卫生队伍建设，实施全民健康卫生人才保障工程和全科医生、儿科医生培养使用计划，健全住院医师规范化培训制度。通过改善从业环境和薪酬待遇，促进医疗资源向中西部地区倾斜、向基层和农村流动。完善医师多点执业制度。全面实施临床路径。提升健康信息服务和大数据应用能力，发展远程医疗和智慧医疗。每千人口执业（助理）医师数达到 2.5 名。此项政策的出台对医学生培养质量提出了更高的要求，同时医学生在薪酬待遇和从业环境方面会得到较大的改善。

二、医药类单位对医学生的职业要求

医药类卫生单位，主要包括卫生系统内的政府主管部门、医疗、公共卫生等事业单位、医药生产和流通企业，以及与医药有关的高校和科研院所等，这些部门也是目前医药院校毕业生就业的主要方向。

医学生由于专业的特殊性和工作的重要性，其就业问题更加受到人们的重视。2012 年，全国普通高校中医学毕业生有 119 万。共青团中央学校部、北大公共政策研究所联合发布的《中国大学生就业状况调查》显示，在法学、管理学、工学、教育学、经济学、理学、历史学、农学、文学、医学和哲学等学科门类中，医学专业就业率最低，不少医学生称自己是因为就业难而被考研的。

本节从需方的角度来探讨近年来医疗卫生单位对医药类人才的需求情况，作为准职业人的医学生，了解其对医学生的职业需求，有利于毕业生更好地规划自己的职业发展道路，为毕业后的就业做好相关的准备工作。

（一）政府主管医药相关部门

政府主管医药相关部门是指国内的各级卫生行政机构，包括国家卫生部、各级政府部门的卫生厅、局，药监局等。

各级行政若想要成为各级卫生行政机构的工作人员，要通过国家或地方的公务员考试，并经过政审、公示等一系列程序才能被录用入职。除了一般政府公务员所必需的思想道德素质、法律知识、经济与行政管理知识和组织协调能力、沟通交往能力、理解执行力、创新力等能力外，还必须具有专门的医学或药学知识和技能，卫生系统的公务员招录基本保持在稳定水平，但公务员招录开始越来越倾向于具有一定管理和实践经验的基层人员，因此应届毕业生的公务员之路可能越来越窄。

（二）医疗卫生单位

医疗卫生单位主要包括各级各类医院（含综合性医院、中医医院和专科医院）、疗养院、卫生院、（含乡镇卫生院）、门诊部（所）、社区卫生服务中心（站）、村卫生室、妇幼保健院（所/站）、专科疾病预防院（所/站）等。以医院为例，岗位设置主要包括卫生技术人员、行政管理人员和工勤人员。卫生技术人员主要包括医疗人员、技术人员、护理人员、医技人员、药剂人员等。

1. 临床医师　临床医师，包括执业医师和执业助理医师，是指依法取得执业医师资格或执业助理医师资格，经注册在医疗、预防和保健机构中执业的专业医务工作者。因此，从事临床医师工作要充分做好考取执业医师资格的准备。

根据卫生部的统计，截至2011年，全国各级卫生机构中共有执业医师213.9万，其中在城市医疗单位工作的有117.5万，农村96.4万。每千人口执业医师数1.58，其中城市每千人口执业医师数2.96，农村每千人口执业医师数1.0。虽然我国的注册医师从总量上达到世界平均水平，但地区分布非常不均匀。随着我国社会经济水平的发展和人民生活水平的提高，卫生医疗的需求持续增长，对临床医师的需求量将保持一定的高水平。但学历需求的趋势将以研究生及以上学历者为主，地理分布需求上更多倾向于中西部地区和基层地区。

目前的现状是城市大型医院就业岗位已趋于饱和，其招聘更倾向于高学历和有工作经验者，除了个别岗位和特别优秀的人才外，一般大学附属医院的临床科室工作人员常要求具有博士学位或经过5年住院医师培训的医师；地区级三甲医院用人也要求硕士及以上学历。除部分二甲医院及基层医疗单位外，能供医学本科毕业生选择的就业机会很少。然而，许多医学生将择业目标锁定在中心城市的大医院工作，不愿意到基层医院就业。

2. 护理人员 主要包括护士或护师，分布于各级医疗卫生服务机构，包括医院、疗养院、卫生院、社区卫生服务中心、妇幼保健院等。根据《中华人民共和国护士管理办法》，从事护理专业技术人员必须按规定取得《中华人民共和国护士执业证书》并经注册，因此考取执业证书是每位要从事护理工作的同学要提前充分准备的。

我国护理人员的增长速度是跨越式的，1949年，全国注册护士仅有3万多，到了2011年达到249.7万多，每千人口中注册护士数为1.85，与注册医师的数量相比，医护比为1∶1.17，在农村地区这一比例更低，达到了1∶1.09。但是与WHO向各国推荐的医护标准比例1∶2还有较大差距，与其他国家地区相比，我国的注册的护士数量不容乐观。亚洲平均医护比为1∶2.019，英国、泰国、德国、日本以及我国香港地区的医护比都超过了1∶4，芬兰、挪威、加拿大等国家的医护比甚至超过1∶6。护理人员的需求量较大，求职空间较广阔。

虽然护理人员的人数空缺较大，但在竞争激烈的大城市和沿海地区，由于地理、薪资、职业发展等优势，各级医疗机构对护理人员的学历要求也在逐步提升，本科或以上学历的护士更受青睐。而在性别上，重症监护室、手术室、骨外科等医院科室逐步增加对男护士的需求。

3. 医技人员 医技人员是指医院内从事医疗技术服务的人员，为医院的临床、科研、教学和服务提供重要支撑。医技人员构成大致分为四类：一是为临床提供诊断依据为主的科室，包括临床检验科、生化科、微生物科、病理科、核医学科；二是既能为临床提供诊断，又能对一些疾病独立进行治疗的科室，如放射诊断科；三是为临床提供治疗手段为主的科室，如康复科、理疗科、针灸科、放疗科、激光科、营养室等；四是为临床提供医疗特殊保障为主的科室，如消耗供应室、血库、医疗食品设备检修中心等。伴随着新兴学科的出现和高精尖仪器设备的更新，对医技科室的要求也越来越高，也要求医技人员既要具备扎实的医学专业知识，也要熟悉物理、化学、生物等相关知识。

4. 药剂人员 药剂人员在医院内主要指药师或临床药师，也需要通过国家执业药师资格考试，职能包括后勤保障、调剂制剂、临床药学服务等。医院药剂科（药剂部）是负责医院药剂工件的重要职能部门，主要承担着临床用药、药品管理、药品监督、保障用药安全有效等职能。根据卫生部统计，截至2011年，全国共有药师（士）36.4万人。

随着医疗制度的改革和医院的发展，医院药学的管理和服务职能也在不断调整和深化。尽管“医药分家”或“药房剥离”是未来医改的重要方向之一，但医院的药品保障供应将长期存在，并且面临着社会药房的激烈竞争。医院的药学服务工件将转向以患者为中心的药学服务模式，药师将利用自己的专业知识和工具，向社会公众（包括医护人员、病人及家属、其他关心用药的群体）提供与药物使用相关的各类服务。医院制剂也是今后大型医院药学服务发展的方向．根据《中华人民共和国药品管理法》、《中华人民共和国医疗机构药事管理暂行办法》和《中华人民共和国医疗机制制剂配制质量管理范围》的规定，医院可根据临床需要制备市场上没有供应的药剂品种。此外，执业药师在医院的推进工件也将加大力度。

医院药学的发展与临床服务的关联度将更加密切，服务水平将更加专业化和个性化，但目前医院药剂人员的数量和学历水平尚不足以完全满足临床药学工作的需要。

（三）专业公共卫生机构

专业公共卫生机构承担着该地区的公共卫生服务工作，包括疾病预防控制巾心、卫生监督机构、急救中心（站）、采供血机构等。承担对重大疾病（包括传染病）的预治、监控；对食品、药品、公共卫生的监管，以及相关健康教育、卫生宣传、免疫接种等。

公共卫生服务工作一直是各国政府高度重视、重点支持和大力投入的。在我国特别是像2003年SARS后，公共卫生服务工件更是得到了重视和推动、发展。卫生部陈竺部长在提出“十二五”卫生发展目标时，明确要加强公共卫生服务体系建设，重点改善疾病预防控制、精神卫生、妇幼卫生、卫生监督、卫生应急、职业病防治、采供血、健康教育等专业公共卫生机构的设施条件。

目前公共卫生机构中工作人员学历层次偏低，以疾病预防控制中心为例，2011年全国疾病预防控制中心大专以下工作人员占73.3%。今后对人才需求层次上会逐渐提高，更多倾向本科及以上学历。

（四）医药企业

医药企业包括医药生产企业和药品经营企业，除传统的医药产品生产销售外，正逐渐向保健食品、母婴产品、环保产业等方面拓展。

除医药相关人才需求外，还急需以下几类人员：营销人才，由于医药市场的不断加大以及医药企业新产品的投人，医药经营人才需求持续加大，目前行业缺口最大的是医药销售代表一职，同时，医药企业对销售人员的要求更趋精英化与专业化；研发技术人员，在研发领域，由于医药行业的发展趋势以及外资企业本土化的进行，使得医药研发技术人员也呈现出热捧趋势；高级管理人员．有良好的职业操守、具备专业知识、有很多的行业背景经历并能够在变幻莫测的环境中懂得不断学习他人的成功经验并运用到企业中的人才是众多企业争抢的目标。

（五）高等院校和科研院所

医学类毕业生进人高等院校和科研院所可以从事教学工作、科研工作、教学科研辅助工作、管理工作及其他工勤工作等。高等院校和科研院所因单位编制的限制以及自身发展的需要，需求基本保持平稳，每年新增人数一般不多，在人才招聘上，对素质需求一般倾向于高学历（博士或博士后）、海外学习工作经历、科研能力（包括科研成果和科研团队）等，特别是教学和科研人员岗位要求尤为突出，硕士及以下学历的毕业生基本无需求。但在管理、教辅、实验员等岗位还是能面向硕士及以下学历毕业生招聘的。

思 考 题

1. 我国卫生人力资源存在的主要问题有哪些，这些问题对于医学生的职业发展有什么样的影响？

2. 和你专业相关的用人单位对招聘人员有什么样的职业要求？

案 例 分 析

医学博士放弃《非你莫属》应聘职位

2013 年 1 月 13 日晚，播出的《非你莫属》电视节目中，第三位求职者郑维维，在一出场便备受关注，特别是闪耀着光环的“北大临床医学专业博士”，“曾经在北京大学人民医院工作了 3 年”等，在当天节目中，郑维维言语并不多，谈起选择时，倒十分坚决。“我想改行做教育、或者与文化相关的工作，即使做不了老师，做教务也可以。”对她这个决定，众老板深感惋惜，他们认为有 11 年资历的专业背景太难得，此刻选择离开医生行业，从头做起，很划不来。

但无论大家怎么劝说，郑维维依然决定改行，最后她选择了环球雅思，将在天津工作，底薪 5000 元。“圈子”外的人觉得郑维维转行十分可惜，然而郑维维称，对于此次转行的愿望，“圈内”人倒不惊讶，甚至大部分觉得她相当有魄力。

然而，参加完《非你莫属》节目以后，原本应聘成功环球雅思公司英语老师职位，郑维维并没有去。她认为，心里确实还是有些没底，转行对于自己来说，确实很困难，而且也要为对方企业考虑，结合所有因素在一起，最后还是放弃了这次选择，在她看来，“这样对双方都好”。

1 月 17 日，郑维维向中国健康界表示，目前她正在天津的一家 CRO（合同研究组织）公司上班，主要是做临床试验工作，虽然工作内容相比以往有很大变化，但至少并没有远离从事 11 年的医学事业。

2012 年 8 月份从北京大学人民医院出来后，郑维维的日子并不好过，节目播出前，她甚至都觉得走投无路了。很多人都认为她是因为进入天津的三甲医院受挫，才会改行，其实事实并不是这样。她表示，之所以说到住院医师资格的问题，是方便于大家都能理解，而 4 个月的求职经历，并不是去北大人民医院取回一张“证明”那么简单。

“总的来说，我从北大人民医院出来后，有一种失落感，那种‘会当凌绝顶，一览众山小’的心情，会‘心气’比较高，当然，天津的就业机会本身也会很少。”郑维维解释，“确实也去天津的很多医院去面试过。他们并不是很重视，给出的理由基本上都一样，要么就是不需要年资低的，要么说引进医生也必须是副主任以上的，要么就会客气的回绝我，称我适合做科研，做普通医生会怕我不安心地干活！”

所以，在节目中郑维维那句对北大人民医院“曾经沧海难为水”的感慨更多的是对生活的无奈。

请思考一下两个问题：

1. 你对这位医学女博士职业经历的看法。

2. 如果你要选择换一个行业，需要做好哪些方面的准备呢？

实 践 项 目

行 业 调 研

找到你将来可能进入的行业，做一份行业调研。

包括但不限于以下内容：

1. 该行业大概的分类是怎样的？各自有什么特征，怎么区分？

2. 这个行业有哪些标志性的单位/公司？集中在哪些城市和地区？（可以直接找细分行业的标志性公司，招聘网站、百度、知乎、专业论坛可得）

3. 这个行业最近有哪些新兴单位/公司？

（百度行业论坛——搜索最近的新闻可得）

4. 列举3个这个行业的成功人士，他们一般都是什么学历，什么学校，什么专业出身？（微博或社交网站能找到相关人士，看粉丝数可得）

5. 这个行业未来有哪些发展趋势？（专业论坛可得，知乎可得）

6. 你觉得这个行业在哪个发展阶段？（曙光、朝阳、成熟、夕阳），还会持续多久？（网络搜索后，给出自己的思考——你要讲的好，表达得清晰，就是重大职业利好）

索引：（罗列你所有的网络搜索的链接作为索引，希望讲话有证据）

【扫一扫●过来人说】我国血管外科领域的知名专家张强：年轻医生适合选择私立医院吗？

扫描上方二维码，查看文章

【扫一扫●生涯故事】冯唐：读书是唯一享受的事情

扫一扫上方二维码，查看文章

第八章　医学生就业能力的培养

本章导读

当今国际医学教育的标准日趋提高，对于医学生而言，就业能力不仅仅只是大学生毕业时初次获得工作的能力，也是大学生在工作中保持工作岗位、获得个人良好的职业发展前景的能力，在本章中，我们聚焦于医学生就业能力的培养。

第一节　高等医学教育标准国际化的趋势

一、全球医学教育最低基本要求

1999 年 6 月 9 日，经纽约中华医学基金会（China Medical Board of New York，CMB）理事会批准资助，成立了国际医学教育专门委员会（Institute for International Medical Education，IIME）。该委员会的任务是为制定本科医学教育"全球最低基本要求"提供指导。2001 年 11 月，IIME 正式出台《全球医学教育最低基本要求》（又称最低标准）文件，为各国在医学教育标准方面的互认搭建了一个国际性平台。"最低基本要求"包括 7 个宏观的教学结果和能力领域：职业价值、态度、行为和伦理；医学科学基础知识；沟通技能；临床技能；群体健康和卫生系统；信息管理；批判性思维和研究。

（一）职业价值、态度、行为和伦理

敬业精神和伦理行为是医疗实践的核心。敬业精神不仅包括医学知识和技能，而且也包括对共同价值的承诺、自觉地建立和强化这些价值，以及维护这些价值的责任等。医科毕业生必须证明他们已达到以下各点：

（1）认识医学职业的基本要素，包括这一职业的基本道德规范、伦理原则和法律责任；

（2）正确的职业价值包括：追求卓越、利他主义、责任感、同情心、移情、负责、诚实、正直和严谨的科学态度；

（3）懂得每一名医生都必须促进、保护和强化上述医学职业的各个基本要素，从而能保证病人、专业和全社会的利益；

（4）认识到良好的医疗实践取决于在尊重病人的福利、文化多样性、信仰和自主权的前提下医生、病人和病人家庭之间的相互理解和关系；

（5）用合乎情理的说理以及决策等方法解决伦理、法律和职业方面的问题的能力，包括由于经济遏制、卫生保健的商业化和科学进步等原因引发的各种冲突；

（6）自我调整的能力，认识到不断进行自我完善的重要性和个人的知识和能力的局限性，包括个人医学知识的不足等；

（7）尊重同事和其他卫生专业人员，并具有和他们建立积极的合作关系的能力；

（8）认识到提供临终关怀，包括缓解症状的道德责任；

（9）认识有关病人文件、知识产权的权益、保密和剽窃的伦理和医学问题；
（10）能计划和处理自己的时间和活动，面对事物的不确定性，有适应各种变化的能力；
（11）认识对每个病人的医疗保健所负有的个人责任。

（二）医学科学基础知识

毕业生必须具备坚实的医学科学基础知识，并且能够应用这些知识解决医疗实际问题。毕业生必须懂得医疗决定和行动的各种原则，并且能够因时、因事而异地作出必要的反应。为此，医学毕业生必须掌握以下的知识：

（1）人体作为一个复杂的、具有适应性的生物系统的正常结构和功能；
（2）疾病发生时机体结构和功能的异常改变；
（3）决定健康和疾病的各种重要因素和影响健康的危险因素，人类同自然和社会环境之间的相互影响；
（4）维持机体平衡的分子，细胞、生化和生理机制；
（5）人类的生命周期及生长、发育、衰老对个人、家庭和社会的影响；
（6）急、慢性疾病的病因学和发生发展过程；
（7）流行病学和卫生管理；
（8）药物作用的原理和使用药物的原则，不同治疗方法的效果；
（9）在急、慢性疾病防治、康复和临终关怀中，恰当地采取生化的、药物的、外科的、心理的、社会的和其他各种干预措施。

（三）沟通技能

医生应当通过有效的沟通创造一个便于与病人、病人亲属、同事、卫生保健队伍其他成员和公众之间进行相互学习的环境。为了提高医疗方案的准确性和病人的满意度，毕业生必须能够做到：

（1）注意倾听，收集和综合与各种问题有关的信息，并能理解其实质内容；
（2）会运用沟通技巧，对病人及他们的家属有深入的了解，并使他们能以平等的合作者的身份接受医疗方案；
（3）有效地与同事、教师、社区、其他部门以及公共媒体之间进行沟通和交流；
（4）通过有效的团队协作与涉及医疗保健的其他专业人员合作共事；
（5）具有教别人学习的能力和积极的态度；
（6）对有助于改善与病人及社区之间的关系的文化的和个人的因素的敏感性；
（7）有效地进行口头和书面的沟通；
（8）建立和妥善保管医疗档案；
（9）能综合并向听众介绍适合他们需要的信息，与他们讨论关于解决个人和社会重要问题的可达到的和可接受的行动计划。

（四）临床技能

毕业生在诊断和处理病例中必须讲求效果和效率。为此，毕业生必须能够做到：

（1）采集包括职业卫生等在内的相应病史资料；

（2）进行全面的体格和精神状态检查；

（3）运用基本的诊断和技术规程，对获得的观察结果进行分析和解释，确定问题的性质；

（4）运用循证医学的原则，在挽救生命的过程中采用恰当的诊断和治疗手段；

（5）进行临床思维，确立诊断和制定治疗方案；

（6）识别危及生命的紧急情况和处理常见的急症病例；

（7）以有效果的、有效率的和合乎伦理的方法，对病人作出包括健康促进和疾病预防在内的处理；

（8）对病人的健康问题进行评价和分析，并指导病人重视生理、心理、社会和文化的各种影响健康的因素；

（9）懂得对人力资源和各种诊断性干预、医疗设备和卫生保健设施的适宜使用；

（10）发展独立、自我引导学习的能力，以便在整个职业生涯中更好地获取新知识和技能。

（五）群体健康和卫生系统

医学毕业生应当知道他们在保护和促进人类健康中应起的作用，并能够采取相应的行动。他们应当了解卫生系统组织的原则及其经济和立法的基础。他们也应当对卫生保健系统的有效果和有效率的管理有基本的了解。毕业生应当能证明他们已达到以下各点：

（1）掌握对一个群体的健康和疾病起重要作用的生活方式、遗传、人口学、环境、社会、经济、心理和文化的各种因素的知识；

（2）懂得他们在预防疾病、伤害和意外事故中，以及在维持和促进个人、家庭和社区健康中应起的作用和应能采取的行动；

（3）了解国际卫生状况、具有社会意义的慢性病的发病和病死的全球趋势、迁移、贸易和环境等因素对健康的影响、各种国际卫生组织的作用等；

（4）认识到其他卫生人员和与卫生相关的人员在向个人、群体和社会提供卫生保健服务中的作用和责任；

（5）理解在健康促进干预中需要各方面共同负责，包括接受卫生服务的人群的合作和卫生保健各部门间的以及跨部门的合作；

（6）了解卫生系统的各种基本要素，如政策、组织、筹资、针对卫生保健费用上升的成本遏制、卫生保健服务的有效管理原则等；

（7）了解保证卫生保健服务的公平性、效果和质量的各种机制；

（8）在卫生决策中运用国家、地区和当地的调查资料以及人口学和流行病学的资料；

（9）在卫生工作中，当需要和适宜时乐于接受别人的领导。

（六）信息管理

医疗实践和卫生系统的管理有赖于有效的源源不断的知识和信息。计算机和通讯技术的进步对教育和信息的分析和管理提供了有效的工具和手段。使用计算机系统有助于从文献中寻找信息，分析和联系病人的资料。因此，毕业生必须了解信息技术和知识的用途和局限性，并能够在解决医疗问题和决策中合理应用这些技术。毕业生应该能够做到以下各点：

（1）从不同的数据库和数据源中检索、收集、组织和分析有关卫生和生物医学信息；

（2）从临床医学数据库中检索特定病人的信息；

（3）运用信息和通讯技术帮助诊断、治疗和预防，以及对健康状况的调查和监控；
（4）懂得信息技术的运用及其局限性；
（5）保存医疗工作的记录，以便于进行分析和改进。

（七）批判性思维和研究

对现有的知识、技术和信息进行批判性的评价，是解决问题所必须具备的能力，因为医生如果要保持行医的资格，他们就必须不断地获取新的科学知识和新的技能。进行良好的医疗实践，必须具有科学思维能力和使用科学的方法。因此，医学毕业生应该能够做到以下几点：

（1）在职业活动中表现出有分析批判的精神、有根据的怀疑、创造精神和对事物进行研究的态度；
（2）懂得根据从不同信息源获得的信息在确定疾病的病因、治疗和预防中进行科学思维的重要性和局限性；
（3）应用个人判断来分析和评论问题，主动寻求信息而不是等待别人提供信息；
（4）根据从不同来源获得的相关信息，运用科学思维去识别、阐明和解决病人的问题；
（5）理解在作出医疗决定中应考虑到问题的复杂性、不确定性和概率；
（6）提出假设，收集并评价各种资料，从而解决问题。

总之，在完成本科医学教育学习时，毕业生应能显示出：

（7）专业能力。这些专业能力将确保在所有环境中领会和关注病人的适应性，在卫生保健监控下提供最佳服务；
（8）把对疾病和损伤处理的与健康促进和疾病预防相结合的能力；
（9）团队中协作共事和在需要时进行领导的能力；
（10）对病人和公众进行有关健康、疾病、危险因素的教育、建议和咨询的能力；
（11）能认识自身不足、自我评估和同行评估的需要，能进行自导学习和在职业生涯中不断自我完善的能力；
（12）在维护职业价值和伦理的最高准则的同时，适应变化中的疾病谱、医疗实践条件和需求，医学信息技术发展，科技进步，卫生保健组织体系变化的能力。

二、高等护理教育质量标准

（一）国外高等护理教育质量标准研究

国际上高等护理教育比较发达的国家，对教育标准的研究和制定已有较大进展。20 世纪 90 年代以来，美国教育界积极应答新世纪的挑战，在全国范围内掀起了一场“高等教育标准化的浪潮”，成立了全美高等学校认证委员会和各种专业委员会，统一了高等学校评价标准和各种专业学科教育质量标准。美国高等护理教育相关标准也应运而生。美国护理学院学会（American Association of Colleges of Nursing，AACN）从上个世纪八十年代以来制定了一系列“护理专业高等教育标准”，目的是定义高等护理专业毕业生应具备的基本知识、核心能力和价值观等，反映时代发展对护理专业毕业生的要求。美国护理联盟护理教育评估委员会（National League for Nursing Accreditation Commission，NLNAC）

及美国高等护理教育委员会（Commission on Collegiate Nursing Education，CCNE）等专业评估机构也制定了一系列对高等护理教育办学机构和教育计划进行评估的标准。

在英国，由高等教育机构、职业与立法机构、护理学科的相关专家共同制定了护理学科的高等教育基准（Benchmark），对社会对护理专业毕业生的期望、从事护理工作所需的知识和技能等作了描述。英国护士与助产士委员会（NMC）是一个全国性护理和护理教育评估机构，该机构制定了护理专业毕业生必须具备护理胜任力（competencies）标准。

澳大利亚护理与助产士委员会（Australian Nursing and midwifery Council，ANMC）是澳大利亚护理立法的国家机构，2004 年制定了护理胜任力标准。该标准主要包括以下 4 个方面：护理实践符合专业标准、符合伦理；评判性思维能力；照护管理能力；治疗性、协作性实践能力。

（二）我国本科护理专业培养目标研究

目前我国尚没有建立全国公认的高等护理教育质量标准，有部分院校和专家对高等护理教育质量相关问题进行了一些有益的探索。

1. 护理本科教育总体培养目标 孟萌[1]在参考国内外研究基础上，抽取出共同要点，得出总体培养目标为：护理学专业本科教育的目的是培养适应我国社会主义现代化建设和卫生保健事业发展需要的德智体全面发展，比较系统地掌握护理学的基础理论、基本知识和基本技能，具有初步的护理教学、护理管理和护理科研能力，能在各类医疗卫生、保健机构从事护理和预防保健工作的专业人才。

在思想道德和职业态度目标中，从人的全面发展出发，紧扣人才培养总体目标，由整体到局部，规定了基本道德素质、职业道德素质，强调了关爱生命、以人为本的意识，并对创新思维、评判性思维、团队合作精神、依法行护的态度和成本-效益原则做出了要求。

知识目标体现生物–心理–社会现代医学模式的要求，注重自然科学、人文和社会科学的基本理论和方法以及医学基础和护理学基础理论、知识的掌握，同时提出要熟悉国家卫生工作的基本方针、政策和法规，掌握常见病、多发病和急危重症患者的护理程序，熟悉不同患者护理对象的心理需要和常见临床心理问题的评估和干预方法，掌握健康教育、疾病预防有关知识，并对中医护理的基础知识和方法提出了要求。

在技能目标中，体现了现代医学模式的要求，要求具备实施整体护理的能力；基础护理技术、急救护理技术、基本专科护理技术和常用诊疗技术的配合；具有常见病、多发病的病情观察和护理能力；人际沟通能力、协调合作能力、评判性思维和临床决策能力、自主学习能力；文献检索技能；社区护理中疾病预防、健康教育等方面能力；急危重症的抢救配合和护理的能力以及突发公共卫生事件的应急救护能力。

2. 护理本科教育具体培养目标 1998 年沈宁等[2]通过问卷调查全国 1987 年以前成立的十一所医学院护理系教师对本科护理教育应达到的具体目标的意见，得出本科护理学生应具备的能力是：临床护理，护理科研，护理教育；应争取具备的能力是护理管理和社区护理。根据调查结果，归纳出了我国本科护理教育应达到的 12 项专业培养目标，分别为：尊重和理解服务对象的价值观、风俗习惯和权利；应用护理程序为急、慢性和临终病人提

1. 孟萌.我国本科护理学专业教育标准的研究 [博士学位论文].上海：第二军医大学.2011.

2. 沈宁，顾询.我国本科护理教育培养目标的调查.中华护理杂志，1998，33（12）：682-686.

供整体护理；具有护理学及相关学科的理论知识和操作技能；为个人、家庭和社会提供健康指导和教育咨询，承担低年级护生的专业教学工作；参与社区的健康服务；有效地寻求和利用科研成果，参与护理科研；具有良好的人际交流技巧；运用英语阅读专业书籍，并能进行初步的交流活动；与医疗卫生保健人员有效地合作；初步应用管理的知识，评价自己和其他护理人员的护理质量；独立、持续地获得与本专业有关的新知识，丰富自己并促进本专业的发展。

3. 护理本科教育培养目标体系 李守国等[1]学者建立了护理本科培养目标体系，包括职业价值和态度、基础知识、相关专业能力3项一级指标、26项二级指标以及64项三级指标，并确定了各级指标的权重。职业价值和态度目标包含为人类健康服务的奉献精神、护理关爱、成本效益意识等；基础知识包括护理学基本理论、相关基础医学知识、常见病多发病的护理知识、临床流行病学、祖国传统医学、社区护理等；专业相关能力包含临床护理、外语应用、沟通协作、评判性思维、信息管理、护理教育等。护理本科人才的培养目标之一是合格的护士，因此部分学者对注册护士的胜任力进行了研究。

第二节 医学生就业能力的培养

一、医学生就业能力的构成

（一）就业能力的概念

就业能力是个体在劳动力市场成功地获得工作、保持工作以及转换工作时所具有的知识、技能、个性特征及各种条件的集合。对于大学生而言，就业能力不仅仅只是大学生毕业时初次获得工作的能力，也是大学生在工作中保持工作岗位、获得个人良好的职业发展前景的能力，是大学生在必要时重新选择和获取新的工作岗位的能力。当前，职业生涯发展的不确定性因素增加，寻找并获得一个工作并不意味着终身就业，每个人还必须具备保持应对内外变化时重新获得工作的能力。

（二）就业能力与就业力、职业能力的区别

就业能力强调的是不论何时、何地所需要的基础和广泛的能力；而就业力更强调的是一种结果，它是指综合运用各种有利条件，使个体获得一种或几种工作机会；职业能力指的是某个具体的职业任务，它特指个体胜任某种特定职业的程度。通常将职业能力定义为：个体将所学的知识、技能和态度在特定的职业活动或情境中，进行类化迁移或整合所形成的能完成一定职业任务的能力。职业能力是有所特指的，不像就业能力泛指为一种基础能力。

（三）医学生就业能力结构

医学生就业能力由专业能力、通用能力两个部分组成。医学生的就业能力是与医疗卫

1. 李守国，张雪艳，严靖等. 国际化趋势下护理专业本科培养目标研究. 中国护理管理，2008，8（5）：43-45.

生行业相关的一组能力，对于医学生而言，专业能力与通用能力两者不可偏废。具备通用能力，专业能力储备不足，缺乏与医疗及其相关职业的基本技能，就难以在初次就业中获得就业机会；只具有专业能力，通用能力不足，适应性与发展潜力欠缺，亦难以在职业生涯中获得较好的发展。

1. 专业能力 医学生的专业能力是指经过系统的专业训练与学习所具备的医学专业领域的素养、知识、理论与技能，并能够运用它们从事和指导实际的医疗工作的能力。具体而言，医学生的专业能力主要包括医学专业知识、临床操作技能。

医学是一门非常严谨的学科，是“人命关天”的职业，医疗工作者专业能力的好坏关系到患者的健康与性命，神圣而庄严。因而，医疗单位在挑选医疗工作者时十分重视学生的专业能力。在医院的招聘程序中，学习成绩首先是医院关注的焦点，而医学生的学习成绩直接反映出其专业能力的高低。因此，医学生的专业能力似乎始终是其就业能力当中的核心能力。然而，这与其他研究的结论不一致。据有关调查显示，企业对大学生基本能力要求依次为：环境适应能力，人际交往能力，自我表达能力占，专业能力和外语能力。企业更注重毕业生的环境适应能力、人际交往能力等，专业能力居后。医院与企业对大学生基本要求的差异恰恰反映了医学专业相对于其他专业的特殊性，而这种特殊性是由医学专业本身的专业化程度相对较高所决定的。

2. 通用能力 通用能力是针对医学生整体职业发展而言，有助于终身学习、利于职业转换和角色适应的可持续发展能力，是决定医学生终身发展的关键能力。医学生的通用能力包括：人际沟通能力、学习能力、创新思维能力、领导力、情绪管理能力。

医学生人际沟通能力的核心要素是医患沟通能力。医学生要学会与人交往，特别是要积极与患者沟通交流，让患者知情与参与治疗计划。具体而言，医患沟通能力包括综合患者的文化、社会背景准确告知患者病情的语言表达能力，通过倾听患者体验的自我表达与隐含的文化背景作出可能性解释的情境分析能力，主动理解患者感知与体验事物模式的移情能力。

医学生的学习能力是医学生熟悉医学发展规律，了解医学知识学习特点，提高学习方法和技巧，适应现代医学发展和社会发展的自主学习与终身学习的能力。

医学生的创新思维能力即敢于怀疑、敢于分析批判的精神，具有运用科学思维对事物进行研究的态度，具有批判性思维、创新能力、科研思维和科研能力。

医学生的领导力是在医疗实践中合作共处、顾全大局的团队合作能力，调动集体积极性，增强团队意识、培养团队精神，高质量、高效率完成医疗实践活动的领导能力。

医学生的情绪管理能力是医学生保持良好的身体心理状态，克服不良情绪、适时缓解压力、合理控制自己行为、自我激励的能力。

二、提升医学生就业能力的方法

（一）以就业能力培养为核心，构建实践教学体系

当前，因医学生的专业能力容易量化与考核，在医学生的初次就业中发挥了更大作用，因而医学生重视专业能力，忽视通用能力的现象较为普遍。然而，通用能力是医学生职业生涯发展的关键，在医学教育中应将专业能力与通用能力相互联系来构建医学实践教学体系。

1. 强调实践教学，促进理论与实践融会贯通　一是采用案例教学法，深化对医学理论知识的理解。对于医学基础理论课程，要强调授课方法，深入浅出。医学院校要整合附属医院的教学资源，让临床经验丰富的医生以其亲身经历，给医学生讲解医学理论知识。让学生从案例出发，通过理论分析，最终回到临床实践。

二是以标准化病人（standardized patients，SP）的实践教学模式提升医患沟通能力。在教学中可以采用标准化病人的实践教学模式，让医学生在模拟情境中提升医患沟通能力。标准化病人又称为模拟病人或病人指导者，是从事非医疗工作的健康人，经专职培训后，扮演病人、充当教学评估者和教学指导者的角色。这种标准化病人的实践教学模式在美国和加拿大的高等医学院校已经得到了广泛的开展，国内部分医学院校也开始在教学中使用。

高等医学院校可以通过标准化病人对医学生进行培训，并对医学生沟通方面的表现做出评价。具体训练内容包括：第一，让标准化病人扮演不同文化背景的人物，将自己的病痛与不悦感受向医学生倾诉，培养医学生的耐心、爱心与对患者的尊重，同时评价医学生的表现。第二，通过标准化病人向医学生提问，训练医学生应用掌握的医学知识及智慧巧妙地回答问题。第三是有目的地设置某一病种的标准化病人，训练医学生分析病情、介绍相关治疗方案及告知注意事项，最终以标准化病人的知情满意程度对医学生的表现作出评价。

2. 完善临床实习体系，强化临床技能训练与医患沟通能力训练　临床实习是医学生学以致用的实施环节。首先，要建立医学生临床实习带教老师的选拔、考核、监督体系。医学院校要从专业水平、临床技能、医德医风、教师素质四个方面对带教老师进行选拔与培训，确保带教质量；同时，要建立带教老师的教学评价体系、考核监督体系、激励机制，从制度上保证临床实习工作质量。其次，强化医患沟通能力的实践化训练。医学院校应在医学生的临床实习中进行真实病人实践教学，提高医学生医患沟通的操作能力。临床带教老师应抓住实习中医学生与患者接触的教育契机，从学生具体的医患沟通实践中给予指导，加强医患沟通教育的实践性与情境性，增强教育的实效性。

（二）以通用能力培养为主线，优化课程设置

长期以来，医学教育模式重视专业教育，忽视人文素质的培养。医学院校应通过课程设置的多样化，给医学生创造机会培养其通用能力。如开设美术欣赏、社会学、大学语文、文学鉴赏、音乐欣赏、社会心理学、电影欣赏、世界文明史等课程，培养医学生的审美、理解、思维和鉴赏能力，陶冶情操，提高医学生的文化素养与心理素质；开设体育舞蹈、形体知识训练、医学应用写作、医学信息检索、绘画基础、沟通技巧、演讲与口才等课程，培养医学生的表达沟通能力、动手及写作能力，以适应未来工作的多元化需求。

（三）以就业指导为手段，促进学生顺利就业

作为正规教育程序的补充和支持机制，就业指导对于提高医学生的职业能力和职业素养，帮助医学生顺利就业起到了积极的促进作用。就业工作不是简单的行政工作，必须向职业化、规范化系统化方向发展，要以医学生的社会需要和个人需要为基础，科学设计就业指导内容，贯穿于医学生的全过程。

首先，帮助医学生树立正确的择业观念，理性认识社会，清晰认识自己，积极调整就业期望值，树立科学的职业理想、合理的就业目标。其次，优化就业指导教师队伍。目前，

大部分医学院校的就业指导课程都是由行政管理人员与学生辅导员兼任，这支教师队伍中的教师专业背景不同，可以给学生多样化的就业指导。但是，基于医学专业的专业性强，毕业流向多为医疗系统，医学院校应该聘用一些医疗系统的专业技术人员给医学生讲授就业指导课，从医疗行业的现状、准人和个人的职业发展人手，让医学生对医疗行业与职业有一个更加感性的认识，从而使他们对自己的就业与发展做出更切合实际的理性分析。

（四）发挥学生的主体性，促进就业能力提升

唯物辩证法告诉我们，外因是变化的条件，内因是变化的依据，外因只有通过内因方能发挥作用，因而，提升医学生就业能力的关键在于发挥学生的主体性。首先，要培养医学生自主学习的能力。医学生是学习的主体，医学生就业能力的提升，最终还是要落实到作为主体的医学生身上。我们知道，医学生的就业能力总体上说是各种能力的集合，医学生就业能力的形成是一个以积极的态度、调动已有的知识经验、尝试解决各种问题、同化新知识的积极建构的过程，这个过程主要靠医学生自己去完成，因而，必须调动医学生学习的积极性和主动性，引导医学生自主安排学习计划，自主选择学习内容，为提升自身就业能力奠定基础。其次，鼓励学生勤于思考，勇于质疑。当今社会，医学的进步可以说是日新月异，医学生如果没有独立思考和勇于质疑的精神，则无法挑战最前沿的医学难题，无法掌握最新的医学知识，专业能力也将止步不前。因而，在日常的学习和见习实习中，教师应鼓励学生大胆发表自己的见解，不轻易苟同别人的意见。在教学中设置矛盾，在实践中留下问题，以启发学生的思维。再次，鼓励学生转变就业观念，树立正确的就业观。就业能力的提高有助于医学生树立正确的就业观，正确就业观的树立对医学生就业能力的提高也有极大的促进作用。当前医学生就业存在的一个问题就是不切实际、眼高手低、力图一步到位，因而，教育过程中需要鼓励医学生从自身条件出发，先就业后择业，在实际工作中锻炼和提高自己。同时，端正就业观念，把为病人解除病痛作为工作的出发点和落脚点，努力夯实自己的专业知识和技能，为提高就业能力，顺利实现就业目标做好准备。

调查显示，当前医学生就业能力还有待进一步提高，医学教育模式仍有很多亟待改进的地方，为此，医学院校应不遗余力的加大教育的改革力度，创新医学人才培养模式，以提升医学生就业能力，培养更多更好的适应社会需要的医学类人才。

思考题

1. 根据全球医学教育标准，医学生必须具备哪些能力？
2. 如何提高自己的就业能力，可以从哪些方面入手？

案例分析

对就业缺乏信心的毕业生

小霞是某高校大四女生，22 岁。面临毕业找工作，自己想毕业后去工作，但父母希望自己考研究生，小霞感到矛盾和困惑。

大学四年，小霞的学习成绩属于中等偏上，考研是非常有潜力的。但小霞觉得自己并不喜欢做科学研究，而是适合做实实在在的事情。小霞希望自己在工作实践中获得更多的

锻炼和发展。大学期间，小霞在学习之余，参加了自己喜欢的学生社团，从干事到部长，再到会长，小霞感到自己在工作实践中学到了很多书本上学不到的东西，组织协调能力和与人沟通的能力都有了很大的提高。三年多的时间里，小霞对社团工作付出了很多，也取得了非常突出的成绩，自己感到非常有成就感。但另一方面，小霞对于找工作也充满了顾虑和担心，因为听毕业的师哥师姐谈到，现在就业的竞争非常激烈，而自己学的文科专业在竞争中并不占太多优势，小霞也非常担心自己找不到合适的工作。况且，父母都是过来人，自己虽然很想去工作，但并不确定未来会是什么样子，自己的路会走向哪里。小霞也担心如果不听父母的劝告，万一找不到好工作，以后为失去了考研的好机会而后悔怎么办？

小霞如何才能提高自己的就业竞争能力呢？你会给小霞什么建议？

实 践 项 目

职 位 调 研

找到你将来可能进入的职位，做一份职位调研。

包括但不限于以下内容：

1. 该职位的主要工作职责是什么？正式的、非正式的。

（官网招聘页面可得、招聘网站找 1～3 项对比、知乎有长帖子）

2. 这些职责中间什么是重点？哪些指标来衡量一个人的优秀程度？

（百度可得、知乎有长帖子、问公司内外的同行可得）

3. 列举行业内的优秀人士三枚（不一定要顶尖的，就你视野范围内的），他们的共同优点有什么？这个行业需要什么样的能力？

（个人访谈、采访、传记；请教同行的前辈也会特别有收获）

4. 这个部门、团队内的氛围是怎样的？如果用三个形容词描述是怎样？

（让团队小伙伴做就好，记得匿名哦——悄悄告诉你，金数据就能做）

5. 这个职位在公司内的发展如何？如果你心里偷偷排一个名，这个部门能排第几名？

（从领导者提及的次数、发布的战略，负责人在公司发言的顺序、还有团队的收入，都能看出重要程度哦）

【扫一扫●过来人说】新生的职业生涯规划从学业规划开始

扫描上方二维码，查看文章

【扫一扫●生涯故事】广博又专一的司马贺

扫一扫上方二维码，查看文章

主要参考文献

鲍利斯. 2009. 世界求职圣经（又名：你的降落伞是什么颜色的）. 北京：现代出版社

陈传德. 2008. 大学生职业发展与就业指导. 北京：人民出版社

陈浩明，孙晓虹，吕京宝. 2012. 大学生职业生涯规划. 上海：复旦大学出版社

陈龙春. 2010. 大学生职业生涯规划. 杭州：浙江人民卫生出版社

崔杰. 2006. 大学生职业生涯规划理论与方法. 广州：暨南大学出版社

戴安，威廉，丽莎. 2005. 职业指导——职业生涯规划教程. 第 7 版. 北京：中国劳动社会保障出版社

登艳慧. 2012. 高中生自我、职业探索与职业成熟度的关系及干预技术设计，天津师范大学硕士学位论文

董文强，谭初春. 2007. 大学生职业生涯规划。西安：西北工业大学出版社

方伟. 2008. 大学生职业生涯规划咨询案例教程. 北京：北京大学出版社

胡建宏，刘雪梅. 2007. 大学生职业生涯规划. 北京：中国宇航出版社

李进宏. 2005. 大学生职业生涯规划. 武汉：武汉理工大学出版社

李晓红，岳文喜. 2012. 大学生职业生涯规划. 北京：北京邮电大学出版社

李怡宁. 2010. 高职学生职业生涯规划的步骤与分析. 北京电力高等专科学校学报，（7）

罗双平. 2003. 青年职业生涯规划的基本步骤.中国青年研究，（8）

闾振华，吴二利，李丁. 2009. 大学生职业生涯规划. 北京：中国经济出版社

闵宏飞，赵国军. 2008. 大学生职业生涯规划. 哈尔滨：黑龙江科学技术出版社

瞿立新. 2007. 职业生涯规划. 上海：上海交通大学出版社

全国高等学校学生信息咨询与就业指导中心组. 2013. 大学生职业发展与就业指导. 北京：高等教育出版社

苏豫. 2010. 职场中的心理学. 北京：化学工业出版社

唐闻捷，王占岳. 2013. 医学生职业生涯规划与发展. 杭州：浙江大学出版社

滕玉成，于萍. 2008. 公共部门人力资源管理. 北京：中国人民大学出版社

万清祥，刘世勇，张延平. 2010. 大学生职业发展. 北京：中国地质大学出版社

汪利. 2011. 基于高职院校学生自我认知的职业生涯规划研究，天津大学硕士学位论文

王革，刘伟. 2008. 大学生职业生涯规划. 杨凌：西北农林科技大学出版社

王海棠. 2009. 大学生就业指导教程. 北京：北京大学出版社

吴冰，周艳. 2012. 医学生职业生涯规划与发展. 西安：第四军医大学出版社

肖慧敏. 2008. 大学生职业生涯规划应遵循的基本原则和实施步骤. 中国校外教育，（8）

谢守成，郎东鹏. 2009. 大学生职业生涯发展与规划. 北京：华中师范大学出版社

徐敏. 2009. 大学生职业生涯规划. 北京：冶金工业出版社

阳毅. 2010. 大学生职业生涯规划. 北京：气象出版社

杨迎春. 2009. 美国高校职业生涯辅导研究. 上海：华东师范大学

杨忠生. 2010. 大学生制定职业生涯规划的方法和步骤. 职业教育

曾浩，杨军. 2011.大学生生涯发展规划与求职导读. 北京：科学出版社

张恩生，刘相明，李辉. 2006. 大学生职业生涯规划：济南：山东大学出版社

张国华，刘康声. 2011. 高职院校学生自我建设能力调查研究.中国高教研究，（12）

赵北平，李冬梅. 2001. 大学生职业生涯规划教程. 第 3 版. 武汉：武汉理工大学出版社

赵鹏飞. 2011. 大学生职业生涯规划. 上海：上海交通大学出版社

钟谷兰，杨开. 2008. 大学生职业生涯发展与规划. 上海：华东师范大学出版社

Nadene Peterson，Roberto Cortez Gonzalez 著，时勘等译. 2008. 职业咨询心理学——工作在人们生活中的作用. 第 2 版. 北京：中国轻工业出版社.

Reardon. Lenz. Sampson. Peterson 著. 侯志瑾 等译. 2010. 职业生涯发展与规划. 北京：中国人民大学出版社

Robert D. Lock 著，时勘译. 2006. 把握你的职业发展方向. 北京：中国轻工业出版社

Vernon G. Zunker 著，吴芝仪译. 2009. 生涯发展的理论与实务. 扬智文化事业股份有限公司，1996：46

附　　录

附录一　中华人民共和国执业医师法

1998年6月26日第九届全国人民代表大会常务委员会第三次会议通过。1998年6月26日中华人民共和国主席令第五号公布。自1999年5月1日起施行

第一章　总　　则

第一条　为了加强医师队伍的建设，提高医师的职业道德和业务素质，保障医师的合法权益，保护人民健康，制定本法。

第二条　依法取得执业医师资格或者执业助理医师资格，经注册在医疗、预防、保健机构中执业的专业医务人员，适用本法。

本法所称医师，包括执业医师和执业助理医师。

第三条　医师应当具备良好的职业道德和医疗执业水平，发扬人道主义精神，履行防病治病、救死扶伤、保护人民健康的神圣职责。

全社会应当尊重医师。医师依法履行职责，受法律保护。

第四条　国务院卫生行政部门主管全国的医师工作。

县级以上地方人民政府卫生行政部门负责管理本行政区域内的医师工作。

第五条　国家对在医疗、预防、保健工作中作出贡献的医师，给予奖励。

第六条　医师的医学专业技术职称和医学专业技术职务的评定、聘任，按照国家有关规定办理。

第七条　医师可以依法组织和参加医师协会。

第二章　考试和注册

第八条　国家实行医师资格考试制度。医师资格考试分为执业医师资格考试和执业助理医师资格考试。

医师资格统一考试的办法，由国务院卫生行政部门制定。医师资格考试由省级以上人民政府卫生行政部门组织实施。

第九条　具有下列条件之一的，可以参加执业医师资格考试：

（一）具有高等学校医学专业本科以上学历，在执业医师指导下，在医疗、预防、保健机构中试用期满一年的；

（二）取得执业助理医师执业证书后，具有高等学校医学专科学历，在医疗、预防、保健机构中工作满二年的；具有中等专业学校医学专业学历，在医疗、预防、保健机构中工作满五年的。

第十条　具有高等学校医学专科学历或者中等专业学校医学专业学历，在执业医师指导下，在医疗、预防、保健机构中试用期满一年的，可以参加执业助理医师资格考试。

第十一条　以师承方式学习传统医学满三年或者经多年实践医术确有专长的，经县级以上人民政府卫生行政部门确定的传统医学专业组织或者医疗、预防、保健机构考核合格并推荐，可以参加

执业医师资格或者执业助理医师资格考试。考试的内容和办法由国务院卫生行政部门另行制定。

第十二条　医师资格考试成绩合格，取得执业医师资格或者执业助理医师资格。

第十三条　国家实行医师执业注册制度。

取得医师资格的，可以向所在地县级以上人民政府卫生行政部门申请注册。

除有本法第十五条规定的情形外，受理申请的卫生行政部门应当自收到申请之日起三十日内准予注册，并发给由国务院卫生行政部门统一印制的医师执业证书。

医疗、预防、保健机构可以为本机构中的医师集体办理注册手续。

第十四条　医师经注册后，可以在医疗、预防、保健机构中按照注册的执业地点、执业类别、执业范围执业，从事相应的医疗、预防、保健业务。

未经医师注册取得执业证书，不得从事医师执业活动。

第十五条　有下列情形之一的，不予注册：

（一）不具有完全民事行为能力的；

（二）因受刑事处罚，自刑罚执行完毕之日起至申请注册之日止不满二年的；

（三）受吊销医师执业证书行政处罚，自处罚决定之日起至申请注册之日止不满二年的；

（四）有国务院卫生行政部门规定不宜从事医疗、预防、保健业务的其他情形的。

受理申请的卫生行政部门对不符合条件不予注册的，应当自收到申请之日起三十日内书面通知申请人，并说明理由。申请人有异议的，可以自收到通知之日起十五日内，依法申请复议或者向人民法院提起诉讼。

第十六条　医师注册后有下列情形之一的，其所在的医疗、预防、保健机构应当在三十日内报告准予注册的卫生行政部门，卫生行政部门应当注销注册，收回医师执业证书：

（一）死亡或者被宣告失踪的；

（二）受刑事处罚的；

（三）受吊销医师执业证书行政处罚的；

（四）依照本法第三十一条规定暂停执业活动期满，再次考核仍不合格的；

（五）中止医师执业活动满二年的；

（六）有国务院卫生行政部门规定不宜从事医疗、预防、保健业务的其他情形的。

被注销注册的当事人有异议的，可以自收到注销注册通知之日起十五日内，依法申请复议或者向人民法院提起诉讼。

第十七条　医师变更执业地点、执业类别、执业范围等注册事项的，应当到准予注册的卫生行政部门依照本法第十三条的规定办理变更注册手续。

第十八条　中止医师执业活动二年以上以及有本法第十五条规定情形消失的，申请重新执业，应当由本法第三十一条规定的机构考核合格，并依照本法第十三条的规定重新注册。

第十九条　申请个体行医的执业医师，须经注册后在医疗、预防、保健机构中执业满五年，并按照国家有关规定办理审批手续；未经批准，不得行医。

县级以上地方人民政府卫生行政部门对个体行医的医师，应当按照国务院卫生行政部门的规定，经常监督检查，凡发现有本法第十六条规定的情形的，应当及时注销注册，收回医师执业证书。

第二十条　县级以上地方人民政府卫生行政部门应当将准予注册和注销注册的人员名单予以公告，并由省级人民政府卫生行政部门汇总，报国务院卫生行政部门备案。

第三章　执 业 规 则

第二十一条　医师在执业活动中享有下列权利：

（一）在注册的执业范围内，进行医学诊查、疾病调查、医学处置、出具相应的医学证明文件，选择合理的医疗、预防、保健方案；

（二）按照国务院卫生行政部门规定的标准，获得与本人执业活动相当的医疗设备基本条件；

（三）从事医学研究、学术交流，参加专业学术团体；

（四）参加专业培训，接受继续医学教育；

（五）在执业活动中，人格尊严、人身安全不受侵犯；

（六）获取工资报酬和津贴，享受国家规定的福利待遇；

（七）对所在机构的医疗、预防、保健工作和卫生行政部门的工作提出意见和建议，依法参与所在机构的民主管理。

第二十二条　医师在执业活动中履行下列义务：

（一）遵守法律、法规，遵守技术操作规范；

（二）树立敬业精神，遵守职业道德，履行医师职责，尽职尽责为患者服务；

（三）关心、爱护、尊重患者，保护患者的隐私；

（四）努力钻研业务，更新知识，提高专业技术水平；

（五）宣传卫生保健知识，对患者进行健康教育。

第二十三条　医师实施医疗、预防、保健措施，签署有关医学证明文件，必须亲自诊查、调查，并按照规定及时填写医学文书，不得隐匿、伪造或者销毁医学文书及有关资料。

医师不得出具与自己执业范围无关或者与执业类别不相符的医学证明文件。

第二十四条　对急危患者，医师应当采取紧急措施进行诊治；不得拒绝急救处置。

第二十五条　医师应当使用经国家有关部门批准使用的药品、消毒药剂和医疗器械。

除正当诊断治疗外，不得使用麻醉药品、医疗用毒性药品、精神药品和放射性药品。

第二十六条　医师应当如实向患者或者其家属介绍病情，但应注意避免对患者产生不利后果。

医师进行实验性临床医疗，应当经医院批准并征得患者本人或者其家属同意。

第二十七条　医师不得利用职务之便，索取、非法收受患者财物或者牟取其他不正当利益。

第二十八条　遇有自然灾害、传染病流行、突发重大伤亡事故及其他严重威胁人民生命健康的紧急情况时，医师应当服从县级以上人民政府卫生行政部门的调遣。

第二十九条　医师发生医疗事故或者发现传染病疫情时，应当按照有关规定及时向所在机构或者卫生行政部门报告。

医师发现患者涉嫌伤害事件或者非正常死亡时，应当按照有关规定向有关部门报告。

第三十条　执业助理医师应当在执业医师的指导下，在医疗、预防、保健机构中按照其执业类别执业。

在乡、民族乡、镇的医疗、预防、保健机构中工作的执业助理医师，可以根据医疗诊治的情况和需要，独立从事一般的执业活动。

第四章　考核和培训

第三十一条　受县级以上人民政府卫生行政部门委托的机构或者组织应当按照医师执业标准，对医师的业务水平、工作成绩和职业道德状况进行定期考核。

对医师的考核结果，考核机构应当报告准予注册的卫生行政部门备案。

对考核不合格的医师，县级以上人民政府卫生行政部门可以责令其暂停执业活动三个月至六个月，并接受培训和继续医学教育。暂停执业活动期满，再次进行考核，对考核合格的，允许其继续执业；对考核不合格的，由县级以上人民政府卫生行政部门注销注册，收回医师执业证书。

第三十二条　县级以上人民政府卫生行政部门负责指导、检查和监督医师考核工作。

第三十三条　医师有下列情形之一的，县级以上人民政府卫生行政部门应当给予表彰或者奖励：

（一）在执业活动中，医德高尚，事迹突出的；

（二）对医学专业技术有重大突破，作出显著贡献的；

（三）遇有自然灾害、传染病流行、突发重大伤亡事故及其他严重威胁人民生命健康的紧急情况时，救死扶伤、抢救诊疗表现突出的；

（四）长期在边远贫困地区、少数民族地区条件艰苦的基层单位努力工作的；

（五）国务院卫生行政部门规定应当予以表彰或者奖励的其他情形的。

第三十四条　县级以上人民政府卫生行政部门应当制定医师培训计划，对医师进行多种形式的培训，为医师接受继续医学教育提供条件。

县级以上人民政府卫生行政部门应当采取有力措施，对在农村和少数民族地区从事医疗、预防、保健业务的医务人员实施培训。

第三十五条　医疗、预防、保健机构应当按照规定和计划保证本机构医师的培训和继续医学教育。

县级以上人民政府卫生行政部门委托的承担医师考核任务的医疗卫生机构，应当为医师的培训和接受继续医学教育提供和创造条件。

第五章　法 律 责 任

第三十六条　以不正当手段取得医师执业证书的，由发给证书的卫生行政部门予以吊销；对负有直接责任的主管人员和其他直接责任人员，依法给予行政处分。

第三十七条　医师在执业活动中，违反本法规定，有下列行为之一的，由县级以上人民政府卫生行政部门给予警告或者责令暂停六个月以上一年以下执业活动；情节严重的，吊销其执业证书；构成犯罪的，依法追究刑事责任：

（一）违反卫生行政规章制度或者技术操作规范，造成严重后果的；

（二）由于不负责任延误急危患者的抢救和诊治，造成严重后果的；

（三）造成医疗责任事故的；

（四）未经亲自诊查、调查，签署诊断、治疗、流行病学等证明文件或者有关出生、死亡等证明文件的；

（五）隐匿、伪造或者擅自销毁医学文书及有关资料的；

（六）使用未经批准使用的药品、消毒药剂和医疗器械的；

（七）不按照规定使用麻醉药品、医疗用毒性药品、精神药品和放射性药品的；

（八）未经患者或者其家属同意，对患者进行实验性临床医疗的；

（九）泄露患者隐私，造成严重后果的；

（十）利用职务之便，索取、非法收受患者财物或者牟取其他不正当利益的；

（十一）发生自然灾害、传染病流行、突发重大伤亡事故以及其他严重威胁人民生命健康的紧急情况时，不服从卫生行政部门调遣的；

（十二）发生医疗事故或者发现传染病疫情，患者涉嫌伤害事件或者非正常死亡，不按照规定报告的。

第三十八条　医师在医疗、预防、保健工作中造成事故的，依照法律或者国家有关规定处理。

第三十九条　未经批准擅自开办医疗机构行医或者非医师行医的，由县级以上人民政府卫生行政部门予以取缔，没收其违法所得及其药品、器械，并处十万元以下的罚款；对医师吊销其执业证书；给患者造成损害的，依法承担赔偿责任；构成犯罪的，依法追究刑事责任。

第四十条　阻碍医师依法执业，侮辱、诽谤、威胁、殴打医师或者侵犯医师人身自由、干扰医师正常工作、生活的，依照治安管理处罚条例的规定处罚；构成犯罪的，依法追究刑事责任。

第四十一条　医疗、预防、保健机构未依照本法第十六条的规定履行报告职责，导致严重后果的，由县级以上人民政府卫生行政部门给予警告；并对该机构的行政负责人依法给予行政处分。

第四十二条　卫生行政部门工作人员或者医疗、预防、保健机构工作人员违反本法有关规定，弄虚作假、玩忽职守、滥用职权、徇私舞弊，尚不构成犯罪的，依法给予行政处分；构成犯罪的，依法追究刑事责任。

第六章　附　　则

第四十三条　本法颁布之日前按照国家有关规定取得医学专业技术职称和医学专业技术职务的人员，由所在机构报请县级以上人民政府卫生行政部门认定，取得相应的医师资格。其中在医疗、预防、保健机构中从事医疗、预防、保健业务的医务人员，依照本法规定的条件，由所在机构集体核报县级以上人民政府卫生行政部门，予以注册并发给医师执业证书。具体办法由国务院卫生行政部门会同国务院人事行政部门制定。

第四十四条　计划生育技术服务机构中的医师，适用本法。

第四十五条　在乡村医疗卫生机构中向村民提供预防、保健和一般医疗服务的乡村医生，符合本法有关规定的，可以依法取得执业医师资格或者执业助理医师资格；不具备本法规定的执业医师资格或者执业助理医师资格的乡村医生，由国务院另行制定管理办法。

第四十六条　军队医师执行本法的实施办法，由国务院、中央军事委员会依据本法的原则制定。

第四十七条　境外人员在中国境内申请医师考试、注册、执业或者从事临床示教、临床研究等活动的，按照国家有关规定办理。

第四十八条　本法自 1999 年 5 月 1 日起施行。

附录二 护士条例

（中华人民共和国国务院令第 517 号）

第一章 总 则

第一条 为了维护护士的合法权益，规范护理行为，促进护理事业发展，保障医疗安全和人体健康，制定本条例。

第二条 本条例所称护士，是指经执业注册取得护士执业证书，依照本条例规定从事护理活动，履行保护生命、减轻痛苦、增进健康职责的卫生技术人员。

第三条 护士人格尊严、人身安全不受侵犯。护士依法履行职责，受法律保护。

全社会应当尊重护士。

第四条 国务院有关部门、县级以上地方人民政府及其有关部门以及乡（镇）人民政府应当采取措施，改善护士的工作条件，保障护士待遇，加强护士队伍建设，促进护理事业健康发展。

国务院有关部门和县级以上地方人民政府应当采取措施，鼓励护士到农村、基层医疗卫生机构工作。

第五条 国务院卫生主管部门负责全国的护士监督管理工作。

县级以上地方人民政府卫生主管部门负责本行政区域的护士监督管理工作。

第六条 国务院有关部门对在护理工作中做出杰出贡献的护士，应当授予全国卫生系统先进工作者荣誉称号或者颁发白求恩奖章，受到表彰、奖励的护士享受省部级劳动模范、先进工作者待遇；对长期从事护理工作的护士应当颁发荣誉证书。具体办法由国务院有关部门制定。

县级以上地方人民政府及其有关部门对本行政区域内做出突出贡献的护士，按照省、自治区、直辖市人民政府的有关规定给予表彰、奖励。

第二章 执 业 注 册

第七条 护士执业，应当经执业注册取得护士执业证书。

申请护士执业注册，应当具备下列条件：

（一）具有完全民事行为能力；

（二）在中等职业学校、高等学校完成国务院教育主管部门和国务院卫生主管部门规定的普通全日制 3 年以上的护理、助产专业课程学习，包括在教学、综合医院完成 8 个月以上护理临床实习，并取得相应学历证书；

（三）通过国务院卫生主管部门组织的护士执业资格考试；

（四）符合国务院卫生主管部门规定的健康标准。

护士执业注册申请，应当自通过护士执业资格考试之日起 3 年内提出；逾期提出申请的，除应当具备前款第（一）项、第（二）项和第（四）项规定条件外，还应当在符合国务院卫生主管部门规定条件的医疗卫生机构接受 3 个月临床护理培训并考核合格。

护士执业资格考试办法由国务院卫生主管部门会同国务院人事部门制定。

第八条 申请护士执业注册的，应当向拟执业地省、自治区、直辖市人民政府卫生主管部门提出申请。收到申请的卫生主管部门应当自收到申请之日起 20 个工作日内做出决定，对具备本条例规定条件的，准予注册，并发给护士执业证书；对不具备本条例规定条件的，不予注册，并书面说明理由。

护士执业注册有效期为5年。

第九条　护士在其执业注册有效期内变更执业地点的，应当向拟执业地省、自治区、直辖市人民政府卫生主管部门报告。收到报告的卫生主管部门应当自收到报告之日起7个工作日内为其办理变更手续。护士跨省、自治区、直辖市变更执业地点的，收到报告的卫生主管部门还应当向其原执业地省、自治区、直辖市人民政府卫生主管部门通报。

第十条　护士执业注册有效期届满需要继续执业的，应当在护士执业注册有效期届满前30日向执业地省、自治区、直辖市人民政府卫生主管部门申请延续注册。收到申请的卫生主管部门对具备本条例规定条件的，准予延续，延续执业注册有效期为5年；对不具备本条例规定条件的，不予延续，并书面说明理由。

护士有行政许可法规定的应当予以注销执业注册情形的，原注册部门应当依照行政许可法的规定注销其执业注册。

第十一条　县级以上地方人民政府卫生主管部门应当建立本行政区域的护士执业良好记录和不良记录，并将该记录记入护士执业信息系统。

护士执业良好记录包括护士受到的表彰、奖励以及完成政府指令性任务的情况等内容。护士执业不良记录包括护士因违反本条例以及其他卫生管理法律、法规、规章或者诊疗技术规范的规定受到行政处罚、处分的情况等内容。

第三章　权利和义务

第十二条　护士执业，有按照国家有关规定获取工资报酬、享受福利待遇、参加社会保险的权利。任何单位或者个人不得克扣护士工资，降低或者取消护士福利等待遇。

第十三条　护士执业，有获得与其所从事的护理工作相适应的卫生防护、医疗保健服务的权利。从事直接接触有毒有害物质、有感染传染病危险工作的护士，有依照有关法律、行政法规的规定接受职业健康监护的权利；患职业病的，有依照有关法律、行政法规的规定获得赔偿的权利。

第十四条　护士有按照国家有关规定获得与本人业务能力和学术水平相应的专业技术职务、职称的权利；有参加专业培训、从事学术研究和交流、参加行业协会和专业学术团体的权利。

第十五条　护士有获得疾病诊疗、护理相关信息的权利和其他与履行护理职责相关的权利，可以对医疗卫生机构和卫生主管部门的工作提出意见和建议。

第十六条　护士执业，应当遵守法律、法规、规章和诊疗技术规范的规定。

第十七条　护士在执业活动中，发现患者病情危急，应当立即通知医师；在紧急情况下为抢救垂危患者生命，应当先行实施必要的紧急救护。

护士发现医嘱违反法律、法规、规章或者诊疗技术规范规定的，应当及时向开具医嘱的医师提出；必要时，应当向该医师所在科室的负责人或者医疗卫生机构负责医疗服务管理的人员报告。

第十八条　护士应当尊重、关心、爱护患者，保护患者的隐私。

第十九条　护士有义务参与公共卫生和疾病预防控制工作。发生自然灾害、公共卫生事件等严重威胁公众生命健康的突发事件，护士应当服从县级以上人民政府卫生主管部门或者所在医疗卫生机构的安排，参加医疗救护。

第四章　医疗卫生机构的职责

第二十条　医疗卫生机构配备护士的数量不得低于国务院卫生主管部门规定的护士配备标准。

第二十一条 医疗卫生机构不得允许下列人员在本机构从事诊疗技术规范规定的护理活动：

（一）未取得护士执业证书的人员；

（二）未依照本条例第九条的规定办理执业地点变更手续的护士；

（三）护士执业注册有效期届满未延续执业注册的护士。

在教学、综合医院进行护理临床实习的人员应当在护士指导下开展有关工作。

第二十二条 医疗卫生机构应当为护士提供卫生防护用品，并采取有效的卫生防护措施和医疗保健措施。

第二十三条 医疗卫生机构应当执行国家有关工资、福利待遇等规定，按照国家有关规定为在本机构从事护理工作的护士足额缴纳社会保险费用，保障护士的合法权益。

对在艰苦边远地区工作，或者从事直接接触有毒有害物质、有感染传染病危险工作的护士，所在医疗卫生机构应当按照国家有关规定给予津贴。

第二十四条 医疗卫生机构应当制定、实施本机构护士在职培训计划，并保证护士接受培训。

护士培训应当注重新知识、新技术的应用；根据临床专科护理发展和专科护理岗位的需要，开展对护士的专科护理培训。

第二十五条 医疗卫生机构应当按照国务院卫生主管部门的规定，设置专门机构或者配备专（兼）职人员负责护理管理工作。

第二十六条 医疗卫生机构应当建立护士岗位责任制并进行监督检查。

护士因不履行职责或者违反职业道德受到投诉的，其所在医疗卫生机构应当进行调查。经查证属实的，医疗卫生机构应当对护士做出处理，并将调查处理情况告知投诉人。

第五章 法律责任

第二十七条 卫生主管部门的工作人员未依照本条例规定履行职责，在护士监督管理工作中滥用职权、徇私舞弊，或者有其他失职、渎职行为的，依法给予处分；构成犯罪的，依法追究刑事责任。

第二十八条 医疗卫生机构有下列情形之一的，由县级以上地方人民政府卫生主管部门依据职责分工责令限期改正，给予警告；逾期不改正的，根据国务院卫生主管部门规定的护士配备标准和在医疗卫生机构合法执业的护士数量核减其诊疗科目，或者暂停其 6 个月以上 1 年以下执业活动；国家举办的医疗卫生机构有下列情形之一、情节严重的，还应当对负有责任的主管人员和其他直接责任人员依法给予处分：

（一）违反本条例规定，护士的配备数量低于国务院卫生主管部门规定的护士配备标准的；

（二）允许未取得护士执业证书的人员或者允许未依照本条例规定办理执业地点变更手续、延续执业注册有效期的护士在本机构从事诊疗技术规范规定的护理活动的。

第二十九条 医疗卫生机构有下列情形之一的，依照有关法律、行政法规的规定给予处罚；国家举办的医疗卫生机构有下列情形之一、情节严重的，还应当对负有责任的主管人员和其他直接责任人员依法给予处分：

（一）未执行国家有关工资、福利待遇等规定的；

（二）对在本机构从事护理工作的护士，未按照国家有关规定足额缴纳社会保险费用的；

（三）未为护士提供卫生防护用品，或者未采取有效的卫生防护措施、医疗保健措施的；

（四）对在艰苦边远地区工作，或者从事直接接触有毒有害物质、有感染传染病危险工作的护士，未按照国家有关规定给予津贴的。

第三十条 医疗卫生机构有下列情形之一的，由县级以上地方人民政府卫生主管部门依据职责分工责令限期改正，给予警告：

（一）未制定、实施本机构护士在职培训计划或者未保证护士接受培训的；

（二）未依照本条例规定履行护士管理职责的。

第三十一条 护士在执业活动中有下列情形之一的，由县级以上地方人民政府卫生主管部门依据职责分工责令改正，给予警告；情节严重的，暂停其6个月以上1年以下执业活动，直至由原发证部门吊销其护士执业证书：

（一）发现患者病情危急未立即通知医师的；

（二）发现医嘱违反法律、法规、规章或者诊疗技术规范的规定，未依照本条例第十七条的规定提出或者报告的；

（三）泄露患者隐私的；

（四）发生自然灾害、公共卫生事件等严重威胁公众生命健康的突发事件，不服从安排参加医疗救护的。

护士在执业活动中造成医疗事故的，依照医疗事故处理的有关规定承担法律责任。

第三十二条 护士被吊销执业证书的，自执业证书被吊销之日起2年内不得申请执业注册。

第三十三条 扰乱医疗秩序，阻碍护士依法开展执业活动，侮辱、威胁、殴打护士，或者有其他侵犯护士合法权益行为的，由公安机关依照治安管理处罚法的规定给予处罚；构成犯罪的，依法追究刑事责任。

第六章 附 则

第三十四条 本条例施行前按照国家有关规定已经取得护士执业证书或者护理专业技术职称、从事护理活动的人员，经执业地省、自治区、直辖市人民政府卫生主管部门审核合格，换领护士执业证书。

本条例施行前，尚未达到护士配备标准的医疗卫生机构，应当按照国务院卫生主管部门规定的实施步骤，自本条例施行之日起3年内达到护士配备标准。

第三十五条 本条例自2008年5月12日起施行。

附录三　国家卫生计生委等 7 部门关于建立住院医师规范化培训制度的指导意见

（国卫科教发〔2013〕56 号）

住院医师规范化培训是培养合格临床医师的必经途径，是加强卫生人才队伍建设、提高医疗卫生工作质量和水平的治本之策，是深化医药卫生体制改革和医学教育改革的重大举措。为贯彻《中共中央国务院关于深化医药卫生体制改革的意见》（中发〔2009〕6 号）和《国家中长期人才发展规划纲要（2010—2020 年）》精神，培养和建设一支适应人民群众健康保障需要的临床医师队伍，现就建立住院医师规范化培训制度提出如下意见，请结合本地实际认真执行。

一、指导思想、基本原则和工作进程

（一）指导思想。深入贯彻落实科学发展观，实施"科教兴国、人才强国"战略，紧密结合我国经济社会发展要求，按照深化医药卫生体制改革的总体部署，立足基本国情，借鉴国际经验，遵循医学教育和医学人才成长规律，从制度建设入手，完善政策，健全体系，严格管理，建立健全住院医师规范化培训制度，全面提高我国医师队伍的综合素质和专业水平。

（二）基本原则。坚持政府主导、部门协同、行业牵头、多方参与，建立健全住院医师规范化培训工作机制。坚持统筹规划、需求导向、稳妥推进、逐步完善，积极开展住院医师规范化培训工作。坚持统一标准、突出实践、规范管理、注重实效，切实提高医师队伍执业素质和实际诊疗能力。

（三）工作进程。到 2015 年，各省（区、市）全面启动住院医师规范化培训工作；到 2020 年，基本建立住院医师规范化培训制度，所有新进医疗岗位的本科及以上学历临床医师均接受住院医师规范化培训。

二、逐步建立健全住院医师规范化培训制度

（四）制度内涵。住院医师规范化培训是指医学专业毕业生在完成医学院校教育之后，以住院医师的身份在认定的培训基地接受以提高临床能力为主的系统性、规范化培训。住院医师规范化培训制度是对招收对象、培训模式、培训招收、培训基地、培训内容和考核认证等方面的政策性安排。

（五）招收对象。拟从事临床医疗工作的高等院校医学类专业（指临床医学类、口腔医学类、中医学类和中西医结合类，下同）本科及以上学历毕业生，或已从事临床医疗工作并取得执业医师资格证书，需要接受培训的人员。

（六）培训模式。"5+3"是住院医师规范化培训的主要模式，即完成 5 年医学类专业本科教育的毕业生，在培训基地接受 3 年住院医师规范化培训。

（七）培训招收。卫生计生行政部门会同有关部门制订中长期规划和年度培训计划。培训基地依据核定规模，按照公开公平、双向选择、择优录取的原则，主要通过招收考试形式，招收符合条件的医疗卫生单位委派人员和社会人员参加培训。根据医疗保健工作需求，适当加大全科以及儿科、精神科等紧缺专业的招收规模。

（八）培训基地。培训基地是承担住院医师规范化培训的医疗卫生机构，依据培训需求和基地标准进行认定，实行动态管理，原则上设在三级甲等医院，并结合当地医疗资源实际情况，将符合条件的其他三级医院和二级甲等医院作为补充，合理规划布局。区域内培训基地可协同协作，共同承担有关培训工作。全科医生规范化培养基地除临床基地外还应当包括基层医疗卫生机构和专业公共卫生机构。

（九）培训内容。包括医德医风、政策法规、临床实践技能、专业理论知识、人际沟通交流等，重点提高临床诊疗能力。

（十）考核认证。包括过程考核和结业考核。合格者颁发统一制式的《住院医师规范化培训合格证书》。

三、完善保障措施

（十一）编制保障。机构编制部门在制订医疗卫生机构编制标准时，将有关机构承担的住院医师规范化培训任务作为核定编制时统筹考虑的因素。

（十二）人员管理与待遇。

培训对象是培训基地住院医师队伍的一部分，应遵守培训基地的有关管理规定，并依照规定享受相关待遇。

单位委派的培训对象，培训期间原人事（劳动）、工资关系不变，委派单位、培训基地和培训对象三方签订委托培训协议，委派单位发放的工资低于培训基地同等条件住院医师工资水平的部分由培训基地负责发放。面向社会招收的培训对象与培训基地签订培训协议，其培训期间的生活补助由培训基地负责发放，标准参照培训基地同等条件住院医师工资水平确定。具有研究生身份的培训对象执行国家研究生教育有关规定，培训基地可根据培训考核情况向其发放适当生活补贴。

临床医学专科学历毕业生参加 2 年毕业后培训（3+2），培训期间的有关人员管理和待遇参照上述原则并结合当地实际执行，培训内容及标准等另行制订。

（十三）经费保障。建立政府投入、基地自筹、社会支持的多元投入机制。政府对按规划建设设置的培训基地基础设施建设、设备购置、教学实践活动以及面向社会招收和单位委派培训对象给予必要补助，中央财政通过专项转移支付予以适当支持。各地要充分利用已支持建设的全科医生规范化培养基地的条件，在住院医师规范化培训中发挥应有的作用。

四、密切相关政策衔接

（十四）学位衔接。探索住院医师规范化培训与医学硕士专业学位（指临床、口腔、中医，下同）研究生教育有机衔接的办法，逐步统一住院医师规范化培训和医学硕士专业学位研究生培养的内容和方式。取得《住院医师规范化培训合格证书》并符合国家学位要求的临床医师，可授予医学硕士专业学位；符合住院医师规范化培训管理要求，按照住院医师规范化培训标准内容进行培训并考核合格的医学硕士专业学位研究生，可取得《住院医师规范化培训合格证书》。

（十五）执业注册。规范化培训前已取得《执业医师资格证书》的培训对象，应当将培训基地注册为执业地点，可不限执业范围。培训期间尚未取得《执业医师资格证书》的，可在具有执业资格的带教师资指导下进行临床诊疗工作。培训期间，可依照《执业医师法》相关规定参加国家医师资格考试，取得执业医师资格后，医师执业证书应当注明类别，可不限执业范围，但应当按照有关规定填写相应规范化培训信息。培训结束后，根据实际情况确定执业范围和地点，依法办理相应执业注册变更手续。

（十六）政策引导。在全面启动住院医师规范化培训的省（区、市），将取得《住院医师规范化培训合格证书》作为临床医学专业中级技术岗位聘用的条件之一。住院医师规范化培训合格者到基层医疗卫生机构工作，可提前 1 年参加全国卫生专业技术中级资格考试，同等条件下优先聘用。培训对象到基层实践锻炼的培训时间，可计入本人晋升中高级职称前到基层卫生单位累计服务年限。申请个体行医，在符合规定条件的前提下，卫生计生行政部门应当予以优先，并逐步将参加住院医师规范化培训合格作为必备条件。

（十七）建立培训供需匹配机制。加强部门协同，逐步建立临床医学专业毕业生数量、住院医师规范化培训基地培训容量与临床医师岗位需求量相匹配的机制。

五、强化组织领导

（十八）抓好组织落实。各省（区、市）要按照本指导意见，制订适合本地区情况的具体实施方案。卫生计生、编制、发展改革、教育、财政、人力资源社会保障、中医药等部门要健全工作协调机制，制订政策，发布相关实施细则，并及时研究解决贯彻实施中的有关问题，不断探索完善相关政策措施，推动本地区住院医师规范化培训工作扎实稳妥有效推进。

（十九）促进各地均衡发展。发达地区要积极支持欠发达地区开展住院医师规范化培训工作，在师资队伍建设、基地建设、培训名额等方面给予帮扶。年度招收计划要有一定比例的培训名额用于支持欠发达地区。

（二十）发挥有关行业组织作用。加强行业协会、专业学会及相关机构能力建设，在制订培训标准、开展考核认证等方面充分发挥行业组织的优势与作用。

（二十一）做好舆论宣传。通过多种形式加强宣传，增强全社会对住院医师规范化培训必要性及重要性的认识，为全面建立住院医师规范化培训制度营造良好氛围。

国家卫生计生委　中央编办
国家发展改革委　教育部
财政部　人力资源社会保障部
国家中医药管理局
2013年12月31日

附录四　关于印发推进和规范医师多点执业的若干意见

（国卫医发〔2014〕86 号）

为贯彻落实党的十八大和十八届三中全会精神，深入实施《中共中央 国务院关于深化医药卫生体制改革的意见》（中发〔2009〕6 号）和《国务院关于促进健康服务业发展的若干意见》（国发〔2013〕40 号），促进优质医疗资源平稳有序流动和科学配置，更好地为人民群众提供医疗卫生服务，经国务院同意，现就推进和规范医师多点执业提出以下意见：

一、总体要求

（一）推进医师合理流动。加快转变政府职能，放宽条件、简化程序，优化医师多点执业政策环境。发挥政策导向作用，鼓励医师到基层、边远地区、医疗资源稀缺地区和其他有需求的医疗机构多点执业。

（二）规范医师多点执业。坚持放管结合，制定完善医师多点执业管理政策，明确相关各方权利义务，促进医师多点执业有序规范开展，逐步建立符合国情的医师执业和管理制度，维护正常工作秩序。

（三）确保医疗质量安全。强化卫生计生行政部门和医疗机构对医师多点执业的监督管理，严格医师岗位管理，加强行业自律和社会监督，确保医疗服务的安全性、有效性和连续性。

二、医师多点执业的资格条件和注册管理

（一）医师多点执业的资格条件。医师多点执业是指医师于有效注册期内在两个或两个以上医疗机构定期从事执业活动的行为。医师参加慈善或公益性巡回医疗、义诊、突发事件或灾害事故医疗救援工作，参与实施基本和重大公共卫生服务项目，不属于本意见规定的医师多点执业。医师外出会诊按照《医师外出会诊管理暂行规定》等有关规定执行。

允许临床、口腔和中医类别医师多点执业。多点执业的医师应当具有中级及以上专业技术职务任职资格，从事同一专业工作满 5 年；身体健康，能够胜任医师多点执业工作；最近连续两个周期的医师定期考核无不合格记录。

（二）医师多点执业的注册管理。医师多点执业实行注册管理，相应简化注册程序，同时探索实行备案管理的可行性。条件成熟的地方可以探索实行区域注册，以促进区域医疗卫生人才充分有序流动，具体办法由各省（区、市）卫生计生行政部门制定。

医师在参加城乡医院对口支援、支援基层，或在签订医疗机构帮扶或托管协议、建立医疗集团或医疗联合体的医疗机构间多点执业时，不需办理多点执业相关手续。其中在公立医院担任院级领导职务的，除前述情形外一般不能从事其他形式的多点执业。

医师在第一执业地点医疗机构外的其他医疗机构执业，执业类别应当与第一执业地点医疗机构一致，执业范围涉及的专业应当与第一执业地点医疗机构二级诊疗科目相同。经全科医师培训合格的医师到基层医疗卫生机构多点执业的，在执业类别不变情况下，可增加注册全科医学专业。医师变更执业类别、执业范围，以及变更第一执业地点医疗机构的，应当按照《医师执业注册暂行办法》的规定办理，变更后原多点执业注册同时失效。

三、医师多点执业的人事（劳动）管理和医疗责任

（一）医师多点执业的人事（劳动）关系。医师与第一执业地点医疗机构在协商一致的基础上，签订聘用（劳动）合同，明确人事（劳动）关系和权利义务，并按照国家有关规定参加社会保险；与拟多点执业的其他医疗机构分别签订劳务协议，鼓励通过补充保险或商业保险等方式提高医师的医疗、养老保障水平。

（二）医师多点执业的劳务协议。医师与执业的医疗机构在协议中应当约定执业期限、时间安排、工作任务、医疗责任、薪酬、相关保险等。多点执业医师的薪酬，根据实际工作时间、工作量和工作业绩等因素，由执业地点医疗机构与医师协商确定。其中，医师在第一执业地点医疗机构的工作时间和工作量未达到全职医师要求的，不能领取全职薪酬。拟多点执业的医师应当获得第一执业地点医疗机构的同意，选择有条件的地方探索医师向第一执业地点医疗机构履行知情报备手续即可开展多点执业试点。

（三）医师多点执业医疗责任承担。医师多点执业过程中发生医疗损害或纠纷，应当由发生医疗损害或纠纷的当事医疗机构和医师按照有关法律法规处理，其他非当事医疗机构均不承担相关的医疗损害或纠纷处理责任。医疗机构和医师应当通过合同或协议明确发生医疗损害或纠纷时各自应当承担的责任及解决方法。支持医疗机构和医师个人购买医疗责任保险等医疗执业保险，医师个人购买的医疗执业保险适用于任一执业地点。

（四）医师多点执业的管理。第一执业地点医疗机构应当支持医师多点执业并完善内部管理。医疗机构同意医师多点执业后，应当及时根据实际合理规定医师岗位职责，完善考核、奖励、处分、竞聘上岗等的具体管理办法，不因医师多点执业而影响其职称晋升、学术地位等。多点执业医师应当根据合同或协议合理安排在各执业地点医疗机构的执业时间，保证履行合同和协议，确保各执业地点医疗质量和医疗安全。在特殊情况下，如处理突发公共卫生事件、紧急医疗救治等，多点执业医师应当服从第一执业地点医疗机构的工作安排。卫生计生行政部门和中医药管理部门及行业协会应当按照《中华人民共和国执业医师法》、《医师定期考核管理办法》等对多点执业医师进行考核。多点执业医师不得为谋取不当利益损害各执业地点医疗机构及患者的合法权益。

医师多点执业过程中出现违反法律、法规、规章等情形的，由卫生计生行政部门及有关部门依法依规处理。第一执业地点医疗机构为公立医院的医师，在其他医疗机构执业过程中出现违规违纪情形的，由当事医疗机构通报第一执业地点医疗机构，由第一执业地点医疗机构或者有关部门和单位按照《事业单位工作人员处分暂行规定》等进行处分。多点执业医师在执业过程中出现违反医疗机构内部规定情形的，由当事医疗机构依据本医疗机构相关规定和合同或协议进行处理。

四、组织实施

（一）加强组织领导。全面推进医师多点执业是优化医疗资源配置、推动医疗卫生事业加快发展的重要举措，事关医药卫生体制改革和事业单位改革的深入推进。各地区、各有关部门要高度重视，进一步解放思想，转变观念，及时完善政策措施，坚决破除阻碍医疗卫生人才合理流动的束缚和障碍，加快推进医师多点执业。有关部门要根据本意见要求，加强沟通协调，密切协作配合，抓紧制订并落实相关配套政策措施。各省（区、市）人民政府要结合实际制订具体实施方案，针对重点难点问题，进一步转变职能，创新管理，加强监管，抓好落实。

（二）推进试点工作。各地要根据实际，对开展医师多点执业涉及的人事管理、收入分配、社会保险等工作尽快研究制订试点方案，积极开展试点，取得经验后逐步推开。国家选择若干重点联系省份，加强跟踪指导。各省（区、市）可结合本地区实际确定省级联系试点城市。

（三）完善政策措施。加强公立医院医师多点执业与事业单位人事制度和社会保障制度改革的衔接。支持各地结合实际改革创新，探索简化注册审批手续，促进人才流动。鼓励支持大医院医师到基层医疗卫生机构、社会办医疗机构多点执业。坚持强化基层，对到基层医疗卫生机构多点执业的，要明确政策给予支持和鼓励。健全医师多点执业的执业风险保险制度。完善多点执业医师职称晋升办法。建立健全医师多点执业监管制度。提高医师执业管理信息化水平，实行医师多点执业信息公开。积极发挥行业协会作用，加强行业自律。及时总结实践经验，完善医师执业管理的政策法规。

（四）创造良好环境。医师多点执业政策性强，社会关注度高，各地区、各有关部门要切实做好政策解读和舆论引导，宣传医师多点执业的重要意义和政策措施，争取广大医务人员、医疗机构和社会各界的理解和支持，努力营造有利于推进改革的良好舆论氛围。

附录五　全国医疗卫生服务体系规划纲要（2015—2020年）

（国办发〔2015〕14号）

为贯彻落实《中共中央关于全面深化改革若干重大问题的决定》、《中共中央 国务院关于深化医药卫生体制改革的意见》、《国务院关于促进健康服务业发展的若干意见》（国发〔2013〕40号）精神，促进我国医疗卫生资源进一步优化配置，提高服务可及性、能力和资源利用效率，指导各地科学、合理地制订实施区域卫生规划和医疗机构设置规划，制定本规划纲要。

第一章　规划背景

第一节　现　　状

经过长期发展，我国已经建立了由医院、基层医疗卫生机构、专业公共卫生机构等组成的覆盖城乡的医疗卫生服务体系。截至2013年底，我国有医疗卫生机构97.44万个，其中医院2.47万个，基层医疗卫生机构91.54万个，专业公共卫生机构3.12万个；卫生人员979万名，其中卫生技术人员721万名；床位618万张。每千常住人口拥有医疗卫生机构床位4.55张、执业（助理）医师2.06名、注册护士2.05名。2004—2013年，全国医疗卫生机构总诊疗人次由每年39.91亿人次增加到73.14亿人次，年均增长6.96%，住院人数由每年6657万人增加到1.91亿人，年均增长12.42%。

但是，医疗卫生资源总量不足、质量不高、结构与布局不合理、服务体系碎片化、部分公立医院单体规模不合理扩张等问题依然突出。

一是与经济社会发展和人民群众日益增长的服务需求相比，医疗卫生资源总量相对不足，质量有待提高。每千人口执业（助理）医师数、护士数、床位数相对较低。执业（助理）医师中，大学本科及以上学历者占比仅为45%；注册护士中，大学本科及以上学历者占比仅为10%。

二是资源布局结构不合理，影响医疗卫生服务提供的公平与效率。西部地区医疗卫生资源质量较低。基层医疗卫生机构服务能力不足，利用效率不高。中西医发展不协调，中医药（含民族医药，下同）特色优势尚未得到充分发挥。公共卫生服务体系发展相对滞后。公立医疗机构所占比重过大，床位占比近90%。资源要素之间配置结构失衡，医护比仅为1∶1，护士配备严重不足。专科医院发展相对较慢，儿科、精神卫生、康复、老年护理等领域服务能力较为薄弱。

三是医疗卫生服务体系碎片化的问题比较突出。公共卫生机构、医疗机构分工协作机制不健全、缺乏联通共享，各级各类医疗卫生机构合作不够、协同性不强，服务体系难以有效应对日益严重的慢性病高发等健康问题。

四是公立医院改革还不到位，以药补医机制尚未有效破除，科学的补偿机制尚未建立，普遍存在追求床位规模、竞相购置大型设备、忽视医院内部机制建设等粗放式发展问题，部分公立医院单体规模过大，挤压了基层医疗卫生机构与社会办医院的发展空间，影响了医疗卫生服务体系整体效率的提升。

五是政府对医疗卫生资源配置的宏观管理能力不强，资源配置需要进一步优化。区域卫生规划实施过程中存在权威性与约束性不足、科学性和前瞻性不够等问题，规划的统筹作用和调控效力有待增强。

第二节　形势与挑战

党的十八大提出了2020年全面建成小康社会的宏伟目标，医疗卫生服务体系的发展面临新的历史任务，要在“病有所医”上持续取得新进展，实现人人享有基本医疗卫生服务。

我国经济社会转型中居民生活方式的快速变化，使慢性病成为主要疾病负担。预计到 2020 年我国人口规模将超过 14 亿人，随着医疗保障制度逐步完善，保障水平不断提高，医疗服务需求将进一步释放，医疗卫生资源供给约束与卫生需求不断增长之间的矛盾将持续存在。

改革开放以来，我国城镇化率不断提高，2013 年达到 53.73%，户籍人口与外来人口公共服务二元结构矛盾日益凸显。2013 年我国流动人口数量达 2.45 亿人。被纳入城镇人口统计的 2 亿多农民工及其随迁家属尚未与城镇居民平等享受医疗、养老等基本公共服务。同时，随着中小城镇快速发展，人口加速聚集，到 2020 年要推动 1 亿左右农业转移人口和其他常住人口在城镇落户，完成约 1 亿人居住的城镇棚户区和城中村改造，引导约 1 亿人在中西部地区就近城镇化，部分地区医疗卫生资源供需矛盾将更加突出，医疗卫生资源布局调整面临更大挑战。

截至 2013 年底，我国 60 周岁以上老年人口达 2.02 亿人，占总人口的 14.90%，老年人口快速增加。老年人生活照料、康复护理、医疗保健、精神文化等需求日益增长。同时，随着近年来工业化和城镇化的加速推进，大量青壮年劳动人口从农村流入城市，提高了农村实际老龄化程度。老龄化进程与家庭小型化、空巢化相伴随，与经济社会转型期各类矛盾相交织，医疗服务需求将急剧增加。老年人口医养结合需要更多卫生资源支撑，康复、老年护理等薄弱环节更为凸显。实施单独两孩生育政策后，新增出生人口将持续增加，对包括医疗卫生机构在内的公共资源造成压力，特别是大中城市妇产、儿童、生殖健康等相关医疗保健服务的供需矛盾将更加突出。

同时，云计算、物联网、移动互联网、大数据等信息化技术的快速发展，为优化医疗卫生业务流程、提高服务效率提供了条件，必将推动医疗卫生服务模式和管理模式的深刻转变。医改的不断深化也对公立医院数量规模和资源优化配置提出了新的要求。

第二章　规划目标和原则

第一节　目　标

优化医疗卫生资源配置，构建与国民经济和社会发展水平相适应、与居民健康需求相匹配、体系完整、分工明确、功能互补、密切协作的整合型医疗卫生服务体系，为实现 2020 年基本建立覆盖城乡居民的基本医疗卫生制度和人民健康水平持续提升奠定坚实的医疗卫生资源基础。

2020 年全国医疗卫生服务体系资源要素配置主要指标

主要指标	2020 年目标	2013 年现状	指标性质
每千常住人口医疗卫生机构床位数（张）	6	4.55	指导性
医院	4.8	3.56	指导性
公立医院	3.3	3.04	指导性
其中：省办及以上医院	0.45	0.39	指导性
市办医院	0.9	0.79	指导性
县办医院	1.8	1.26	指导性
其他公立医院	0.15	0.60	指导性
社会办医院	1.5	0.52	指导性
基层医疗卫生机构	1.2	0.99	指导性
每千常住人口执业（助理）医师数（人）	2.5	2.06	指导性
每千常住人口注册护士数（人）	3.14	2.05	指导性

续表

主要指标	2020 年目标	2013 年现状	指标性质
每千常住人口公共卫生人员数（人）	0.83	0.61	指导性
每万常住人口全科医生数（人）	2	1.07	约束性
医护比	1∶1.25	1∶1	指导性
市办及以上医院床护比	1∶0.6	1∶0.45	指导性
县办综合性医院适宜床位规模（张）	500	—	指导性
市办综合性医院适宜床位规模（张）	800	—	指导性
省办及以上综合性医院适宜床位规模（张）	1000	—	指导性

注：省办包括省、自治区、直辖市举办；市办包括地级市、地区、州、盟举办；县办包括县、县级市、市辖区、旗举办，下同。

第二节　原　　则

一、坚持健康需求导向。以健康需求和解决人民群众主要健康问题为导向，以调整布局结构、提升能级为主线，适度有序发展，强化薄弱环节，科学合理确定各级各类医疗卫生机构的数量、规模及布局。

二、坚持公平与效率统一。优先保障基本医疗卫生服务的可及性，促进公平公正。同时，注重医疗卫生资源配置与使用的科学性与协调性，提高效率，降低成本，实现公平与效率的统一。

三、坚持政府主导与市场机制相结合。切实落实政府在制度、规划、筹资、服务、监管等方面的责任，维护公共医疗卫生的公益性。大力发挥市场机制在配置资源方面的作用，充分调动社会力量的积极性和创造性，满足人民群众多层次、多元化医疗卫生服务需求。

四、坚持系统整合。加强全行业监管与属地化管理，统筹城乡、区域资源配置，统筹当前与长远，统筹预防、医疗和康复，中西医并重，注重发挥医疗卫生服务体系的整体功能，促进均衡发展。

五、坚持分级分类管理。充分考虑经济社会发展水平和医疗卫生资源现状，统筹不同区域、类型、层级的医疗卫生资源的数量和布局，分类制订配置标准。促进基层医疗卫生机构发展，着力提升服务能力和质量；合理控制公立医院资源规模，推动发展方式转变；提高专业公共卫生机构的服务能力和水平。

第三章　总 体 布 局

在不同的属地层级实行资源梯度配置。地市级及以下，基本医疗服务和公共卫生资源按照常住人口规模和服务半径合理布局；省部级及以上，分区域统筹考虑，重点布局。

第一节　机构设置

医疗卫生服务体系主要包括医院、基层医疗卫生机构和专业公共卫生机构等（见图示）。医院分为公立医院和社会办医院。其中，公立医院分为政府办医院（根据功能定位主要划分为县办医院、市办医院、省办医院、部门办医院）和其他公立医院（主要包括军队医院、国有和集体企事业单位等举办的医院）。县级以下为基层医疗卫生机构，分为公立和社会办两类。专业公共卫生机构分为政府办专业公共卫生机构和其他专业公共卫生机构（主要包括国有和集体企事业单位等举办的专业公共卫生机构）。根据属地层级的不同，政府办专业公共卫生机构划分为县办、市办、省办及部门办四类。

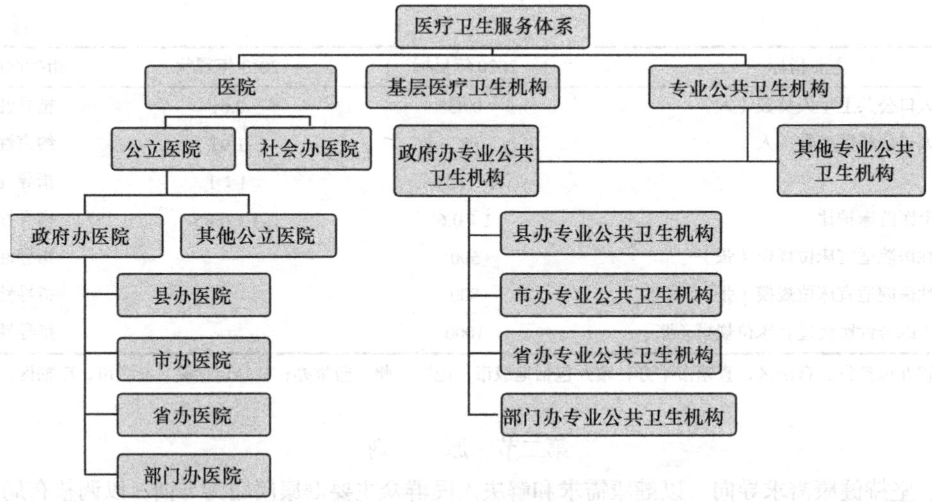

第二节 床位配置

到2020年，每千常住人口医疗卫生机构床位数控制在6张，其中，医院床位数4.8张，基层医疗卫生机构床位数1.2张。在医院床位中，公立医院床位数3.3张，按照每千常住人口不低于1.5张为社会办医院预留规划空间。

分区域制定床位配置原则。根据各省份经济、社会、人口、卫生等方面的实际状况，考虑各地资源差异，在现有基础上，按照鼓励发展、平稳发展、控制发展等策略对各省份区别制定床位发展目标。

第三节 信息资源配置

开展健康中国云服务计划，积极应用移动互联网、物联网、云计算、可穿戴设备等新技术，推动惠及全民的健康信息服务和智慧医疗服务，推动健康大数据的应用，逐步转变服务模式，提高服务能力和管理水平。加强人口健康信息化建设，到2020年，实现全员人口信息、电子健康档案和电子病历三大数据库基本覆盖全国人口并信息动态更新。全面建成互联互通的国家、省、市、县四级人口健康信息平台，实现公共卫生、计划生育、医疗服务、医疗保障、药品供应、综合管理等六大业务应用系统的互联互通和业务协同。积极推动移动互联网、远程医疗服务等发展。普及应用居民健康卡，积极推进居民健康卡与社会保障卡、金融IC卡、市民服务卡等公共服务卡的应用集成，实现就医“一卡通”。依托国家电子政务网，构建与互联网安全隔离，联通各级平台和各级各类卫生计生机构，高效、安全、稳定的信息网络。建立完善人口健康信息化标准规范体系。加强信息安全防护体系建设。实现各级医疗服务、医疗保障与公共卫生服务的信息共享与业务协同。

第四节 其他资源配置

一、设备配置

根据功能定位、医疗技术水平、学科发展和群众健康需求，坚持资源共享和阶梯配置，引导医疗机构合理配置适宜设备，逐步提高国产医用设备配置水平，降低医疗成本。加强大型医用设备配置规划和准入管理，严控公立医院超常装备。支持发展专业的医学检验机构和影像机构，逐步建立大型设备共用、共享、共管机制。建立区域医学影像中心，推动建立“基层医疗卫生机构检查、医院诊断”的服务模式，提高基层医学影像服务能力。按照统一规范的标准体系，二级以上医疗机构检验对所有医疗机构开放，推进有条件的地区开展集中检查检验和检查检验结果互认。大型医用设备按照品目分为甲类和乙类，由国家卫生计生委会同国家发展改革委、财政部、人力资源社会保障部、国家中医药局制定配置规划，并分别由国家和省级卫生计生行政部门组织实施，管理品目实行动态调整。

二、技术配置

健全医疗技术临床应用准入和管理制度，对医疗技术临床应用实行分类、分级管理。加强国家临床医学研究中心和协同研究网络建设，围绕常见疾病和健康问题，加快推进适宜卫生技术的研究开发与推广应用。加强对临床专科建设发展的规划引导和支持，以发展优质医疗资源为目标，发挥其示范、引领、带动和辐射作用，提高基层和区域的专科水平，逐步缓解地域、城乡、学科之间发展不平衡，促进医疗服务体系协调发展。注重中医临床专科的建设，强化中医药技术推广应用。

第四章　各级各类医疗卫生机构

第一节　医　　院

一、公立医院

（一）功能定位。

公立医院是我国医疗服务体系的主体，应当坚持维护公益性，充分发挥其在基本医疗服务提供、急危重症和疑难病症诊疗等方面的骨干作用，承担医疗卫生机构人才培养、医学科研、医疗教学等任务，承担法定和政府指定的公共卫生服务、突发事件紧急医疗救援、援外、国防卫生动员、支农、支边和支援社区等任务。

县办医院主要承担县级区域内居民的常见病、多发病诊疗，急危重症抢救与疑难病转诊，培训和指导基层医疗卫生机构人员，相应公共卫生服务职能以及突发事件紧急医疗救援等工作，是政府向县级区域内居民提供基本医疗卫生服务的重要载体。

市办医院主要向地市级区域内居民提供代表本区域高水平的综合性或专科医疗服务，接受下级医院转诊，并承担人才培养和一定的科研任务以及相应公共卫生和突发事件紧急医疗救援任务。

省办医院主要向省级区域内若干个地市提供急危重症、疑难病症诊疗和专科医疗服务，接受下级医院转诊，并承担人才培养、医学科研及相应公共卫生和突发事件紧急医疗救援任务。

部门办医院主要向跨省份区域提供疑难危重症诊疗和专科医疗服务，接受下级医院转诊，并承担人才培养、医学科研及相应公共卫生和突发事件紧急医疗救援等任务和技术支撑，带动医疗服务的区域发展和整体水平提升。

（二）机构设置。

各级各类公立医院的规划设置要根据地域实际，综合考虑城镇化、人口分布、地理交通环境、疾病谱等因素合理布局。合理控制公立综合性医院的数量和规模，对于需求量大的专科医疗服务，可以根据具体情况设立相应的专科医院。在京津冀、长三角、珠三角等具备一体化发展条件的区域，可以探索打破行政区划的限制，跨区域统筹设置医疗卫生机构，推动资源优化调整，实现大区域范围内资源共享，提高配置效率。

在县级区域依据常住人口数，原则上设置 1 个县办综合医院和 1 个县办中医类医院（含中医、中西医结合、民族医等，下同）。中医类资源缺乏，难以设置中医类医院的县可在县办综合医院设置中医科或民族医科室。民族地区、民族自治地方的县级区域优先设立民族医医院。50 万人口以上的县可适当增加公立医院数量。

在地市级区域依据常住人口数，每 100 万—200 万人口设置 1—2 个市办综合性医院（含中医类医院，下同），服务半径一般为 50 公里左右。地广人稀的地区人口规模可以适当放宽。其中，每个地市级区域原则上至少设置 1 个市办中医类医院，暂不具备条件的，可在市办综合医院设置中医科或民族医科室。在地市级区域应根据需要规划设置儿童、精神、妇产、肿瘤、传染病、康复等市办专科医院（含中医类专科医院）。

在省级区域划分片区，依据常住人口数，每1000万人口规划设置1—2个省办综合性医院，同时可以根据需要规划设置儿童、妇产、肿瘤、精神、传染病、职业病以及口腔、康复等省办专科医院（含中医类专科医院）。在省级区域内形成功能比较齐全的医疗服务体系。

按照统筹规划、提升能级、辐射带动的原则，在全国规划布局设置若干部门办医院。

（三）床位配置。

根据常住人口规模合理配置公立医院床位规模，重在控制床位的过快增长。各地应结合当地实际情况，参考以下指标研究制定本地区公立医院床位层级设置：每千常住人口公立医院床位数3.3张（含妇幼保健院床位）。其中，县办医院床位数1.8张，市办医院床位数0.9张，省办及以上医院床位数0.45张，国有和集体企事业单位等举办的其他公立医院床位数调减至0.15张。实行分类指导，每千常住人口公立医院床位数超过3.3张的，原则上不再扩大公立医院规模，鼓励有条件的地区对过多的存量资源进行优化调整。对医疗卫生服务资源短缺、社会资本投入不足的地区和领域，政府要加大投入，满足群众基本医疗卫生服务需求。中医类医院床位数可以按照每千常住人口0.55张配置。同时，可以按照15%的公立医院床位比例设置公立专科医院。

（四）单体规模。

严格控制公立医院单体（单个执业点）床位规模的不合理增长，县办综合性医院床位数一般以500张左右为宜，50万人口以上的县可适当增加，100万人口以上的县原则上不超过1000张；市办综合性医院床位数一般以800张左右为宜，500万人口以上的地市可适当增加，原则上不超过1200张；省办及以上综合性医院床位数一般以1000张左右为宜，原则上不超过1500张。专科医院的床位规模要根据实际需要合理设置。

二、社会办医院

社会办医院是医疗卫生服务体系不可或缺的重要组成部分，是满足人民群众多层次、多元化医疗服务需求的有效途径。社会办医院可以提供基本医疗服务，与公立医院形成有序竞争；可以提供高端服务，满足非基本需求；可以提供康复、老年护理等紧缺服务，对公立医院形成补充。

到2020年，按照每千常住人口不低于1.5张床位为社会办医院预留规划空间，同步预留诊疗科目设置和大型医用设备配置空间。放宽举办主体要求，进一步放宽中外合资、合作办医条件，逐步扩大具备条件的境外资本设立独资医疗机构试点。放宽服务领域要求，凡是法律法规没有明令禁入的领域，都要向社会资本开放。优先支持举办非营利性医疗机构。引导社会办医院向高水平、规模化方向发展，发展专业性医院管理集团。支持社会办医院合理配备大型医用设备。加快办理审批手续，对具备相应资质的社会办医院，应按照规定予以批准，简化审批流程，提高审批效率。

完善配套支持政策，支持社会办医院纳入医保定点范围，完善规划布局和用地保障，优化投融资引导政策，完善财税价格政策，社会办医院医疗服务价格实行市场调节价。鼓励政府购买社会办医院提供的服务。加强行业监管，保障医疗质量和安全。

第二节 基层医疗卫生机构

一、功能定位

基层医疗卫生机构的主要职责是提供预防、保健、健康教育、计划生育等基本公共卫生服务和常见病、多发病的诊疗服务以及部分疾病的康复、护理服务，向医院转诊超出自身服务能力的常见病、多发病及危急和疑难重症病人。基层医疗卫生机构主要包括乡镇卫生院、社区卫生服务中心（站）、村卫生室、医务室、门诊部（所）和军队基层卫生机构等。

乡镇卫生院和社区卫生服务中心负责提供基本公共卫生服务，以及常见病、多发病的诊疗、护理、康复等综合服务，并受县级卫生计生行政部门委托，承担辖区内的公共卫生管理工作，负责对村卫生室、社区卫生服务站的综合管理、技术指导和乡村医生的培训等。乡镇卫生院分为中心乡镇卫生院和一般乡镇卫生院，中心乡镇卫生院除具备一般乡镇卫生院的服务功能外，还应开展普通常见手术等，着重强化医疗服务能力并承担对周边区域内一般乡镇卫生院的技术指导工作。

村卫生室、社区卫生服务站在乡镇卫生院和社区卫生服务中心的统一管理和指导下，承担行政村、居委会范围内人群的基本公共卫生服务和普通常见病、多发病的初级诊治、康复等工作。

单位内部的医务室和门诊部等基层医疗卫生机构负责本单位或本功能社区的基本公共卫生和基本医疗服务。

其他门诊部、诊所等基层医疗卫生机构根据居民健康需求，提供相关医疗卫生服务。政府可以通过购买服务的方式对其提供的服务予以补助。

二、机构设置

乡镇卫生院、社区卫生服务中心按照乡镇、街道办事处行政区划或一定服务人口进行设置。到2020年，实现政府在每个乡镇办好1所标准化建设的乡镇卫生院，在每个街道办事处范围或每3万—10万居民规划设置1所社区卫生服务中心。全面提升乡镇卫生院服务能力和水平，综合考虑城镇化、地理位置、人口聚集程度等因素，可以选择1/3左右的乡镇卫生院提升服务能力和水平，建设中心乡镇卫生院。有条件的中心乡镇卫生院可以建设成为县办医院分院。城市地区一级和部分二级公立医院可以根据需要，通过结构和功能改造转为社区卫生服务中心。

合理确定村卫生室和社区卫生服务站的配置数量和布局，根据乡镇卫生院、社区卫生服务中心覆盖情况以及服务半径、服务人口等因素合理设置。原则上每个行政村应当设置1个村卫生室。

个体诊所等其他基层医疗卫生机构的设置，不受规划布局限制，实行市场调节的管理方式。

三、床位配置

按照所承担的基本任务和功能合理确定基层医疗卫生机构床位规模，重在提升床位质量，提高使用效率。到2020年，每千常住人口基层医疗卫生机构床位数达到1.2张，重点加强护理、康复病床的设置。

第三节　专业公共卫生机构

一、功能定位

专业公共卫生机构是向辖区内提供专业公共卫生服务（主要包括疾病预防控制、健康教育、妇幼保健、精神卫生、急救、采供血、综合监督执法、食品安全风险监测评估与标准管理、计划生育、出生缺陷防治等），并承担相应管理工作的机构。专业公共卫生机构主要包括疾病预防控制机构、综合监督执法机构、妇幼保健计划生育服务机构、急救中心（站）、血站等，原则上由政府举办。

县办专业公共卫生机构的主要职责是，完成上级下达的指令性任务，承担辖区内专业公共卫生任务以及相应的业务管理、信息报送等工作，并对辖区内医疗卫生机构相关公共卫生工作进行技术指导、人员培训、监督考核等。

市办专业公共卫生机构的主要职责是，完成上级下达的指令性任务，承担辖区内的专业公共卫生任务以及相应的信息管理等工作，并对下级专业公共卫生机构开展业务指导、人员培训、监督考核等。

省办专业公共卫生机构的主要职责是，完成上级下达的指令性任务，承担辖区内的专业公共卫生任务，开展区域业务规划、科研培训、信息管理、技术支撑以及对下级专业公共卫生机构的业务指导、人员培训、监督考核等。

部门办专业公共卫生机构的主要职责是，实施全国各专业公共卫生工作规划或计划，建立和管理相关公共卫生信息网络，参与重特大突发事件卫生应急处置；加强对下级专业公共卫生机构的业务管理、技术指导、人员培训和监督考核；开展公共卫生发展规律、策略和应用性科学研究，拟定国家公共卫生相关标准和规范。

二、机构设置

专业公共卫生机构要按照辖区常住人口数、服务范围、工作量等因素合理设置。加强区域公共卫生服务资源整合，鼓励组建综合性公共卫生服务中心，10 万人口以下的县原则上只设 1 所公共卫生服务机构。专业公共卫生机构实行按行政区划，分级设置，县级及以上每个行政区划内同类专业公共卫生机构原则上只设一个。县级以下由社区卫生服务中心（站）、乡镇卫生院（妇幼保健计划生育服务站）和村卫生室、计划生育服务室承担相关工作。

县级及以上每个行政区划内原则上只设 1 个疾病预防控制中心，不再单设其他专病预防控制机构，目前部分地区单设的专病预防控制机构，要逐步整合到疾病预防控制中心。

县级及以上政府要根据工作职责，规范卫生计生综合监督执法机构的设置，由其承担卫生计生综合监督执法任务。

省级可以分设或整合妇幼保健机构和计划生育科研机构。市办和县办妇幼保健机构与计划生育技术服务机构原则上应当予以整合，分别成立市办、县办妇幼保健计划生育服务中心。整合乡办计划生育技术服务机构与乡（镇）卫生院的妇幼保健职能。村级保留村卫生室和村计划生育服务室，共享共用。

省级人民政府根据国家有关规定，结合本行政区域人口、医疗资源、临床用血需求等情况规划血站设置，1 个城市内不得重复设置血液中心、中心血站。血液中心和中心血站难以覆盖的县可以依托县办综合医院规划设置 1 个中心血库。

以专业精神卫生机构为主体、综合性医院精神科为辅助、基层医疗卫生机构和精神疾病社区康复机构为基础，建立健全精神卫生服务体系和网络。

以市办急救中心为龙头，县急救中心和院前急救网络医院共同建成比较完善的急救网络，每个地市必须设置 1 个急救中心（站），在有核电站、核设施、大型核辐射装置的重点省份可以建设核辐射应急救治基地。

第五章 卫生人才队伍

第一节 人 员 配 备

到 2020 年，每千常住人口执业（助理）医师数达到 2.5 人，注册护士数达到 3.14 人，医护比达到 1 : 1.25，市办及以上医院床护比不低于 1 : 0.6，公共卫生人员数达到 0.83 人，人才规模与我国人民群众健康服务需求相适应，城乡和区域医药卫生人才分布趋于合理，各类人才队伍统筹协调发展。加强全科医生和住院医师规范化培训，逐步建立和完善全科医生制度。促进医务人员合理流动，使其在流动中优化配置，充分发挥作用。加强公共卫生人员的专项能力建设。

一、医院

以执业（助理）医师和注册护士配置为重点，以居民卫生服务需求量和医师标准工作量为依据，结合服务人口、经济状况、自然条件等因素配置医生和护士的数量，合理确定医护人员比例。按照医院级别与功能任务的需要确定床位与人员配比，承担临床教学、带教实习、支援基层、援外医疗、应急救援、医学科研等任务的医疗卫生机构可以适当增加人员配置。未达到床护比标准的，原则上不允许扩大床位规模。

二、基层医疗卫生机构

到 2020 年，每千常住人口基层卫生人员数达到 3.5 人以上，在我国初步建立起充满生机和活力的全科医生制度，基本形成统一规范的全科医生培养模式和“首诊在基层”的服务模式，全科医生与城乡居民基本建立比较稳定的服务关系，基本实现城乡每万名居民有 2—3 名合格的全科医生，全科医生服务水平全面提高，基本适应人民群众基本医疗卫生服务需求。原则上按照每千服务人口不少于 1 名的标准配备乡村医生。每所村卫生室至少有 1 名乡村医生执业。

三、专业公共卫生机构

到 2020 年，每千常住人口公共卫生人员数达到 0.83 人，各级各类公共卫生人才满足工作需要。

疾病预防控制中心人员原则上按照各省、自治区、直辖市常住人口 1.75/万人的比例核定；地域面积在 50 万平方公里以上且人口密度小于 25 人/平方公里的省、自治区，可以按照不高于本地区常住人口 3/万人的比例核定。其中，专业技术人员占编制总额的比例不得低于 85%，卫生技术人员不得低于 70%。

专业精神卫生机构应当按照区域内人口数及承担的精神卫生防治任务配置公共卫生人员。

妇幼保健计划生育机构应当根据当地服务人口、社会需求、交通状况、区域卫生和计划生育事业发展规划以及承担的功能任务等合理配备人员。市、县、乡级妇幼保健计划生育服务机构中卫生技术人员比例应当不低于总人数的 80%。

血站卫生技术人员数量应当根据年采供血等业务量进行配备。

急救中心人员数量应当根据服务人口、年业务量等进行配备。

第二节　人才培养

加强卫生人才队伍建设，注重医疗、公共卫生、中医药以及卫生管理人才的培养，制订有利于卫生人才培养使用的政策措施。切实加强医教协同工作，深化院校教育改革，推进院校医学教育与卫生计生行业需求的紧密衔接，加强人才培养的针对性和适应性，提高人才培养质量。建立住院医师和专科医师规范化培训制度，开展助理全科医生培训，推动完善毕业后医学教育体系，培养合格临床医师。以卫生计生人员需求为导向，改革完善继续医学教育制度，提升卫生计生人才队伍整体素质。到 2020 年，基本建成院校教育、毕业后教育、继续教育三阶段有机衔接的具有中国特色的标准化、规范化临床医学人才培养体系。院校教育质量显著提高，毕业后教育得到普及，继续教育实现全覆盖。近期，要加快构建以“5+3”（5 年临床医学本科教育+3 年住院医师规范化培训或 3 年临床医学硕士专业学位研究生教育）为主体、以“3+2”（3 年临床医学专科教育+2 年助理全科医生培训）为补充的临床医学人才培养体系。

加强以全科医生为重点的基层医疗卫生队伍建设，健全在岗培训制度，鼓励乡村医生参加学历教育。加强政府对医药卫生人才流动的政策引导，推动医药卫生人才向基层流动，加大西部地区人才培养与引进力度。制订优惠政策，为农村订单定向免费培养医学生，研究实施基层医疗卫生机构全科医生及县办医院专科特设岗位计划。创造良好的职业发展条件，鼓励和吸引医务人员到基层工作。加强公共卫生人才队伍建设，加强高层次医药卫生人才队伍建设，大力开发护理、儿科、精神科等急需紧缺专门人才。大力支持中医类人才培养。加大对中西部地区高等医学院校的支持，缩小区域、院校和学科专业之间培养水平的差距。

第三节　人才使用

健全以聘用制度和岗位管理制度为主要内容的事业单位用人机制，完善岗位设置管理，保证专业技术岗位占主体（原则上不低于 80%），推行公开招聘和竞聘上岗。健全以岗位职责要求为基础，以品德、能力、业绩为导向，符合卫生人才特点的科学化、社会化评价机制，完善专业技术职称评定制度，促进人才成长发展和合理流动。深化收入分配制度改革，建立以服务质量、服务数量和服务对象满意度为核心、以岗位职责和绩效为基础的考核和激励机制，坚持多劳多得、优绩优酬，人员收入分配重点向关键岗位、业务骨干和作出突出成绩的医药卫生人才倾斜。建立以政府投入为主、用人单位和社会资助为辅的卫生人才队伍建设投入机制，优先保证对人才发展的投入，为医药卫生人才发展提供必要的经费保障。创新公立医院机构编制管理，合理核定公立医院编制总量，并进行动态调整，逐步实行编制备案制，探索多种形式用人机制和政府购买服务方式。

第六章　功能整合与分工协作

建立和完善公立医院、专业公共卫生机构、基层医疗卫生机构以及社会办医院之间的分工协作关系，整合各级各类医疗卫生机构的服务功能，为群众提供系统、连续、全方位的医疗卫生服务。

第一节　防 治 结 合

专业公共卫生机构要对公立医院、基层医疗卫生机构和社会办医院开展公共卫生服务加强指导、培训和考核，建立信息共享与互联互通等协作机制。

进一步明确专业公共卫生机构和医疗机构的职责，着力做好高血压、糖尿病、肿瘤等慢性病的联防联控工作，将结核病、艾滋病等重点传染病以及职业病、精神疾病等病人的治疗交综合性医院或者专科医院开展，强化专业公共卫生机构对医疗机构公共卫生工作的技术指导和考核，监督部门加强对医疗机构的监督检查。

综合性医院及相关专科医院要依托相关科室，与专业公共卫生机构密切合作，承担辖区内一定的公共卫生任务和对基层医疗卫生机构的业务指导。建立医疗机构承担公共卫生任务的补偿机制和服务购买机制。进一步加强基层医疗卫生机构队伍建设，拓展基层医疗卫生机构的功能，确保各项公共卫生任务落实到位。充分发挥中医药在公共卫生中的作用，积极发展中医预防保健服务。

第二节　上 下 联 动

建立并完善分级诊疗模式，建立不同级别医院之间，医院与基层医疗卫生机构、接续性医疗机构之间的分工协作机制，健全网络化城乡基层医疗卫生服务运行机制，逐步实现基层首诊、双向转诊、上下联动、急慢分治。以形成分级诊疗秩序为目标，积极探索科学有效的医联体和远程医疗等多种方式。充分利用信息化手段，促进优质医疗资源纵向流动，建立医院与基层医疗卫生机构之间共享诊疗信息、开展远程医疗服务和教学培训的信息渠道。

控制公立医院普通门诊规模，支持和引导病人优先到基层医疗卫生机构就诊，由基层医疗卫生机构逐步承担公立医院的普通门诊、康复和护理等服务。推动全科医生、家庭医生责任制，逐步实现签约服务。鼓励有条件的地区通过合作、托管、重组等多种方式，促进医疗资源合理配置。探索县域一体化管理。推进乡镇卫生院和村卫生室一体化。

公立医院要通过技术支持、人员培训、管理指导等多种方式，帮扶和指导与之建立分工协作关系的基层医疗卫生机构，提高其服务能力和水平。允许公立医院医师多点执业，探索建立医师执业信息数据库并向公众提供在线查询服务，促进优质医疗资源下沉到基层。建立区域在线预约挂号平台，公立医院向基层医疗卫生机构提供转诊预约挂号服务，对基层医疗卫生机构转诊病人优先安排诊疗和住院；将恢复期需要康复的病人或慢性病病人转诊到病人就近的基层医疗卫生机构。

完善治疗—康复—长期护理服务链，发展和加强康复、老年、长期护理、慢性病管理、临终关怀等接续性医疗机构，建立急慢分治的制度，提高公立医院医疗资源利用效率。

第三节　中西医并重

坚持中西医并重方针，以积极、科学、合理、高效为原则，做好中医医疗服务资源配置。充分发挥中医医疗预防保健特色优势，不断完善中医医疗机构、基层中医药服务提供机构和其他中医药服务提供机构共同组成的中医医疗服务体系，加快中医医疗机构建设与发展，加强综合医院、专科医院中医临床科室和中药房设置，增强中医科室服务能力。加强中西医临床协作，整合资源，强强联合，优势互补，协同协作，提高重大疑难病、急危重症临床疗效。统筹用好中西医两方面资源，提升基层西医和中医两种手段综合服务能力，到 2020 年，力争使所有社区卫生服务机构、乡镇卫生院和 70%的村卫生室具备与其功能相适应的中医药服务能力。

第四节　多 元 发 展

加强社会办医疗机构与公立医疗卫生机构的协同发展，提高医疗卫生资源的整体效率。社会力量可以直接投向资源稀缺及满足多元需求的服务领域，也可以多种形式参与国有企业所办医疗机构等部分公立医院改制重组。鼓励公立医院与社会力量以合资合作的方式共同举办新的非营利性医疗机构，满足群众多层次医疗服务需求。探索公立医院有形资产和无形资产科学评估办法，防止国有资产流失。鼓励社会力量举办中医类专科医院、康复医院、护理院（站）以及口腔疾病、老年病和慢性病等诊疗机构。鼓励药品经营企业举办中医坐堂医诊所，鼓励有资质的中医专业技术人员特别是名老中医开办中医诊所。允许医师多点执业。支持社会办医疗机构加强重点专科建设，引进和培养人才，提升学术地位，加快实现与医疗保障机构、公立医疗机构等信息系统的互联互通。

建立社会力量参与公共卫生工作的机制。政府通过购买服务等方式，鼓励和支持社会力量参与公共卫生工作，并加强技术指导和监督管理。社会力量要加强自身管理，不断强化自身能力，与专业公共卫生机构密切合作，确保公共卫生工作顺利开展。

第五节　医 养 结 合

推进医疗机构与养老机构等加强合作。推动中医药与养老结合，充分发挥中医药“治未病”和养生保健优势。建立健全医疗机构与养老机构之间的业务协作机制，鼓励开通养老机构与医疗机构的预约就诊绿色通道，协同做好老年人慢性病管理和康复护理。增强医疗机构为老年人提供便捷、优先优惠医疗服务的能力。支持有条件的医疗机构设置养老床位。推动二级以上医院与老年病医院、老年护理院、康复疗养机构、养老机构内设医疗机构等之间的转诊与合作。在养老服务中充分融入健康理念，加强医疗卫生服务支撑。支持有条件的养老机构设置医疗机构。统筹医疗服务与养老服务资源，合理布局养老机构与老年病医院、老年护理院、康复疗养机构等，研究制订老年康复、护理服务体系专项规划，形成规模适宜、功能互补、安全便捷的健康养老服务网络。

发展社区健康养老服务。提高社区卫生服务机构为老年人提供日常护理、慢性病管理、康复、健康教育和咨询、中医养生保健等服务的能力，鼓励医疗机构将护理服务延伸至居民家庭。推动开展远程服务和移动医疗，逐步丰富和完善服务内容及方式，做好上门巡诊等健康延伸服务。

第七章　实施保障与监督评价

第一节　加强组织领导

一、加强领导

区域卫生规划是政府对卫生事业进行宏观调控的重要手段。要切实加强对区域卫生规划工作的领导，把区域卫生规划工作提上重要议事日程，列入政府的工作目标和考核目标，建立问责制。各级政府要在土地利用总体规划和城乡规划中统筹考虑医疗卫生机构发展需要，合理安排用地供给，优先保障非营利性医疗机构用地。

二、合理划分各级政府责任

国家卫生计生委会同国家中医药局在各地资源配置的基础上，统筹规划跨省份的资源配置，并纳入所在地市的区域卫生规划。成立专家委员会，建立对各省份资源配置标准和直辖市、计划单列市、省会城市等特殊地区规划的论证机制。根据需要制定分领域专项规划，修订完善医疗机构基本建设标准和设备配置标准。

省级政府负责制订医疗卫生资源配置标准和医疗机构设置规划，将床位配置标准细化到各地市，组织各地市编制区域卫生规划，并根据人口分布、医疗卫生服务需求和交通状况等重点规划各类省办医院与专业公共卫生机构的设置，纳入所在地市的区域卫生规划。

地市级政府负责研究编制区域卫生规划和医疗机构设置规划并组织实施，要重点规划市办及以下医院和专业公共卫生机构，将床位配置标准细化到各县，并按照属地化原则，对本地市范围内的各级各类医疗卫生机构的设置进行统筹规划。

直辖市政府同时承担省、市两级政府职责，负责制定本市医疗卫生资源配置标准，研究编制全市区域卫生规划并组织实施。

县级政府应当按照所在地市的区域卫生规划和医疗机构设置规划要求，负责辖区内县办医院、专业公共卫生机构及基层医疗卫生机构的设置。

三、明确相关部门职责

卫生计生、发展改革、财政、城乡规划、人力资源社会保障、机构编制和中医药等部门要认真履行职责，协调一致地推进区域卫生规划工作。在卫生计生方面，要制订区域卫生规划和医疗机构设置规划并适时进行动态调整；在发展改革方面，要将区域卫生规划和医疗机构设置规划纳入国民经济和社会发展总体规划安排，依据规划对新改扩建项目进行基本建设管理，推进医疗服务价格改革；在财政方面，要按照政府卫生投入政策落实相关经费；在城乡规划管理方面，要依据依法批准的城乡规划审批建设用地；在机构编制方面，要依据有关规定和标准统筹公立医疗卫生机构编制；在社会保障方面，要加快医保支付制度改革；其他相关部门要各司其职，做好相关工作。

第二节 创新体制机制

深化医药卫生体制改革，为区域卫生规划的实施创造有利条件。本规划主要内容是医疗卫生资源配置，“十三五”期间深化医改的总体部署将由医改规划作出安排，在实施推进过程中，要做好与相关规划的衔接。要建立和完善政府卫生投入机制，明确政府在提供公共卫生和基本医疗服务中的主导地位。切实落实对公立和社会办非营利性医疗卫生机构的投入政策。合理划分中央政府和地方政府的医疗卫生投入责任。深化基层医疗卫生机构综合改革，健全网络化城乡基层医疗卫生服务运行机制，提高服务质量和效率；加快公立医院改革，建立合理的补偿机制、科学的绩效评价机制和适应行业特点的人事薪酬制度，推进管办分开、政事分开，实行医药分开。加快发展城乡居民大病保险、商业健康保险，建立完善以基本医保为主体的多层次医疗保障体系。改革医保支付方式，建立更加合理的医保付费机制。加强医疗卫生全行业监管。推行医疗责任保险、医疗意外保险等多种形式的医疗执业保险，加快发展医疗纠纷人民调解等第三方调解机制，完善医疗纠纷处理机制。

第三节 加大资源调整力度

按照严格规划增量、科学调整存量的原则，合理确定区域内公立医院的数量和布局，采取多种措施推动公立医院布局和结构的优化调整。要合理把控公立医院床位规模、建设标准和大型设备配置，禁止举债建设和装备。对新建城区、郊区、卫星城区等薄弱区域，政府要有计划、有步骤建设公立医疗卫生机构，满足群众基本医疗卫生需求。重点加强中医、儿科、妇产、精神卫生、传染病、老年护理、口腔、康复等薄弱领域服务能力的建设。优先加强县办医院服务能力，提高县域医疗能力和水平。支持村卫生室、乡镇卫生院、社区卫生服务机构标准化建设，2020 年达标率达到 95%以上。加大对老少边穷地区医疗卫生服务体系发展和人才定向培养的支持力度。新建居住区和社区要按照相关规定保障基本医疗卫生设施配套。公立医院资源过剩的地区，要优化结构和布局，从实际出发，根据需要积极稳妥地将部分公立医院转为康复、老年护理等接续性医疗机构或社区卫生服务机构。对超出规模标准的公立医院，要采取综合措施，逐步压缩床位，并选择部分单体规模过大的国家卫生计生委预算管理医院和公立医院改革试点城市的公立医院开展拆分试点。

第四节　强化监督评价

一、规范规划编制流程

各地在编制医疗卫生资源配置标准和区域卫生规划工作中，要根据群众健康需求，合理确定各类医疗卫生资源的配置目标。要综合考虑包括军队医疗机构、复员退伍军人医疗机构等在内的各方医疗资源，充分征求有关部门和社会各界的意见。要与新型城镇化以及区域发展布局相结合，做好与本规划纲要以及当地经济社会发展规划、城乡规划、土地利用总体规划、国防卫生动员需求等的衔接，合理控制资源总量标准及公立医院单体规模，各地可以在强基层的基础上，根据实际需要对不同级别、类型机构床位的比例关系进行适当调整。各地市区域卫生规划起草和论证完成后，须经省级卫生计生行政部门同意并报本地市人民政府审批，确保规划的可行性、可操作性和权威性。区域卫生规划的周期一般为 5 年。

二、严格规划实施

及时发布机构设置和规划布局调整等信息，鼓励有条件的地方采取招标等方式确定举办或运行主体。将纳入规划作为建设项目立项的前提条件。所有新增医疗卫生资源，特别是公立医院的设置和改扩建、病床规模的扩大、大型医疗设备的购置，无论何种资金渠道，必须按照区域卫生规划的要求和程序，严格管理。建立公立医院床位规模分级备案和公示制度，新增床位后达到或超过 1500 张床以上公立医院，其床位增加须报国家卫生计生委备案（中医类医院同时报国家中医药管理局备案）。对严重超出规定床位数标准、未经批准开展项目建设、擅自扩大建设规模和提高建设标准等的公立医院，要进行通报批评，暂停大型医用设备配置许可、等级评审等审批和财政资金安排。

三、建立规划实施的监督评价机制

各省（区、市）人民政府要强化规划实施监督和评价，建立区域卫生规划和资源配置监督评价机制，成立专门的评价工作小组，组织开展区域卫生规划实施进度和效果评价，及时发现实施中存在的问题，并研究解决对策。评价过程中要实行公开评议、公平竞争，运用法律、经济和行政手段规范、管理和保障区域卫生规划的有效实施。国务院有关部门要根据职责分工，开展规划实施进度和效果评价，必要时开展联合督查，以推动规划落实，实现医疗卫生资源有序发展、合理配置、结构优化。

附录六 医疗机构从业人员行为规范

（卫办发〔2012〕45号）

第一章 总则

第一条 为规范医疗机构从业人员行为，根据医疗卫生有关法律法规、规章制度，结合医疗机构实际，制定本规范。

第二条 本规范适用于各级各类医疗机构内所有从业人员，包括：

（一）管理人员。指在医疗机构及其内设各部门、科室从事计划、组织、协调、控制、决策等管理工作的人员。

（二）医师。指依法取得执业医师、执业助理医师资格，经注册在医疗机构从事医疗、预防、保健等工作的人员。

（三）护士。指经执业注册取得护士执业证书，依法在医疗机构从事护理工作的人员。

（四）药学技术人员。指依法经过资格认定，在医疗机构从事药学工作的药师及技术人员。

（五）医技人员。指医疗机构内除医师、护士、药学技术人员之外从事其他技术服务的卫生专业技术人员。

（六）其他人员。指除以上五类人员外，在医疗机构从业的其他人员，主要包括物资、总务、设备、科研、教学、信息、统计、财务、基本建设、后勤等部门工作人员。

第三条 医疗机构从业人员，既要遵守本文件所列基本行为规范，又要遵守与职业相对应的分类行为规范。

第二章 医疗机构从业人员基本行为规范

第四条 以人为本，践行宗旨。坚持救死扶伤、防病治病的宗旨，发扬大医精诚理念和人道主义精神，以病人为中心，全心全意为人民健康服务。

第五条 遵纪守法，依法执业。自觉遵守国家法律法规，遵守医疗卫生行业规章和纪律，严格执行所在医疗机构各项制度规定。

第六条 尊重患者，关爱生命。遵守医学伦理道德，尊重患者的知情同意权和隐私权，为患者保守医疗秘密和健康隐私，维护患者合法权益；尊重患者被救治的权利，不因种族、宗教、地域、贫富、地位、残疾、疾病等歧视患者。

第七条 优质服务，医患和谐。言语文明，举止端庄，认真践行医疗服务承诺，加强与患者的交流与沟通，积极带头控烟，自觉维护行业形象。

第八条 廉洁自律，恪守医德。弘扬高尚医德，严格自律，不索取和非法收受患者财物，不利用执业之便谋取不正当利益；不收受医疗器械、药品、试剂等生产、经营企业或人员以各种名义、形式给予的回扣、提成，不参加其安排、组织或支付费用的营业性娱乐活动；不骗取、套取基本医疗保障资金或为他人骗取、套取提供便利；不违规参与医疗广告宣传和药品医疗器械促销，不倒卖号源。

第九条 严谨求实，精益求精。热爱学习，钻研业务，努力提高专业素养，诚实守信，抵制学术不端行为。

第十条　爱岗敬业，团结协作。忠诚职业，尽职尽责，正确处理同行同事间关系，互相尊重，互相配合，和谐共事。

第十一条　乐于奉献，热心公益。积极参加上级安排的指令性医疗任务和社会公益性的扶贫、义诊、助残、支农、援外等活动，主动开展公众健康教育。

第三章　管理人员行为规范

第十二条　牢固树立科学的发展观和正确的业绩观，加强制度建设和文化建设，与时俱进，创新进取，努力提升医疗质量、保障医疗安全、提高服务水平。

第十三条　认真履行管理职责，努力提高管理能力，依法承担管理责任，不断改进工作作风，切实服务临床一线。

第十四条　坚持依法、科学、民主决策，正确行使权力，遵守决策程序，充分发挥职工代表大会作用，推进院务公开，自觉接受监督，尊重员工民主权利。

第十五条　遵循公平、公正、公开原则，严格人事招录、评审、聘任制度，不在人事工作中谋取不正当利益。

第十六条　严格落实医疗机构各项内控制度，加强财物管理，合理调配资源，遵守国家采购政策，不违反规定干预和插手药品、医疗器械采购和基本建设等工作。

第十七条　加强医疗、护理质量管理，建立健全医疗风险管理机制。

第十八条　尊重人才，鼓励公平竞争和学术创新，建立完善科学的人员考核、激励、惩戒制度，不从事或包庇学术造假等违规违纪行为。

第十九条　恪尽职守，勤勉高效，严格自律，发挥表率作用。

第四章　医师行为规范

第二十条　遵循医学科学规律，不断更新医学理念和知识，保证医疗技术应用的科学性、合理性。

第二十一条　规范行医，严格遵循临床诊疗和技术规范，使用适宜诊疗技术和药物，因病施治，合理医疗，不隐瞒、误导或夸大病情，不过度医疗。

第二十二条　学习掌握人文医学知识，提高人文素质，对患者实行人文关怀，真诚、耐心与患者沟通。

第二十三条　认真执行医疗文书书写与管理制度，规范书写、妥善保存病历材料，不隐匿、伪造或违规涂改、销毁医学文书及有关资料，不违规签署医学证明文件。

第二十四条　依法履行医疗质量安全事件、传染病疫情、药品不良反应、食源性疾病和涉嫌伤害事件或非正常死亡等法定报告职责。

第二十五条　认真履行医师职责，积极救治，尽职尽责为患者服务，增强责任安全意识，努力防范和控制医疗责任差错事件。

第二十六条　严格遵守医疗技术临床应用管理规范和单位内部规定的医师执业等级权限，不违规临床应用新的医疗技术。

第二十七条　严格遵守药物和医疗技术临床试验有关规定，进行实验性临床医疗，应充分保障患者本人或其家属的知情同意权。

第五章 护士行为规范

第二十八条 不断更新知识，提高专业技术能力和综合素质,尊重关心爱护患者，保护患者的隐私，注重沟通，体现人文关怀，维护患者的健康权益。

第二十九条 严格落实各项规章制度，正确执行临床护理实践和护理技术规范，全面履行医学照顾、病情观察、协助诊疗、心理支持、健康教育和康复指导等护理职责，为患者提供安全优质的护理服务。

第三十条 工作严谨、慎独，对执业行为负责。发现患者病情危急，应立即通知医师；在紧急情况下为抢救垂危患者生命，应及时实施必要的紧急救护。

第三十一条 严格执行医嘱，发现医嘱违反法律、法规、规章或者临床诊疗技术规范，应及时与医师沟通或按规定报告。

第三十二条 按照要求及时准确、完整规范书写病历，认真管理，不伪造、隐匿或违规涂改、销毁病历。

第六章 药学技术人员行为规范

第三十三条 严格执行药品管理法律法规，科学指导合理用药，保障用药安全、有效。

第三十四条 认真履行处方调剂职责，坚持查对制度，按照操作规程调剂处方药品，不对处方所列药品擅自更改或代用。

第三十五条 严格履行处方合法性和用药适宜性审核职责。对用药不适宜的处方，及时告知处方医师确认或者重新开具；对严重不合理用药或者用药错误的，拒绝调剂。

第三十六条 协同医师做好药物使用遴选和患者用药适应症、使用禁忌、不良反应、注意事项和使用方法的解释说明，详尽解答用药疑问。

第三十七条 严格执行药品采购、验收、保管、供应等各项制度规定，不私自销售、使用非正常途径采购的药品，不违规为商业目的统方。

第三十八条 加强药品不良反应监测，自觉执行药品不良反应报告制度。

第七章 医技人员行为规范

第三十九条 认真履行职责，积极配合临床诊疗，实施人文关怀，尊重患者，保护患者隐私。

第四十条 爱护仪器设备，遵守各类操作规范，发现患者的检查项目不符合医学常规的，应及时与医师沟通。

第四十一条 正确运用医学术语，及时、准确出具检查、检验报告，提高准确率，不谎报数据，不伪造报告。发现检查检验结果达到危急值时，应及时提示医师注意。

第四十二条 指导和帮助患者配合检查，耐心帮助患者查询结果，对接触传染性物质或放射性物质的相关人员，进行告知并给予必要的防护。

第四十三条 合理采集、使用、保护、处置标本，不违规买卖标本，谋取不正当利益。

第八章 其他人员行为规范

第四十四条 热爱本职工作，认真履行岗位职责，增强为临床服务的意识，保障医疗机构正常运营。

第四十五条 刻苦学习，钻研技术，熟练掌握本职业务技能，认真执行各项具体工作制度和技术操作常规。

第四十六条　严格执行财务、物资、采购等管理制度，认真做好设备和物资的计划、采购、保管、报废等工作，廉洁奉公，不谋私利。

第四十七条　严格执行临床教学、科研有关管理规定，保证患者医疗安全和合法权益，指导实习及进修人员严格遵守服务范围，不越权越级行医。

第四十八条　严格执行医疗废物处理规定，不随意丢弃、倾倒、堆放、使用、买卖医疗废物。

第四十九条　严格执行信息安全和医疗数据保密制度，加强医院信息系统药品、高值耗材统计功能管理，不随意泄露、买卖医学信息。

第五十条　勤俭节约，爱护公物，落实安全生产管理措施，保持医疗机构环境卫生，为患者提供安全整洁、舒适便捷、秩序良好的就医环境。

第九章　实施与监督

第五十一条　医疗机构行政领导班子负责本规范的贯彻实施。主要责任人要以身作则，模范遵守本规范，同时抓好本单位的贯彻实施。

第五十二条　医疗机构相关职能部门协助行政领导班子抓好本规范的落实，纪检监察纠风部门负责对实施情况进行监督检查。

第五十三条　各级卫生行政部门要加强对辖区内各级各类医疗机构及其从业人员贯彻执行本规范的监督检查。

第五十四条　医疗卫生有关行业组织应结合自身职责，配合卫生行政部门做好本规范的贯彻实施，加强行业自律性管理。

第五十五条　医疗机构及其从业人员实施和执行本规范的情况，应列入医疗机构校验管理和医务人员年度考核、医德考评和医师定期考核的重要内容，作为医疗机构等级评审、医务人员职称晋升、评先评优的重要依据。

第五十六条　医疗机构从业人员违反本规范的，由所在单位视情节轻重，给予批评教育、通报批评、取消当年评优评职资格或低聘、缓聘、解职待聘、解聘。其中需要追究党纪、政纪责任的，由有关纪检监察部门按照党纪政纪案件的调查处理程序办理；需要给予行政处罚的，由有关卫生行政部门依法给予相应处罚；涉嫌犯罪的，移送司法机关依法处理。

第十章　附则

第五十七条　本规范适用于经注册在村级医疗卫生机构从业的乡村医生。

第五十八条　医疗机构内的实习人员、进修人员、签订劳动合同但尚未进行执业注册的人员和外包服务人员等，根据其在医疗机构内从事的工作性质和职业类别，参照相应人员分类执行本规范。

第五十九条　本规范由卫生部、国家中医药管理局、国家食品药品监督管理局负责解释。

第六十条　本规范自公布之日起施行。

后　记

本书主要是针对医学生的特点而编写的医学院校适用的职业生涯规划教材。参编者均是医学院校职业生涯规划教育工作一线的教师，与学生联系紧密，了解医学生日常的学习与生活情况，我们结合医学院校的教学实践和与医学生的零距离接触，撰写了这本书。本书具有以下特色：

（1）系统性：本教材对大学生职业生涯规划的相关问题均有涉及，且论述清楚，有助于大学生掌握职业生涯规划的基本内容与基本观点。

（2）实用性：本教材按照“知识”、“能力”、“素质”并重的要求，以“医学结合”为切入点，将“课堂理论教学、实践体验教学”的教学体系落实在教材中，并在教学过程中通过情景教学、体验教学等教学方式，引导学生从体验式实践过渡到全真式实践。让学生在学习中得益于“情景、体验、拓展、互动”的教学创新模式。

（3）生动性：本教材内容编写延用情景启发教学思路，通过【生涯练习】、【案例分析】、【实践项目】、【过来人说】、【生涯故事】等栏目内容，融情景、体验、拓展、互动一体，打造生动、立体课堂，激发学生学习兴趣，引导学生主动思考，帮助学生夯实专业知识、提升技能知识。

本教材由赵鹏飞、翟成蹊、周艳担任主编，各章节的编写分工如下：前言由赵鹏飞撰写；第一章由翟成蹊和吴敏执笔；第二章由张伟和徐争执笔；第三章由廖婧羽、朱笔丹执笔；第四章由扶长青和陈旭执笔；第五章、第七章和第八章由周艳、崔楠楠和师贞明执笔；第六章由张素芳和任容华执笔。全书由赵鹏飞、翟成蹊和周艳审稿和定稿。

在本教材的编写过程中，我们参阅并吸收了大量的研究成果和文献资料，在此谨对这些成果的作者致以诚挚的谢意。同时，得到了湖北医药学院教务处和人文学院领导和同志们的大力支持，在此一并表示感谢！由于编者水平有限，疏漏和不足之处书中难免存在，敬请专家和广大读者批评指正。

编　者

2016年4月